菁品出版・出版精品

菁品出版・出版精品

菁品出版・出版精品

菁品出版・出版精品

暢銷修訂版

一本書讀懂性格

性格決定命運！

認識性格 ✕ 優化性格 ✕ 運用性格

心態改變，態度跟著改變；態度改變，習慣跟著改變；
習慣改變，性格跟著改變；性格改變，命運跟著改變。

牧人 編著

發揮性格優勢、培養獨特氣質，是一個人走向成功的關鍵因素。

前言
PREFACE

曾經有位美國記者採訪投資界一代宗師J‧P摩根，問道：「決定你成功的條件是什麼？」

摩根不假思索地說：「性格。」

記者再問：「資金重要還是資本重要？」

摩根答道：「資本比資金更重要，最重要的是性格。」

摩根曾成功地在歐洲發行美國公債，採納無名小卒的建議，轟轟烈烈地大搞鋼鐵托拉斯計畫，還曾力排眾議推行全國鐵路聯合……他的奮鬥史，他的開創性偉業，根本上是源於他倔強、堅強和敢於創新的性格。

一九九八年五月，世界巨富華倫‧巴菲特和蓋茲應邀去華盛頓大學演講。有學生問了他們一個有趣的問題：「你們是怎麼變得比上帝還富有呢？」

巴菲特先回答說：「這個問題非常簡單，原因不在智商。為什麼聰明的人會做一些阻礙自己發揮全部功效的事情呢？原因在於他的習慣、性格和脾氣。」

蓋茲非常贊同他的話：「我認為巴菲特的話完全正確。」

摩根、巴菲特和蓋茲其實道出了赫拉克利特的一句名言：性格即命運。他們的成功也給了這句名言以充分的證明。

一個人的性格特徵，將決定著其交際關係、婚姻選擇、生活狀態、職業選擇以及創業成敗等等，從而根本性地決定著其一生的命運。如果將一個人比作一棟大廈，那麼性格就是大廈的鋼筋骨架，而知識和學問等則是

充斥於骨架中的混凝土。鋼筋骨架決定著大廈能建多高、建多壯，是高聳入雲的摩天大樓，還是低矮的簡易樓房；性格決定著你的一生是悲劇連連、平平庸庸，還是建功立業、讓人敬仰。

人生的命運、成敗，在很大程度上取決於環境，或者說是機遇。那麼性格的決定性作用如何理解呢？研究者是這樣解釋的：環境框定了一個人的人生遭遇的可能範圍，性格則決定了他對可能碰上的各種遭遇的反應方式。性格不同，對人生遭遇的反應方式也就不同，相同的環境就有了不同的意義，因而也就成了本質上不同的經歷和命運。

本書希望帶給讀者朋友三個方面的收穫：

第一，性格對個人的人生經歷、事業發展、成敗和命運，真的具有神奇的力量嗎？如果有，有哪些有趣的人物、事件和觀點可以證明給大家？

第二，怎樣發掘性格的神奇力量？首先，你要認識你自己的性格，瞭解它的特徵、優勢和缺點，然後正確對待自己的性格，並能針對自己的性格做一些適當的改造和優化。沒有哪一種性格是完美無缺的，任何一種性格都能成功。

第三，怎樣把性格的力量運用到人生的成長中去？

在卷首語的最後，希望大家用心誦讀下面五句話，相信你會有所頓悟：

1.性格是一種人人可以用來改變生活和命運的力量，從現在起，我要擁有這種力量！

2.沒有哪一種性格是十全十美的，任何一種性格都可以成功，因此我不需要對自己的性格感到失望和自卑。

3.性格中百分之二十的缺點會影響到百分之八十的優點發揮作用，因此我要馬上開始改造我的性格，使之更優化。

4.主動去體察別人的性格是對人、對己都負責的表現，而參照他人的性格特徵去和他交往，則是對別人最好的體貼和尊重。

5.重複一個行為，該行為會成為習慣；堅持一種習慣，該習慣會內化成性格。因此我要向優秀的人學習好行為、養成好習慣、形成好性格。

目錄

CONTENTS

ch **1**
性格力量決定
人生成敗

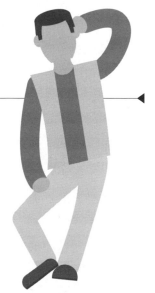

第一節 走進自己的心靈

　　每個人都想成功。每個人都想擁有更好的性格或者個性。但事實是有人成功，也總是有人失敗；有人能從失敗中崛起，最後走向成功，有人卻自成功中墮落，深陷失敗深淵；有人擁有近乎完美的性格，有人卻孤僻、暴躁、自卑、懶惰、怯懦抑或貪婪等，缺陷重重。

　　親愛的朋友，看看我們身邊的芸芸眾生，是否每天都在上演著成功或失敗的人間悲喜劇呢？而所有的成功或失敗，機遇固然重要，但根源卻是在我們自身——我們的心靈，或者說是性格。

　　俄國文學家屠格涅夫說過：「人的心靈是一座幽暗的森林。」幽暗的森林包羅萬象，深不可測，像迷宮又像深淵，令人難以看到其真面目。可是我們又必須走進自己的心靈，去認識自己。想想看，我們每個人都想要做好自己，做個無論是在生活上還是在事業上都成功的自己，可是如果我們不認識自己，又如何去做好自己呢？我們都想、都要繼續向前走，但如果我們不知道自己身在何處，又怎麼知道前方在哪裡？

　　我們每個人都會成功，但是在發掘自己巨大潛力的前提下，你可能會具有巨大成功而又快樂的一生；你也可能在苟延殘喘、無所事事地渡過每一天；你可能正在不適合的工作上死撐；你也可能正在和一個不適合的愛人每天吵得不可開交；你可能沒有朋友知己，表面雖然活得不亦樂乎，實際內心不得不承受著孤獨與寂寞；你也可能正在錯誤地管理著你的下屬，泯滅他們的個性與生產力……一生就這樣胡亂地過去，這是天底下最可惜的浪費！

　　日本有位心理學家曾經說過：「青年在不能確認自己的情況下，所進行的活動和實踐，只能是一種逃避和消遣。從這個意義上說，青年必須首先從正視和分析此時此地的我開始。」所謂「確認自己」，就是走進自己的心靈深處，剖析自己的性格，找出長處與缺陷。

　　青年人開始走向獨立生活，自我意識大大地增強了，但常常表現出某些偏見。我們平時經常聽人說：

　　「我對自己最清楚！」

　　「難道我對自己還不瞭解嗎？」

　　其實，講這些話的人中間，某些人對自己並未真正地瞭解，對自己的性格、才貌、學識、成績、貢獻，以及自己在別人心目中的地位等等，要嘛估計得過高，要嘛估計得過低。對自己估計過高的人，往往自尊心過強，懂得自尊本來是一種可貴的性格品質，它能激發人的進取精神，自覺維護應有的榮譽和人格。但是自尊心太強，則會有害身心健康。這種人往往以自己的長處去比別人的短處，總是看不起別人，目中無人，以為自己處處比別人強，一旦別人超過自己就不高興，容易產生嫉妒心理。別人幸福和他自己的不幸都將使他感到不快，因而環境適應能力較差，易出現心情沮喪、牢騷滿腹而導致身心疾病。試問，如果他不能走進自己的心靈，找出這自尊自大的性格癥結，進而克服之，又怎麼會嘗得到幸福的滋味和成功的快樂？

　　對自己估計過低的人，卻又容易產生自卑心理，久之形成了自卑的性格。謙虛謹慎、虛懷若谷本是一種美德，承認自己知識少的人，往往是勤奮好學、有真才實學的聰明人。然而事事處處都覺得自己不行，也是一種極其有害的性格。例如在身體上嫌自己長得太矮、太胖或太瘦，懷疑自己的健康，擔心患癌症；在學習上甘居中下游，缺乏進取精神；在事業上缺乏信心，無所作為；在人際交往中有一種慚愧、羞怯、畏縮、低人一等的感覺。這種有自卑性格的人對外界的反應十分敏感，容易接受消極的暗示，稍受到挫折就會心灰意冷，甚至產生厭世輕生的念頭，對身心健康危害極大。敢於走進自己的心靈，客觀地認識、評價自己，正確地進行自我分析，是個體認識世界的組成部分，也是心理衛生的一條基本原則。

　　走進自己的心靈認識自我，固然不是件很容易的事，但只要努力循著本書的步伐，去認識什麼是性格，剖析自己的性格，就能走進自己的心靈深處，找出並克服自身的性格缺陷，優化、打造性格，使之成為成功的資

本。這樣，我們就可以成為掌控自己的舵手，在波濤洶湧的海洋裡乘風破浪，勇敢地駛向成功的彼岸。

我的朋友們，就讓我們開始敞開心靈，一起去本書的世界——性格的世界旅行吧。

成功背後的性格因素

來看看下面這些名人們功成名就的故事吧，他們充分佐證了性格對成功的神奇力量。

一、天文學家開普勒：頑強拼搏、不屈不撓的性格

開普勒是發現了天體運行三大定律的德國著名天文學家。他是一位不任由上帝的安排，憑藉頑強拼搏、不屈不撓的性格，敢於改變自己命運的勇士。

開普勒出生不久就連連遭殃，先是天花讓他變成了麻子，後是猩紅熱毀壞了他的眼睛。當他剛剛上學讀書的時候，父親又因負債累累，無力供他繼續學習。於是他只得待在自家經營的小客棧幫忙。長大了，他卻只能娶個寡婦做老婆，因為他窮，婚後的生活負擔更加沈重，一家人一貧如洗。

可是這種種的不幸，並沒有使他消沈和屈服，他始終堅持不懈地繼續著自己的愛好——研究天文學。他得到了天文學家第谷的支援，於是他決心去布拉格和第谷見面。但當他千辛萬苦到達布拉格後，沒過幾天，第谷卻與世長辭。這使開普勒在事業和家庭上都陷入了嚴重的困境。屋漏偏逢連夜雨，不久妻子就扔下兩個孩子去世。這一切使他幾乎崩潰，但他硬挺

住，而且仍堅持他的天文學研究，沒有放棄自己的事業追求，最後發現了天體運行三大定律，開創了天文學的新篇章，使自己名載史冊。

開普勒的一生，大部分時間處在孤獨、不幸與獨立奮鬥中。第谷的後面有國王，伽利略的後面有公爵，牛頓的後面有政府，但是開普勒的後面只有疾病與貧困。可是他仍然功勳卓著，憑藉的是什麼呢？是性格。

二、林肯和馬維爾：敢闖敢拼，勇於嘗試的性格

林肯（一八〇九——一八六五）是美國第十六任總統，期間簽署了著名的《解放黑奴宣言》，將奴隸制度廢除。馬克思曾對他做出這樣的評價：「一位達到了偉大境界而仍然保持自己優良品質的罕有的人。」使他成為美國人的敬仰偶像的根源是什麼？不是歷史給他的機遇，不是上帝給他的指引，是他頑強的毅力和堅強的性格。

馬維爾是法國的一位記者，曾經去採訪林肯。

他問：「據我所知，上兩任總統都想過廢除黑奴制度，《解放黑奴宣言》早在他們任職期間就已起草好了，但他們最後未能簽署它。總統先生，他們難道是想把這一偉業留給您去成就英名？」

林肯笑道：「可能是吧。但是如果他們意識到拿起筆需要的僅是一點勇氣，我想他們一定非常懊喪。」

馬維爾似懂非懂，但還沒來得及問下去，林肯的馬車就出發了。

林肯遇刺去世五十年後，馬維爾偶然讀到林肯寫給朋友的一封信，才算找到了答案。林肯在信中談到了他幼年時的一段經歷：

「我父親在西雅圖有一處農場，裡面有許多石頭。正因為這樣，父親才能夠以低廉的價格買下來。有一天，母親建議把那些石頭搬走。父親卻說：「如果那麼容易搬，主人就不會這麼便宜賣給我們了，那是一座座小山頭，都與大山緊緊連著的。」

過了一段日子，父親去城裡買馬，母親和我們在農場幹活。母親又建議我們把這些礙事的石頭弄走，於是我們開始一塊一塊地搬那些石頭。很

快，石頭就被搬走了，原來那只是一塊塊孤立的石塊，並不是父親想像的與山相連，只要往下挖一英尺，就能把它們晃動了。

……

有些事情，人們之所以不去做，僅僅是因為他們覺得不可能。其實有許多不可能是僅存在於人們的想像之中而已。」

此時，馬維爾已是七十六歲的老人了，也就是在這一年，他下決心學習華語。三年後，一九一七年，他在廣州以流利的華語採訪了孫中山。

這則故事告訴我們，成功的機遇其實就在眼前，只要我們有敢闖敢拼、勇於嘗試的性格，就能把機遇握在手中。如果林肯是個安於現狀、唯唯諾諾、優柔寡斷、不堪一擊的人，那麼他可能只是個過眼雲煙的總統，或者根本就當不了總統，黑奴可能到今天都得不到解放；如果馬維爾只圖安逸、不思進取，他又怎麼能在晚年學會華語，有機會和孫中山一敘呢？

三、拉斐爾：逆境中堅持做自己想做的事情

莎莉‧拉斐爾是美國著名的電視節目主持人，曾經兩度獲獎，在美國、加拿大和英國每天有八百萬觀眾收看她的節目。可是她在三十年的職業生涯中，卻曾被辭退十八次。

開始，美國大陸的無線電臺都認定女性主持不能吸引觀眾，因此沒有一家願意雇用她。她便遷到波多黎各，苦練西班牙語。有一次，多明尼加共和國發生暴亂事件，她想去採訪，但通訊社拒絕她的申請，於是她自己湊足旅費飛到那裡，採訪後將報導賣給電臺。

她在一九八一年遭到一家紐約電臺的辭退，因為她跟不上時代，此後一年多她沒事可做。後來她有了一個節目構想，先後向兩位國家廣播公司職員推銷。他們都說她的構想不錯，卻都很快失去了蹤影。最後她說服第三位職員，受到了雇用，但她只能在政治臺主持節目。儘管她對政治不熟，但還是勇敢嘗試。一九八二年夏，她的節目終於開播。她充分發揮自己的長處，暢談七月四日美國國慶對自己的意義，還請觀眾打電話來互動

交流。節目很成功，她也很快成名。

　　拉斐爾總結自己的成功經歷，發自內心地說：「我被人辭退了十八次，本來大有可能被這些遭遇嚇退，做不成我想做的事情。結果相反，我讓它們鞭策我前進。」

　　正是這種不屈不撓的性格，使拉斐爾在逆境中避免了一蹶不振、默默無聞的一生，從而走向了成功。

四、富豪霍英東：果斷、敢冒風險和堅毅的性格

　　霍英東這個名字多人知曉，在他名下有「立信建築置業」、「信德」、「有榮」等六十多家公司企業，經營範圍涉及航運、房地產、石油、建築、旅館、百貨等多個行業。他還任國際足聯執委和世界羽毛球聯合會名譽會長、香港中華總商會副會長、香港房地產建設商會會長等多個職務。

　　霍英東當初也只是個社會底層窮人的孩子，他是怎麼走到今天這樣輝煌的呢？

　　霍英東一九二二年生於香港。童年時，全家人常年漂在舢板上。七歲時，父親因暴風雨死在海裡，生活的重擔從此壓在他母親肩上。他們後來還和許多患有肺病的窮房客，共住過一層舊樓大通間。當時母親靠代外輪將煤灰轉運到岸上的貨倉這一小本生意，收取微薄傭金養家糊口。母親和英東的姐姐省吃儉用，送他去上學。據他回憶：「當時我在學校勤奮讀書，課餘協助母親記帳、送發票，由於日夜奔忙和營養不良，一天下來已是精疲力盡。」抗日戰爭的爆發，使霍家生活更為艱難。英東無奈的放棄學業去當苦力。十八歲那年，他找到了第一件差事──在渡輪上當加煤工，但由於工作不力被老闆炒掉。他還去日本人擴建機場工地當過苦力，每天的報酬是半磅米和七角錢，每天只吃一塊米糕和一碗粥，常常餓得頭暈眼花。有一天由於不慎，他的一個手指被一個五十加侖的煤油桶生生砸斷，工頭可憐他，讓他去修理貨車，這是較輕的工作。一個營養不良、體

弱無力的年輕人當搬運工，其艱辛可想而知。一天，他試著駕車，但登上的是一輛有毛病的車，剛一啟動就撞了，老闆一怒之下將他解雇。後來他還當過鉚釘工、製糖工等。少年時代的種種艱辛，生活的坎坷，培養了他自強不息的奮鬥性格。

第二次世界大戰結束後，當時的香港對運輸這一行業需求迫切。霍英東看準這個行情，在親友的幫助下，搶手買了一些廉價運輸工具，轉手很快獲利。緊接著韓戰爆發，他抓住這個時機，在友人的資助下，開辦駁運業務。由於善於經營，智慧和膽識過人，事業發展很快，在香港航運界已嶄露頭角。但他並不滿足於運輸業上的成就。韓戰結束後，他看到香港房地產業大有發展潛力，便毅然向房地產業進軍。一九五四年他籌建了「立信建築置業公司」，開創了大樓分層預售的先例。公司發展速度驚人，創辦沒幾年，便打破了香港房地產的紀錄。

果斷、敢冒風險和堅毅的性格特點，無疑是霍英東事業成功的重要因素。霍英東的事業雖然已經在多個行業獲得成功，但他並不滿足不前，而是繼續向新領域進軍。二十世紀六〇年代初，「淘沙」這個行業是香港工商界許多有識之士都不敢幹的事。原因是這行業用工多、獲利少、賺錢難。而霍英東卻在一九六一年底，去英國考察途經曼谷時，以一百二十萬港幣從泰國政府港口部購買了一艘大挖泥船，這艘船長二八八英尺、載重一八九〇噸。後來他將其改名編列為「有榮四號」，淘沙事業從此有了長足的發展。他還派人去世界有名的造船廠家購買了一批專用機械淘沙船。經營上他頗有特點：不圖一時之暴利，而是與香港當局簽訂長年合同，穩妥獲利。不久，他獨得了香港海沙供應的專利權，成為香港淘沙業的頭號大亨。僅僅兩年多的時間，「有榮」業務便興隆昌盛起來，大小船隻八、九十艘，挖泥淘沙專用船也有十二艘以上。

香港回歸後，霍英東積極在中國投資，廣州白天鵝賓館以及中山溫泉賓館等，就是他在中國的部分投資項目。

五、「世界船王」包玉剛：不保守也不衝動的性格

　　包玉剛，是歷史上赫赫有名的「青天」大老爺、宋代龍圖閣大學士包拯第二十九代孫，二十世紀九〇年代聞名於世的「世界船王」，香港環球航運集團主席。包玉剛擁有商船達二百多艘，總排水量為二千萬噸，價值約十億美元。他的航運集團的分支機構遍佈全球各大洲，漆有「Ｗ」標記的香港環球航運集團的船隊，航行於全球海洋之上。無論從船隻的數量和噸位來看，希臘的歐納西斯或美國的路德維克等等，都要遜其一籌。

　　包玉剛於一九一八年生於浙江寧波，十三歲小學畢業以後即離開家鄉。由於抗日戰爭爆發，他沒能讀完大學，暫時在內地一家銀行工作。抗戰勝利後，他到上海某銀行任副理。後來他和家人先後遷往香港。一九五五年包玉剛分析了世界經濟動向後，選擇了經營航運業，否定了父親集中資金搞房地產的想法。他認為房地產是死的，只收租，受限制很大，而船是活的，且航運業涉及到金融、貿易、保險、造船等行業，是一種國際性的活動，具有廣闊的前途。但他的親朋好友都認為航運業風險太大，勸他改變主意。但他決心已定。當他去英國借貸時，倫敦友人也勸他說：「你年紀還輕，對航運一無所知，小心把你的襯衫都賠光。」他回到香港又向匯豐銀行借貸，匯豐銀行也不肯借，說華人不懂航運。碰了兩次壁，但他並不灰心，最後向日本銀行貸款成功。他隨後用七十七萬美元的價格，買了一艘已用了二十八年、排水量為八千噸級的破貨船，改名為「金安號」，從此踏入航運界，開始了他的海上船舶租賃業務。但一開始包玉剛對這個行業十分陌生，甚至連左舷和右舷都分不清，但他並不畏懼，全力以赴，勤奮學習，很快就熟悉了業務。一九五六年，蘇伊士運河由於戰爭被封閉，這給了包玉剛發展的機會。他把「金安號」租給一家日本公司，從印度往日本運煤。由於包玉剛有著良好的經營作風和信譽，在不到兩年的時間，他已擁有七艘貨船。

　　包玉剛在事業上獲得成功，與他堅毅、果斷、平易近人、敢於冒險、勤奮上進的性格密不可分。有人這樣評價他的性格：對待朋友十分熱誠；

為人既不保守也不衝動；精力充沛，富於中國人的好勝心；對所欲達到的目標極有耐心，在競爭十分激烈的航運業中，是個小心謹慎的「保守分子」，兢兢業業的「海上霸王」；總是能夠準確把握局勢，採取無誤的行動；對自己要求嚴格，不抽煙、不喝酒，更不會像很多的富人那樣尋花問柳，真正做到了富貴不淫。在外國人的眼裡，包玉剛是一個規矩的「正人君子」和「拘謹的東方人」。他笑口常開，樂觀處世，還喜歡體育鍛鍊。他說過這麼一段話：「有人遇到困難就說『哦，對不起』。但我不那樣。比方說游泳（包堅持每天早泳十五分鐘），遇到大風或下雨，有的人會說『算了吧』，但我卻不在乎。只要我認為這件事對我有益，我就會堅持做下去。」

六、著名歌星張學友：願做一隻蝸牛

眾所周知，張學友是香港著名歌星，是四大天王之一，多少人癡迷他的歌，喜歡他的電影，羨慕他的輝煌，但有幾個人知道他艱辛的奮鬥歷程呢？他告誡年輕人，不要自卑，也不要害怕挫折。

張學友的第一份工作是在政府貿易處當助理文員，工作十分乏味。不肯安於現狀的性格，使他不久跳槽到了一家航空公司，但工資比第一份還少。當時他也沒有想過有一天會當明星，踏入娛樂圈是突然的，成功也來得太快，這使得他沈溺在成功帶來的滿足感和優越感之中，只知道盡情玩樂，逐漸變得放縱、狂傲、驕橫，得罪了許多人。結果他的唱片銷量直線下降，前兩張唱片都可以賣二十萬，第三張便成了十萬，接著是八萬、二萬。他走在街上，原來是「學友」、「學友」的歡呼，現在成了粗言穢語；站在舞臺上，原來是鮮花熱吻，現在是陣陣噓聲。一開始學友接受不了這殘酷的事實，沒有去分析原因，而是一味的逃避：酗酒、罵人、鬧事……家人朋友看得心痛，不斷地勸慰，但他一概不聽，而且他還想過自殺！

沮喪的日子持續了兩、三年，後來他開始自省，意欲東山再起，這是

他骨子裡不肯服輸、敢於一拼的性格所決定的必然。如果天生懦弱，自殺恐怕是他最終的抉擇。他很瞭解娛樂圈「一沈百踩」的事實，也知道要東山再起所必須的艱辛，但他決意一拼！他後來總結經驗說：「當你決定要面對挫折和困難時，原來並不是沒有出路的！」他努力唱出自己的風格，努力拍戲，努力去研究失敗的原因，努力學習處世方法，努力應對各種刁難和挫折……他全力以赴，付出了不為圈外人所知的艱辛，輝煌逐漸又回到了他的身邊。

　　張學友說：「壓力和挫折沒有人可以避免，重要的是要有豁達、樂觀、堅毅、忍耐的性格，要搞清楚自己的位置和方向，才能走過失敗，重新振作。」他說自己希望做到的是一隻蝸牛；蝸牛永遠不會理會旁人的催促，無視外來的壓力，只是依著自己的步伐和所選擇的方向，勇往直前，最後必能成功。

 ## 失敗背後的性格因素

　　性格上的缺陷，就是阻礙你走向成功的絆腳石。假如不能很好和及時地克服，不僅難以獲得成功，還會導致失敗連連！不信，你可以看看這些發生在你身邊的故事。

一、阿爾維斯：自由散漫、不負責任，天才也會失敗

　　柏林城曾經有三樣東西不可不看：KUDAMM商業街區，柏林動物園，還有來自巴西的足球天才阿爾維斯。可是二〇〇三年的一個週六，柏林赫塔足球俱樂部經理小霍內斯卻宣佈：「下賽季阿爾維斯將不再為赫塔效力，他即刻返回巴西，到新東家米內羅競技報到。也許星期四，阿爾維

斯就會出現在巴西聯賽賽場上。」

沒幾天，阿爾維斯就踏上了歸途。隨著機艙的關閉，失去了阿爾維斯的柏林城，少了一位天才球員和「演員」，從此失去了一道獨特的風景線。

在柏林的三年多，阿爾維斯表演過無數鬧劇。剛到柏林沒幾天，他就大放厥詞：「我比埃爾伯強多了！」他在一次電視採訪中大發雷霆，竟然是因為主持人沒有兌現承諾——主持人曾開玩笑說要帶給他一個甜麵包；訓練遲到是他的老毛病，他經常編出諸如「打不開停車場的門」之類的荒唐理由來欺騙教練；一次受傷後，隊醫為他做全身 X 光檢查，他突然爬出檢測床，因為他餓了，要出去吃點東西……

阿爾維斯留給柏林球迷唯一的美好回憶是：二〇〇〇年赫塔客場挑戰科隆，他在球門五十公尺外一腳勁射，球飛過半場應聲入網……

阿爾維斯在赫塔總共度過了一千二百三十一個日夜，在德甲賽場出場八十一次，進球二十五個。

高價購進阿爾維斯是柏林赫塔最虧本的一樁買賣。阿爾維斯一九九九年以八百五十萬歐元身價，由巴西克魯塞羅轉會來到柏林赫塔，年薪高達二百三十萬歐元。此次阿爾維斯是以租借形式返回巴西的，而赫塔與他簽訂的合同到二〇〇四年六月才終止，未來的一年，赫塔仍然要為他支付七十五萬歐元的工資。即便如此，小霍內斯仍然很高興早日清除了這個累贅。過去的三年，阿爾維斯三次因為無照駕駛被起訴，光是罰款，俱樂部就為他繳了十三萬歐元。

自由散漫、不負責任的性格缺陷，使足球天才阿爾維斯失去了在德國發展的機會，失去了許多人的信任，失去了球迷們的追捧。性格既已如此，那麼不難想像，無論到哪裡，他都會慢慢地讓人難以忍受，他的天才生涯會大打折扣。

二、研究生劉某：性格缺陷導致自殺

　　二〇〇三年四月，某大學研究生劉某從四樓水房跳下當場死亡。他在遺書中說，碩士畢業論文的開題做得不理想，學習壓力太大，所以自殺。劉某是某大學歷史系研究生二年級的學生。近兩年來，劉某一直和其他的同學住在六樓，他在宿舍和同學的關係不是很融洽。自殺前幾天，他剛換到四樓的宿舍。劉某平時和大家聯絡很少，性格上也有些孤僻。開題答辯時，劉某的碩士論文開題報告被導師指出了幾點不足後，一直悶悶不樂。然後他回到老家待了幾天，本以為他是調整好心態才回來的，沒想到他仍選擇了自殺這條路。「他死得太可惜了，系裡的老師都說劉某很有才華。不就是導師說他的畢業論文開的題不好嗎，這麼點小事就自殺，太不值得！」他的同學都這樣說。

　　劉某自殺的行為可以大致分析為，劉某首先是認知上的錯誤，把有些事情看得過重。其次，是他對待挫折的解決方式過於極端。不過劉某自殺的原因不能單純地歸結為論文題目不理想，這和他性格中的一些缺陷也有關係。我們每個人都應該注意提高心理素質，克服一些性格缺陷，經受住各種挫折和考驗，正確對待生活中遇到的得失，有效地減輕和緩解壓力，不要輕易地用結束生命的方式來對待挫折。

三、沒有主見的年輕人

　　小張二十歲那年，擁有一個大型集團的父親把旗下的一家大酒店交給了他，目的是希望他通過打理這家酒店，鍛鍊和培養自己的管理才幹。他深知父親的用心良苦，因此全心全意地管理著這家規模不小的酒店，雖然酒店生意不是十分的好，但總算還過得去。這時有朋友出主意說，酒店應該推出一個主打商品，如今火鍋看俏，不如將大酒店改建成火鍋城，生意會更好。他聽了覺得有理，便投入數萬元將所有餐桌都進行了改裝，又添置了不少設備。但運行了一段時間，生意並不見好。於是又有朋友建議

說，現在人們的生活節奏快了，中式速食挺熱門的，不如將酒店改做專營中式點心的餐廳。聽聽這個主意也蠻有道理的，他又投資數百萬對酒店做了改建。這樣折騰來折騰去，一年多工夫改了四次，投進去一千多萬，卻沒有多少回報。難以為繼的他，垂頭喪氣地來到父親面前求救。父親聽了彙報後只問了他一句話：「你把失敗的原因都歸結為朋友的點子不行，那麼做為一個總經理，你自己的主見在哪裡呢？」

本來還過得去的酒店，就因為這個沒有主見的年輕人而搞糟了，這是多麼慘痛的教訓啊。假如他能夠正確地對待別人的建議，透過自己的理性分析再做出決策，而不是盲目地相信別人，應該也不會跌得這麼慘。

四、心胸狹窄的中學教師

小李原本是一名中學教師，去年他參加了主任選拔考試，以優異的成績被錄用，年紀輕輕的就當上了學校主任。由於在基層工作的實務經驗較少，有些事情常常處理得不太順手，但是大家都很體諒他，覺得他還是很有能力的，只要鍛鍊一陣子就會很稱職了。一次，上級要來檢查工作，考慮到事關緊急，學校的同事就沒有通過小李這位主任，而直接向校長作了彙報和請示。他得知後，心中很不滿意，繼而開始懷疑學校同事嫉妒自己，有排外跡象等等，從此他與同事們的關係就緊張了起來，慢慢的，大家對他的疑神疑鬼也逐漸有了看法。一年試用期屆滿的時候，他終因考核不合格，而未被正式任用。

好可惜啊，心胸狹窄的性格缺陷，使得好不容易考取的職位，轉眼間又化為烏有。其實做為一個年輕得志的人，尤其要懂得寬宏大度，即使真的認為別人有什麼做得不對的地方，也完全不必疑神疑鬼地胡亂猜疑，大可以直接向他們提出來，這樣或許會有更多消除誤會的機會。

五、目中無人的公司白領

　　阿雲是一家化妝品公司的推銷員，她人漂亮，口才又好，因此在部門裡的業績總是遙遙領先。雖然同部門裡有許多年紀相仿的女孩，但她從不與她們來往，因為她覺得她們素質差，所以打心眼裡瞧不起她們。前不久，部門經理跳槽去了另一家公司，要重新物色經理，阿雲自然是最熱門的人選。但是公司領導層考慮到部門經理不僅要自己的業績好，更要善於組織大家共同創造業績，因此必須得到大家的信任。於是公司進行了一次民意調查，結果阿雲由於大家不支持，而未能當上經理，而另一位原本被她看不起的女孩，卻成了她的上級。

　　在我們的周圍，的確有不少年輕人像阿雲一樣，因為自己的優秀而自我感覺很好，結果往往得不到別人的欣賞和支持，這種性格上的毛病，使得一些原本很不錯的年輕人處處碰壁：有的在找工作的時候高不成低不就，有的在工作中自己把自己孤立起來。所以年輕人切莫忘記：謙虛使人進步。

六、粗枝大葉不是小毛病

　　小袁是一個不拘小節的小夥子，在大學裡，他深受同學們的喜歡，人緣特別好。然而這樣一個豪爽的年輕人，踏上工作崗位後，竟然過得十分不順利，與他共事的同事們一開始對他都挺好的，但過不了多久，一個個就避之不及，到最後，偌大一個部門竟然沒有一個人願意與他搭檔共事。究其原因，還是他那粗枝大葉的性格害了他，因為他不拘小節，與他共事的女同事往往要承受別人的流言；因為他的粗心大意，常常造成工作上的失誤，使同事們不得不與他一起重做。這樣的性格，也難怪他會越來越不受歡迎了。

　　這是一個競爭的社會，任何一次的疏忽都會導致失敗，何況有粗枝大葉的性格，那就更加危險了。因為在學校裡，你馬虎一點、粗心一點沒有

人會來苛求你，但是走上社會就不同了，你的粗心和馬虎，不僅可能會影響到別人的成功，而且還會成為別人攻擊你的有力佐證。

七、性格不穩重會失去別人的信任

洪源是某機關的辦事員，他為人謙遜，吃苦耐勞，而且整天開開心心，蹦蹦跳跳，像個孩子一樣，與大家相處得蠻和諧的，大家也都像對待自己的小弟弟般地愛護他，誇他這樣實在的年輕人，如今真不多見了。轉眼間，老科長就到了退休的年齡，單位打算提拔年輕幹部，就排出了三名科長候選人，當談到洪源的時候，老科長先是肯定了他的許多優點，最後給他提了唯一的一個缺點，就是說他孩子氣太重。結果正是這個缺點，使他失去了晉升的機會。

仔細想想，老科長的話和上級的決定，並不是完全沒有道理的。年輕人本來就容易給人產生「嘴上無毛，辦事不牢」的印象，假如再沒有穩重的性格，讓他當主管怎麼「鎮」得住陣腳呢？

八、「死要面子」是性格上的一個缺陷

小毛大學畢業後，找了很多工作都覺得不太稱心，但由於沒有任何背景，加上工作經歷也十分有限，所以至今只能在一家與專業毫不相干的公司裡，委屈地當一個小小的文書。一次，小毛偶然遇到了大學的同班同學張聲，一陣寒喧後小毛才知道，原來張聲如今已是一家著名的大型網路公司的執行副總裁了。張聲對小毛說：「憑你的專業知識，在別人那裡當小文書簡直是莫大的浪費，到我們公司來吧，我們正缺一位負責軟體發展的業務經理，你一定能勝任。」這真是天賜良機！小毛激動得心裡砰砰直跳。但是轉念一想，在大學裡張聲的成績遠不如自己，現在卻要到他手下去工作，今後見到大學的同學們，那該多麼的丟臉！想來想去，最後小毛還是放棄了這次難得的機會，如今仍舊心不甘情不願地當著他的小文書。

如今的社會是「能力＋機遇」的社會，張聲雖然在大學裡的成績不怎麼樣，但是事實已經證明他是一個有能力的年輕人。而小毛雖然有某方面的才華，卻一直缺乏機遇，這個時候對於小毛來說，一次難得的機遇比什麼都重要，但他居然會因為怕在同學面前丟臉（其實也並沒有什麼好丟臉的），而放棄已經來到面前的機遇，這並不能算是什麼骨氣，只能算是死要面子，這種性格上的問題，無疑會讓成功一次次地從他面前溜走。

九、自信不等於固執己見

張經理年輕力強，膽識過人，在他的經營管理下，他們這家小小的紡織品外銷公司做得有聲有色，業務量扶搖直上。在成績面前，張經理變得越來越剛愎自用，下屬們的合理建議他根本聽不進去，只要他決定了的事，誰也別想反對，否則就會挨他的訓斥。前年年底，張經理的一個朋友介紹來一筆韓國的八十六萬美元的絲綢服裝訂貨業務，當時對方只預付了百分之一的訂金，財務處長忍不住提醒張經理：「如今韓國還未從金融危機中完全復甦過來，如此大的高級服裝訂貨量實在有些令人生疑，況且訂金又付得這麼少，得多從長計議。」沒想到張經理火了：「我自己的朋友還沒數嗎？你囉嗦什麼？」結果，貨發出去後真的沒了下文，原來是張經理的朋友為了還債利用了他。事後貨款雖然通過法律管道追了回來，但張經理還是因為失職，而被董事會宣佈免職。

能力強的人往往容易成功，但是能力強的人又常常容易過分自信。對於能力比較強的年輕人，我特別想奉告一句，要注意多聽取別人的不同意見，尤其是當大家都反對你的意見時，一定要冷靜下來，千萬不要再固執己見。

十、患得患失必失機遇

十年前，小王大學畢業後到了某大型工廠辦公室工作，但是他並不安

於現狀，一心想尋找更好的發展機會，於是他十分留意報紙上的招聘啟事。一次，一家新創辦的報紙招聘記者，小王就偷偷地跑去報考，結果一舉考中，報社的主管對小王的各方面條件都非常滿意，讓他儘快辦理離職手續，但他得知記者實行的是聘用制後，就開始動搖了，畢竟自己捧的還是個鐵飯碗，當了記者要是做不好怎麼辦？聘用制可是沒有退路的啊，結果就打了退堂鼓。後來他的幾個朋友合夥創業，邀請他加入，他雖然挺動心的，但權衡了半天，最後還是沒有勇氣放棄已有的穩定工作。就這樣十年一晃而過，當時一起報考報社的朋友，都已經成了頗有知名度的記者，合夥創業的朋友們，也已經擁有了自己的公司和數千萬的資產，而小王所在的工廠卻由於效益連年下滑，不斷地進行裁員，他的危機感與日俱增，但是再想找新的出路已經很難，因為他已不再具有年齡和知識上的優勢了。

我們做出的任何一項選擇，都會有所得有所失，所以認定了目標，就要義無反顧地跨步前進，萬萬不可瞻前顧後，患得患失，以致喪失機遇，悔之晚矣。

看過了上面這麼多失敗或成功、名人或百姓的故事，相信各位讀者朋友都深刻瞭解到「性格就是命運」的含義了吧？印度有句諺語：「播種性格，收穫命運。」今天你努力使自己的性格完善一點，明天，你的成功機會就多一些，一生中，你的境遇就會好一些。

ch **2**

你不可不知的
性格

　　法國著名文學家雨果曾經說過：比大地更寬廣的是海洋，比海洋更寬廣的是天空，比天空更寬廣的是人的心靈。人類在大地上奔跑，在海洋裡漫遊，在天空中翱翔，在古希臘德而菲神廟上的古老格言「認識你自己」，便是人類永恒的志向。只要人類存在，人們對自己的探索就不會終止。人之所以到自然界中去尋覓物質，是由於人對物質利益的渴求；而人之所以探索性格的問題，是因為人希望自己活得更聰明一些，能更好地掌握世界。「路漫漫其修遠兮，吾將上下而求索」，人們在向自然和社會擴展的同時，不斷反求諸己，反躬自問，尋找著行為與人性、性格的關係。

什麼是性格？

　　人類歷史的第一個前提，無疑是個人生命的存在。每一個人生命的出現，都是人類繁衍工程裡的一個結晶。生命經歷了人類歷史的長河，經歷了祖輩人的不懈努力。生命的寶貴，在於它延續而來的歷史太悠久了，它使每一個存在的人感到慶幸、自豪、驚訝和珍貴。然而，死給生命規定了存在的界限。如何用有限的生命建造那瞬間的豐碑，成為每一個生命孜孜追求的目標。雖然個人的存在被限定在生命界限內，但是在悠長的歷史之光的照耀下，它有了社會和歷史的意義，個體發出的瞬間光明連成一片，個體價值的意義又構成了人類永恒的歷史。

　　阿爾伯特‧愛因斯坦在一九九九年被《時代》雜誌選作「世紀人物」，這位物理學和數學方面的天才，拓展了人類的思維，開闢了科學與技術的新領域，未來的人們將看到他為人類認識宇宙的本質所做出的重大貢獻。然而愛因斯坦之所以被廣泛接受，成為我們時代最具影響力的人物，主要不是因為他的天才，而是因為他的個性。對於大多數人，包括愛

因斯坦這樣才華橫溢的人來說，其生活的每一點成就，無論是輝煌的業績，還是微小的收穫，更多地取決於人的個性，而不是其他任何單一的因素。

　　為了認識自己和他人，我們需要懂得一個概念，這就是我們稱作「個性」或者「性格」的東西。給「性格」下定義不是一件容易的事，人們經常用不同的詞語來描述一個人的性格，比如樂觀型與悲觀型、活潑型與靦腆型、溫柔型與粗暴型等等，並且人們在做每一件事情時，都試圖發現這些性格所起的重要作用。

　　什麼是性格？概括地說，性格就是人在對人、對事的態度和行為方式上表現出來的心理特點，如理智、沈穩、堅漱、執著、含蓄、坦率等等。

　　但是性格又絕不這樣簡單，因為任何一種性格都有不同的層次。政治家的理智與農民的理智大不相同，宗教徒的執著與賭徒的執著截然相反，因此性格的文化底蘊，才是決定性格的根本因素。

　　根據心理學的理論，一般認為一個人的性格很難改變。我們可以認識某人的性格特徵，並在必要時對其做一定程度的修正，但人的基本性格可能取決於基因中某些固有的元素，就像我們眼睛的顏色一樣，是不可改變的。

　　人，是天地之心，是萬物的靈長，但是人類自從睜開雙眼的那一天起，就為命運所困擾，人類的歷史也就成了與命運進行永不妥協鬥爭的歷史。什麼是命運？一般說來，命運是個人無法把握的壽夭禍福、窮通貴賤。正像孔子所說的「吾十有五而志與學，三十而立，四十而不惑，五十而知天命，六十而耳順，七十而從心所欲不逾矩」。所謂「五十而知天命」，並不是說他已經預先知道了天命，預測到了自己的未來，而是說他已經懂得了自己做什麼和如何去做，實際上，這就是將外在的命運內化為自己的性格。他把握住了自己的性格，也就把握住了所謂的「天命」。

　　日常生活中，兩個人有著同樣的社會背景，同樣的家庭環境，同樣的生活際遇，同樣的智商，但最後，一個人成功了，而另一個人卻失敗了，為什麼？這就是兩種性格，兩種命運。一個人的行為受性格而不僅僅是智

力的影響和左右，而一個人的行為又極大地決定著他能否獲得成功。班級裡最聰明的孩子，不一定是最可能獲得成功的人，因為他們往往不會注意周圍人的性格特徵，這樣也導致了他們不會改進自己的行為方式，以便最大限度地自我發揮。一流的推銷員、教師、大夫、心理專家、經理、律師、政治家，他們獲得成功，正是因為他們善於觀察和解讀自己與別人的性格。

性格雖然具有先天性和不可改變性，但是它仍然離不開後天的塑造。苦其心志，勞其筋骨，是自古英雄出磨難；生於憂患，死於安樂，是智者與愚者的不同歸宿。塑造性格的主動權，不在命運的手中，正在我們的心中。把握了性格，也就把握了命運。

最近美國公佈了一份權威調查，顯示了美國近二十年來政界和商界的成功人士的平均智商僅在中等，而情商卻很高。我們知道情商的要素基本上都包括在性格之中，因此我們說性格是決定個人成敗的重要因素，並不是空穴來風。

在過去的歷史中，由於機遇的不平等，性格的因素還不是那樣的重要，但在今天，在這個高度發達的資訊時代，同樣的機遇同時擺在人們的面前，人與人的性格不同，對待機遇的態度也不同，於是有的人能成功，有的人只能與成功擦肩而過。二十一世紀，年輕一代人的口號是「不怕你有個性，就怕你沒個性；不怕你有毛病，就怕你沒毛病」，所以我們說這是個個性張揚的世紀。

我們每一個人幾乎都曾因不瞭解自己和他人的性格，而造成各種各樣的麻煩。比如不善識別潛在的麻煩製造者，為自己處理不好各式人際關係煩惱不已。當今社會的高離婚率，也說明了這一個問題，如果一方知道如何更好地認識對方的性格，或許他們就能避免許多不幸的發生。再比如在醫學領域中，如果醫生瞭解自己病人性格類型後面的深層根源，那麼他們就能夠給予病人更多的幫助。一個最具說服力的例子，就是籃球明星麥克‧喬丹，他個性中最大的特點就是他的無與倫比的絕對自信，所有與他交過鋒的運動員，對他身上那種少有的必勝意識，都留下了深刻印象。因

此任何一個真正瞭解他性格的對手，明智的做法是比賽中絕對不要表現出對喬丹的哪怕一丁點的輕視。不幸得很，許多毛頭小夥子常常因為表現出對喬丹的不服，而把他完全刺激起來。喬丹在比賽中不僅決意要證明對手的「錯誤」，同時還有點自我炫耀的意思。

上述種種都說明了一個事實：瞭解自己和他人的性格特徵，我們的生活將會因此大受裨益。

第二節　性格類型和特徵

目前，性格類型的劃分方法有多種。比如精神病學家和心理學家採用《精神病患者診斷與統計手冊》。根據這個手冊，他們可以將有些病患者劃分為「分裂型人格」，這種性格的人在社會交往和與他人的關係中，行為模式具有孤立的傾向；還有一種類型是「自戀型人格」，這種人的行為模式則表現出虛誇、自以為是和離不開別人的崇拜，同時兼有對別人冷漠、缺乏同情心等特點。其他分類法，比如「麥耶斯・布里格類型」，將人的性格分成內向型／外向型，思考型／感覺型等，目的也在於幫助人們更好地瞭解自己和認識別人。

在這本書中，我們主要是列舉四種很有影響力的劃分方式，分別是傳統式分法、測試分法、外貌式分法和食物式分法。這四種劃分方式各有其特點，可以幫助我們更清楚地識別出不同的人的性格類型和特徵。

性格類型的傳統式分法

傳統式分法是目前影響力最大和最為人們熟知的性格類型劃分方法。它將人的性格劃分為十九種類型，分別為：理想性格，叛逆性格，懦弱性格，堅韌性格，勇敢性格，耿直性格，剛毅性格，剛愎性格，優柔性格，狡詐性格，孤獨性格，世故性格，謹慎性格，好強性格，敏感性格，情緒性格，自制性格，方圓性格和豪放性格。下面，我們一一做出介紹，並舉出每種性格類型的典型範例。

一、理想性格及其特徵

理想的性格就是無性格，它的實質不可名狀，正像含鹽的水雖鹹卻沒有苦澀，雖淡卻非索然無味。具有這一性格特徵的人，望之儼然，接觸起來卻和藹可親。但是在和藹可親中，卻又有著一種天生的震懾力。這種人表面上看去總是那麼平淡，不顯山，不露水，毫無個性，周圍的人經常不把他們放在眼裡，但他們做起事來又變化萬端，讓人琢磨不透，等想明白了，才知道他們不容小覷。正如老子所說的上善若水，潤物無聲，這種性格的人像水，雖無聲但卻威力無窮，水滴石穿的道理人人都明白。具備這一性格的人像水一樣，可以根據不同的器皿展現不同的身姿，身陷逆境需忍讓之時，他們會表現得忍性十足，所謂的「人在屋簷下，不得不低頭」，還有「大丈夫能屈能伸」就是他們的格言。而一旦機會出現，需要決斷之時，他們的性格又表現出毫不猶豫的果斷，該出手時就出手。而這種景象又讓人聯想起龜鷹決鬥。兇猛無比的老鷹在與慢騰騰的老龜的決鬥中，卻不占上風，原因就在於龜縮著頭，鷹無法啄其要害，但一旦有可乘之機，龜會毫不猶豫的撕咬鷹的要害。

　　理想型性格的人該仁慈之時，他們總是慈眉善目；而該勇猛之時，又勢如猛虎下山。所有的這些性格特點，促使他們既果敢又謹慎，所以他們是天生的領導者，雖自己才能有限，但卻知人善任，在他們手下，必有一大批人才樂為其用，所以他們的事業也注定會成功。這種性格的人多為開世君主，有道明君。

　　漢代的開國君主劉邦，唐朝的有道明君李世民，就是很好的例子。

　　劉邦出生於一個普通的農民家庭，他不安於貧困的家庭生活，也不喜歡務農，擔任了亭長這樣的一個小官。他目光敏銳，善於察言觀色。他待人寬厚，喜歡施捨窮人，性情豪爽大度，處世不拘小節。常有人評價青年時期的劉邦，是一個有一定才能的小混混。在以後的統一大業中，他的理想型性格發揮得淋漓盡致。起初，他的勢力不如項羽，這時的劉邦處處忍讓，絕不與對方起衝突，鴻門宴中的膽戰心驚，中途的倉皇逃走，都說明了他身上的這種陰柔性格，該忍時一定要忍。而他的對手項羽因為一生剛硬，不懂得彎曲，最後導致了失敗的命運。劉邦與酈食其的交往，也是他性格的一個凸顯。開始他對酈食其很傲慢，但當他發現對方有真才實學時，馬上對對方恭敬起來。正是劉邦的禮賢下士，才使得一大批能人志士投奔他門下，為他的統一大業貢獻了力量。而當他建立漢朝大業後，對有卓越功勳的韓信的處置，就可以看出他性格中的果斷和兇狠。正是劉邦開國之初一系列剛柔並濟的舉措，才使得西漢後來的繁榮鼎盛局面，得以出現。

　　唐太宗李世民，是歷史上最傑出的英明君主之一，為唐朝開創了長達一百三十年的黃金時代。他性格平靜淡泊，內心敏慧，外表清朗。仁慈之時，對臣民像對自己的子女一樣；殘忍之時，對兄長也能舉起屠刀。他與大臣魏徵的關係是被歷代君主景仰的君臣關係，魏徵多次直言進諫，敢犯龍顏，不卑不亢，無所畏懼，除了因為他本身的性格以外，君主的開明豁達，從諫如流，恐怕也是最重要的原因之一。如果沒有皇帝的聖明，魏徵也不會有恃無恐，沒有人會不愛惜自己的腦袋。「海納百川，有容乃大」，唐太宗的胸懷正像大海，他以博大的胸襟接納了各種各樣的諫言，

成就了帝王的事業。而魏徵死後，唐太宗十分傷心，他痛哭著說：「人以銅為鏡，可以正衣冠；以古為鏡，可以知興替；以人為鏡，可以知得失。魏徵歿，朕亡一鏡矣！」開明的君主、盡忠的良臣，譜寫了「貞觀之治」的盛世交響樂。

二、叛逆性格及其特徵

　　叛逆性格與理想性格正好相反，他們不是無性格，而是隨時隨地都有著很明顯的性格。理想性格是水的性格，而叛逆性格則是火的性格，他們向生存環境採取的是赤裸裸的反抗，他們不懂迂迴，不會婉轉，而是直接地與所處環境展開針鋒相對的鬥爭，所以這種性格的人要提防成為悲劇人物，因為與環境做鬥爭，結局只有兩種：戰勝環境成為英雄或是被環境所吞噬，成為悲劇的主角。古今中外的詩人都是有性格的，沒有性格成不了詩人，也寫不出精彩的詩篇。但是從來沒有一個詩人像普希金那樣兼具浪漫與反叛的個性，正是這樣的個性，使得他的詩篇流芳百世，同時也造成了他悲劇性的人生。普希金生活在沙皇統治下的帝國，但他從未想過要取悅沙皇。他曾經這樣寫到：「我只願歌頌自由，只希望向自己獻出詩篇，我誕生在世界上，並不是為了用我羞怯的豎琴討沙皇的喜歡。」由此我們可以看出他叛逆性格之一斑。普希金還具有詩化的性格，他為了捍衛自己的榮譽，而與自己的情敵決鬥，這是力量懸殊的決鬥，是文人與武士的決鬥，但他絲毫的退卻之心都沒有，從容地走向了死亡。他的叛逆性格，使得沙皇政府對他不容，也導致了他不安定的生活。他是崇高的、優美的，但也是悲劇的。

　　德國著名哲學家尼采，更是叛逆性格的代表人物。在西方基督教對人們的統治日益堅固之時，他提出「上帝死了」，要推翻一切舊有的道德，認為人性是惡的，惡才值得去讚揚，惡是推動人類歷史前進的武器。尼采叛逆的性格，使得他的哲學思想在現代西方哲學史上自立門派，但也導致了他悲劇性的一生，他沒有美好的家庭，身患精神分裂症，而且最後陷入

了完全的瘋狂。

三、懦弱性格及其特徵

　　懦弱性格是性格缺陷的代名詞，為很多人所唾棄。日常生活中，說某人性格懦弱，往往還有鄙視和厭惡之意。其實勇敢和堅強固然是每個人所追求和嚮往的完美性格，但懦弱性格也是人們性格類型中，不可缺少的一部分。每個人的性格中或多或少都有懦弱的成分存在，我們往往在困難和災禍面前退縮，但能鼓起勇氣坦然面對失敗和挫折的，就是勇敢與堅強的人，相反，被失敗擊倒的就是懦弱的人。懦弱性格的人雖然不能成為叱咤風雲的將軍，也不可能成為果敢堅強的政治家，但他們常常情感豐富，觀察敏銳，感受細膩，是天生的文學藝術之才。

　　南唐後主李煜，因其婉轉嫵媚的詩詞被人們所熟知，而他最初的帝王生活和其後的俘虜經歷，是他淒涼優美詩詞的來源，也是他無奈一生的寫照。如果說李煜是一個沒有抱負、只知享樂和吟詞作畫的荒唐君主，那是對他最大的誤解。「四十年來家國，三千里地山河。鳳閣龍樓連霄漢，玉樹瓊枝做煙蘿，幾曾識干戈？一旦歸為臣虜，沈腰潘鬢消磨。最是倉皇辭廟日，教坊猶奏別離歌，垂淚對宮娥。」這首詞反映出彼時的他，對當初的懦弱性格的深刻追悔。

四、堅韌性格及其特徵

　　堅韌性格與懦弱的性格正好相反。他們是明知不可為而為之，是夾縫裡求生存，是明知山有虎偏向虎山行。堅是一種特性，我們說堅不可摧就是此意。老子說：「兵強則滅，木強則折。」因此只有堅是不行的，還得有韌。韌是頑強的意志力和超強的忍耐力，堅韌性格是無敵的，這種性格的人做事專一，永不會放棄，不屈不撓，不達目的誓不罷休。這種性格的人無論從事什麼職業都會成功，因為他們絕不輕言放棄。

　　愛迪生是個天才，他有著普通人無法企及的天賦，但正像他自己所說的：「天才是百分之九十八的汗水加上百分之二的靈感。」愛迪生的一生是傳奇，也是事實，他堅韌的性格、鍥而不捨的努力。造就了他輝煌的事業。他一生共有發明二千多項，被稱為「發明大王」。愛迪生從小就有著超強的好奇心，對什麼事都想知道其背後的原因，不僅如此，對什麼事情他都想自己動手嘗試一下。在愛迪生研製電報機的時候，他有時一個星期也不離開實驗室。餓了啃幾口麵包，渴了喝幾口清水，廢寢忘食地工作，甚至置自己的新婚妻子於不顧，繼續他的研製工作。他發明電燈的過程，更是他性格的突出表現。在進入實驗之前，他在電燈方面建立了三千多種理論，每一種理論似乎都可能變成現實。他鍥而不捨地一一進行實驗，最終確定只有兩種理論可以行得通。他是一個工作狂，只要進入他的實驗室，進入他的工廠，他就忘記了身邊的一切。

五、勇敢性格及其特徵

　　每一個人都希望自己有著堅強勇敢的性格，勇敢性格的人是天生的將軍和統帥。他們生性好鬥，不願屈服，敢說敢為，富於冒險。這種性格的人往往個性鮮明，有著非凡的魅力。「鐵血宰相」俾斯麥可以說是勇敢性格的典型代表。他在大學裡就是個知名人物，因為他怪異的著裝和放蕩不羈的生活方式。當時的俾斯麥身材高瘦，衣服的顏色由於穿的時日過長，已經分辨不出是什麼顏色，而下身經常穿一條肥大的褲子，皮鞋的鞋跟帶有鐵掌。他還留著長長的頭髮，兩撇八字鬍。別人不能對他有一句批評之詞，如果有人這麼做了，那麼一場決鬥是少不了的，所以沒有人敢惹他。我們都知道俾斯麥是通過三次戰爭最後實現德國統一的，他是個鬥士，積極主張戰爭解決德意志的統一，但他又是個有謀略的鬥士，在他身上不僅有勇敢，而且有韜略。他的性格使得德國最後得以統一。但統一之後，他的這種性格仍然沒有絲毫的收斂，他說：「只要我還有權力，我將永遠奮鬥。」這樣的性格最後導致了他與威廉二世的分裂，他被剝奪了一切權

力，從此走向了人生的低谷。

六、耿直性格及其特徵

　　耿直性格的人不善迂迴，經常碰壁。這種性格的人往往嫉惡如仇，好打抱不平，為人善良，但卻不通人情世故，不會為人處世，所以他們的人生往往不得意，有著太多的抱怨和鬱鬱不得志。他們是正直人格的護花使者，但是他們的性格也導致了他們自己人生的曲折艱難。

　　《史記》的作者司馬遷，應該是這種性格的典型代表。他性格剛正耿直，行為方式不羈。他崇尚遊俠，與著名的俠士郭解成了好朋友。做為史官，他耿直的性格，決定了他注重事實不為當權者吹噓功勳的行事方式，而這就造成了他與皇帝的不和。最後在他為罪臣李陵的辯護中，自己也受到了牽連。正是他的剛正個性，在生與死之間，為了證明自己的清白，他忍受了宮刑這樣的奇恥大辱。正如他所寫的：「人固有一死，或輕於鴻毛，或重於泰山！」他為了體現自己的人生價值，選擇了痛苦地活著。他把滿腔的悲憤化作力量，兢兢業業地寫作，在恥辱中清醒，在恥辱中激勵，完成了中國史學輝煌的巨作。魯迅對《史記》的評價是：「唯不拘史法，不囿於文字，發於情，肆於心而為之。」這些特徵不單單是作品的特徵，也是司馬遷性格的體現，他的不羈，他的耿直，在書中得到了淋漓盡致的突顯。

七、剛毅性格及其特徵

　　剛毅性格與耿直性格有共同點，都是正直的，但前者比後者多了毅，也就是多了堅強持久的意志力，這使得這種性格的內涵是勇猛而頑強，果斷而自信，直而不肆，光而不耀。剛毅性格與堅韌性格都是不屈不撓，鍥而不捨，但前者注重剛，勢不可擋，而後者則是柔韌，是水滴石穿。

　　這種性格多體現在女性身上。英國的前首相柴契爾夫人就是一個例

子。這位「鐵娘子」是英國歷史上唯一一位女性首相，她的特點在於她性格中的果斷剛毅、毫不妥協，工作起來不知疲倦。她的堅強、剛毅和超強的自制力，在她政壇的最後一刻得到了很好的體現。在競選失利的情況下，她仍然不失「鐵娘子」的風範，盡力維護自己的尊嚴，不讓自己在眾人面前流淚，用超強的自我控制力，完成了最後的演講。面對失敗的局面，她和其他人一樣覺得沮喪、痛苦，但是她在得失面前，仍然能夠保持自己政治家的形象，不能不說是她剛毅的性格在起著關鍵的作用。

八、剛愎性格及其特徵

剛愎自用，無疑也是有著缺陷的性格特徵，它與剛毅性格有著表面的相似性。這種性格的人往往把自己看得很重，在他們的視野內，沒有可以與自己相提並論的人，他們中的很多人確實有才華、有能力，但他們不求進步，最後導致他們失敗的命運。「恃才傲物」是他們的顯著特徵，他們自恃甚高，不願與別人交流，故步自封，最後難免出現悲劇性的結局。而還有一種具有這種性格的人是曾有過很大貢獻的人，他們往往認為自己的功勳卓著，聽不進別人的意見，最後也難逃悲慘的結局。

關羽正是這種性格的典型代表。他一生戰功赫赫，對劉備忠心耿耿，始終不渝；智勇蓋世，過五關斬六將，屢戰屢勝，所向無敵。但這些優點也導致了他剛愎自用的性格特徵。「大意失荊州」的故事大家都很熟悉，正是關羽傲慢自大的性格，使他忘乎所以，目中無人，才不可避免地導致了他的悲劇命運。項羽也是這種性格的人物，他雖英勇善戰，但卻有勇無謀。剛愎性格注定他鴻門宴上失掉了殺劉邦的機會，關鍵時刻失掉謀臣，最後時刻放棄生命。所以說性格決定命運，競爭就是性格的競爭，有好的性格，就是成功的開始。

九、優柔性格及其特徵

優柔性格的人遇事猶豫不決，瞻前顧後，辦事遲疑，沒有決斷。他們往往在優柔中失去一次次機會，使自己的命運一變再變。韓信雖為一代名將，其性格卻優柔而怯懦。俗語常說的「短韓信」，指的就是他這種優柔的性格特徵。謀臣對韓信曾說過這樣的話：「相君之面，不過封侯，又危而不安；相君之背，貴而不可言。」話中之意在於勸說韓信造反，然後自立為王。韓信以漢王待他恩重如山而拒絕了。韓信真的對劉邦絕無二心嗎？怕不是這樣，否則他就不會與謀士偷偷地到僻靜的屋子裡詳談了。可見他是有野心的，但卻又不夠果斷，失去了良機，而最後導致被劉邦殺頭的悲劇。

十、狡詐性格及其特徵

狡詐性格的人不受任何道德規範的束縛，它的特徵是根據不同情況表露不同面孔，狡猾奸詐。狡詐性格的人也是能成大事的人，他們與理想性格一樣具備領導才能，但他們往往為求目的而不擇手段，與理想型性格的人比起來，少了正與直的方面，多了狡猾和奸詐。他們這種性格的人能成功，但卻往往沒有什麼好名聲。

經歷過一九九七年東南亞金融危機的人，對索羅斯這個名字一定不會感到陌生，他是這場金融風暴的始作俑者，在這次很多人都血本無歸的金融大風暴中，他賺足了美元，但他的成功是建立在別人的痛苦之上的，由於他的出現，令東南亞的經濟受到嚴重影響。索羅斯為人狡猾，是個商場老狐狸。二十世紀九〇年代中期，東南亞國家不約而同地開始了一場大躍進，隨著經濟的快速發展，一些金融漏洞也開始出現。索羅斯是一個很有心計的人，他一直在等待著機會大賺一筆。一九九七年三月到八月短短五個月的時間，索羅斯將泰國、馬來西亞和印尼的金融體系幾乎摧毀，而他自己則賺足了好處。他詭譎的性格使他極度成功，但他的行為是不光彩

的，是建立在無數商人破產的基礎上的，因此他雖有無數的金錢，但人們卻都厭惡他。

十一、孤獨性格及其特徵

孤獨性格往往是一種深刻的境界，是一種常人所無法理解的層次，就像人常講的「高處不勝寒」，因此孤獨性格常常與偉人相伴隨。這種性格的人不善於交際，喜歡獨處，對事業任勞任怨，勇於向高處攀登，他們取得的成就非常人所能企及。但這種性格也有缺陷，那就是容易走向極端，脾氣多怪異，有時甚至走向自我毀滅的道路。

學中國文學史的人對於王國維這個名字肯定很熟悉，他是中國現代文學史上一位有名的學者，對歷代詩詞有著非常精深的研究，他所寫的《人間詞話》是詩詞研究方面的一部巨作，同時他本人就是一個詩人，寫了很多感人至深的詩詞。一九二七年農曆五月初三，他在北京頤和園內的昆明湖自沈而死，留給了後人難以解開的謎底。對於他的自殺，郭沫若曾說：「王的自殺，無疑是學術界的一個損失。」王國維的死亡有著許多複雜的原因，但他自身孤獨的性格，應該是最主要的根源。王國維個性孤僻、極端，他忠於滿清帝國，曾任過清朝末代皇帝溥儀的老師。溥儀的退位，大清的崩潰，使他萬分傷感，而他找不到可以給自己以解釋的理由，最後走上了自殺的道路。當時正值社會的變革時期，又處在新舊文化的交替點上，其個人的氣質又極為特殊，所遭遇的事又極其複雜，而事事他又用自己孤僻、偏激的性格來做出判斷，所以他的結局又是不可避免的。他的《頤和園詞》為大家所熟知，這首詞把他對大清王朝的留戀表現得淋漓盡致，同時，他孤獨的個性在詞中也得到了反映。「昆明萬壽佳山水，中間宮殿排雲起。拂水迴廊千步深，冠山傑閣三層峙。」頤和園在他眼中是那樣的秀麗、優美，而大清國在他眼中也是很繁華鞏固的，但卻被推翻了。王國維無法轉變自己的價值觀，無法跟上歷史潮流，所以他選擇了自我毀滅的道路。

十二、世故型性格及其特徵

　　世故型性格的人，顧名思義是善於交際、處世圓滑的人，他們精明能幹，在人際關係上左右逢源。世故型性格的人可通過依附於一個強人而獲得事業上的機遇。這種性格的人大多是權力型的人，但是他們一旦獲得了權力，行為方式與指導思想又會比較謹慎，所以他們不會是開拓型的領導。

　　阿根廷的第一位女總統 —— 伊薩貝爾就是這樣性格的人。一九五六年，芳齡二十五歲的伊薩貝爾與阿根廷前國家元首胡安‧庇隆相遇。當時的她是一位天真浪漫、藝海中正在躍起的新星；而庇隆則是個年近花甲、下臺流亡在外的總統。但此時的伊薩貝爾堅信，這位患難總統定有出頭之日。從此，她成為了庇隆得力的助手和秘書，為庇隆的復出貢獻自己的力量。經過七年的不懈努力，庇隆終於重新登上了總統的寶座。而在庇隆的影響下，伊薩貝爾也以副總統的身分，開始了自己的政治生涯。就在次年的七月，在自己丈夫的扶持下，她登上了總統的寶座。可以說，她的成功完全得力於她世故型的性格和敏銳的政治洞察力。一般常規論之，無論從學歷上還是從能力上看，她可能都沒有資格去管理一個國家，但是她又成功了，因為她選擇的丈夫是她堅強的後盾。

十三、謹慎型性格及其特徵

　　謹慎型性格之人，常常對周圍的事思考得很周全，善於三思而後行。這種人責任心較強，辦事多精明。謹慎型性格的人一般以女人較多，她們做事務實、不魯莽。這種性格的人在關鍵時刻善於自保，不拖累別人，也不自找麻煩。但這種性格的人的缺陷，也就在於思考得太過於細微，不敢去冒險，常會失去許多機會。

　　曾任美國陸軍參謀長的五星上將馬歇爾，就是個謹慎型性格的人。一八九七年他進入了佛吉尼亞軍事學院，在這個學院裡有一個慣例，那就是

所有的新生都必須接受老生的種種刁難。在一次老生刁難他們的「坐刺刀」活動中，馬歇爾雖然身體虛弱，在刺刀上堅持不了多少時間，但是他不願與這些老生起衝突，也不願讓這些老生看不起自己，他堅持著，直到刺刀刺破了他的屁股。從這以後，這些老生對他刮目相看，再也沒有欺侮過他。一九四三年，眾議院提議他為陸軍元帥，但是他卻拒絕了，因為他考慮到這樣的提升，會損害他在人民中的影響，另外也會給他指揮戰爭帶來障礙。他的這些做法，使他在部隊裡贏得了很多人的好感。一九四五年第二次世界大戰結束，他又提出了辭職的請求，雖然從此失去了政治和軍事上的大好前途，但以後的事實證明他急流勇退的做法是正確的。上述這些做法都是他謹慎型性格的最好體現，對任何事他都有著精微的思考，在深思熟慮後，他就果斷地採取行動。這樣的個性，使得他在軍事戰爭和為人處世上，都能一帆風順。對於他的成功，他的謹慎型性格起了非常重要的作用。

十四、好強型性格及其特徵

許多人喜歡把自己的成功或失敗歸咎於運氣，但對於好強型的人來說，卻相信自己的努力。他們會主動去尋找成功的機會，有自強不息的精神和積極向上的心態，所以他們大多數人容易成功。好強型性格的人也有缺點，因為好強的秉性，他們不甘居人下，不人云亦云，而且會傲慢對待他人，在處理關係上容易走極端，多遭人嫉妒，甚至有時很盲目，自以為是。

希拉蕊起初為人們所認識是因為她是美國的第一夫人，她的丈夫是美國的總統，但幾年過去之後，人們發現她本身的傑出智慧和好強的個性，絲毫不遜色於她的總統丈夫。在擔任第一夫人期間，她就以自己的強悍和幹練，給了丈夫許多幫助。希拉蕊在大學期間就是個不平凡的人物，她曾是學校反對派領袖之一，領導學生與學校一切不合理的制度做鬥爭。在丈夫競選總統期間，她所起的作用是不容忽視的。當她與她的丈夫從白宮裡

走出來後，她沒有放棄自己的政治抱負，她歷經磨難，憑著自己卓越的才能和好強的個性，在基本屬於男人的政壇中脫穎而出。二○○二年她成功當選為紐約州參議員，她未來的命運如何，我們不做猜測，但她好強的個性，肯定是她政治生命裡最重要的東西。

十五、敏感型性格及其特徵

敏感型性格的人屬於自我實現型。他們通過獨特的想像力、敏銳的感悟力，在對目標的追求中得到價值。敏感型人適宜於高智力的活動，他們可以運用創造性想像及推理方面的特長，創作文學作品。他們還可以選擇擔任軍事指揮，因為他們擁有別人沒有的感悟能力，一件事普通人可能毫無知覺，但敏感型的人卻早早意識到了它的不同之處。敏感型性格也有自己難以避免的缺點。他們很容易神經過敏，會因感情用事而引起不必要的麻煩。

著名歌星麥克·傑克遜天性敏感、柔弱；他從小就是個內向、文靜的男孩，雖然有著極高的音樂及舞蹈天賦，但他卻很害羞，這樣的性格是不適合在歌壇上闖蕩的，但他很小就涉足了這個領域，這本來就是一種很矛盾的情況，所以導致他永遠都處於自我與周圍世界交流的兩難處境中。即使到了他成名後多年，在現實生活中，他在心理上始終存在著某些令他無法與現實世界溝通的障礙。舞臺上的他瘋狂、熱情，但現實中的他卻是個最孤僻的人，一個極端自我封閉的人，一個極其容易受傷害的人，一個幾乎完全生活在兒童世界裡的人。

十六、情緒易變型性格及其特徵

情緒易變型性格也就是不穩定的性格，或者說是脾氣壞的人。這樣的人不但會害苦自己，而且也容易傷害自己周圍的人。這種性格的人喜歡交友，對人很熱情，他們很容易信賴別人，但卻不懂得珍惜身邊的朋友。他

們大多數人受情緒波動影響很大，忽喜忽悲，讓人難以琢磨，給人不成熟、辦事也不牢靠的感覺。這種性格的人大多從事科學或者藝術工作，因為這些靈活多變，需要靈感和天賦的職業類型，需要人情緒和愛好的多變性。他們可以通過情緒轉化獲得事業發展的機遇。這種性格的人的缺陷，就在於不能把消極情緒轉化成積極情緒，讓消極情緒破壞了成功的希望。另外這種性格的人因為情緒多變，容易衝動，這樣很有可能被某些居心叵測的人當槍使，充當他們的探路者。

著名作家三毛，就是個情緒波動極大的人。她性格內向、孤僻而又偏執。年輕的三毛墜入了愛情的漩渦，她為了成就這段愛情，寧願休學，但是男方沒有同意，這使得性格偏激的三毛，跑到了西班牙留學。但這也是三毛聰明的地方，她太瞭解自己，她怕自己在愛情的羅網中不能自拔，轉而成為愛情和學業上的雙重失敗者。她雖然懷著失戀的痛苦，但她畢竟很年輕，在不同的地域很快走出了感情的沼澤地。在西班牙，獨自一個人的三毛，變得勇敢和堅強。相信讀過她的散文的人，都記得她由被同宿舍的人欺侮的對象，到成為大家客氣甚至討好的對象的過程，這是她成長也是性格轉變的過程。三毛一生遊歷過許多地方，其中最艱難困苦的就是在撒哈拉大沙漠，但這樣的痛苦經歷，把她由一個內向膽怯的小姑娘，變成了一個成熟堅強的女人。她變得敢愛敢恨，樂觀向上，有了自己獨立的生活，並且結交了許多有才華的朋友。

當然，後來的三毛因愛人早逝，再次陷入情緒低潮，最後以自殺結束了自己的生命。

十七、自制型性格及其特徵

自制型性格的人天生不容易發脾氣，他們是那種喜怒不形於色的人，任何情況下都能把自己控制得很好，對別人有很強的容忍力。這種性格的人富有善心，他們大多數人都能通過自己的積極工作獲得升遷，或者通過自己的創業取得成功。但是自制型性格的人也有自己的缺陷，那就是他們

容易過分忍讓，讓到手的機遇溜走，另外，因為這種人對自己要求甚嚴，這樣他們對自己身邊的人要求也會很嚴格，不容易通融。

德國的大音樂家布拉姆斯就是個這種性格的人。他景仰自己的老師舒曼，但尷尬的是他又愛上了自己的師母，他壓抑著自己的感情，盡心照顧老師和師母。在老師住進瘋人院的時候，他在師母身邊默默地陪著自己所愛的人。在他們兩個人患難與共、相濡以沫的親切氣氛中，他們的感情越來越好，也越來越熾熱。但是布拉姆斯只能默默地愛她，只能把她看作母親般的安慰，這是他自制性格的體現。當老師去世後，他沒有像眾人想的那樣，與師母生活在一起，而是選擇了離開。他的做法也是他深愛師母的表現，他明白他們的感情是為道義所不容的，而且這種愛情也不能帶給自己所愛的人幸福。所以他選擇了離開，寧願自己受著痛苦的折磨，也不願自己所愛的人受半點委屈，這同樣是自制力超強的表現。

十八、方圓型性格及其特徵

方圓型性格是常人難以達到的理想型性格，它也是人人都嚮往的性格。這種性格的人能隨著周圍環境的變化，而適時地改變自己的性格，他們能忍則忍，能容則容，該進取就絕不退卻，該退讓時也不會強求。他們對自己與別人都能很好地理解，他們把寬容、博大、仁愛、殘忍都交融在一起，行動時能夠根據具體的情形做出調整。

大陸著名電視主持人楊瀾就是這種性格的人，她有著一個幸福女人該有的一切。在她起初的主持工作中，她的方圓型性格使得她和周圍人的關係都很好，她虛心接受別人的批評，努力找尋自己的突破點，使自己更能適應觀眾的要求。經過一段自我調整，她有了很大的進步。但這時的她，沒有被眼前的成功所迷惑，她為了更高的要求，選擇了暫時的放棄，到國外去留學。這對於當時正走紅的她來說，是個痛苦的選擇，但她方圓型的性格又一次起了重要的作用。她忍受了常人無法忍受的失落，堅強而又果斷地選擇了自己的道路。在她成為陽光衛視的董事長之後，她的事業已經

獲得了巨大的成功，但她方圓型的性格又使得她沒有停止自己前進的腳步，她一直在尋找適當的機會拓展自己的事業，終於她採取了行動，被新浪併購，事後證明她的決定是正確的。楊瀾的成功就是方圓型性格的成功，她所取得的輝煌成就，可以說不能離開她性格中固有的堅韌和聰慧。

十九、豪放型性格及其特徵

豪放型性格講求直來直往，無所顧忌，他們經常為自己的朋友兩肋插刀。這種性格的人做事乾脆利落，絕不拖泥帶水，也不講求個人私利。他們優點很多，但也有天生的缺陷。他們大多數人容易衝動，特別信任朋友，但這也就造成他們有可能被壞人利用，或者說交友不慎，誤入歧途，做出讓人遺憾的事情來，也把自己的前途給毀了。

美國歌壇巨星瑪丹娜就是這種性格的人，她天性狂野豪放，甚至近乎瘋狂，她敢說敢做，用狂放不羈的態度去追求藝術上的成就。美國人稱她為性感尤物，是他們的寶貝。個性狂放的她，早期把自己的目標放在舞蹈上，但是很快她就發現自己並不適合跳舞，在這期間她已經顯露出自己獨特的個性，衣著大膽出眾，喜歡製造讓人吃驚的效果。後來她開始向音樂這條道路前進。瑪丹娜個性野性十足，從不受什麼規矩的束縛，對於別人對她的鄙視，從不放在眼裡，她知道自己想要的是什麼。她私生活的放蕩，也是她個性的一個詮釋。這樣的女性絕不會被外界撲來的各種壓力所擊倒，她一次又一次地平息了潮水般的誹謗和攻擊，為自己的人生開闢了一條越來越寬的道路。

性格類型的測試式分法

一、自我性格的測試

　　測試式分法是由美國女作家弗洛倫斯‧妮蒂雅所倡導的一種對性格的劃分方法，它簡潔又條理清楚，使被測試的人，短時間就能對自己的性格類型有一個清楚的掌握。同時，這種劃分方法也讓被測試的人認識到每一個人都是獨一無二的，天生就有與兄弟姊妹不同的組合特徵。

　　每一種性格類型都有自己的優缺點，各種性格都有其非比尋常的價值，正像太陽照射的七彩光一樣，沒有這個顏色比另一個顏色好，而是每一種顏色都缺一不可，少了哪一種都是遺憾。我們生來都有自己的性格特徵，這就像是我們每個人都有著不同的質地，比如說，有人是花崗岩構成，有人是大理石構成，有人是沙石質料的，我們的外形或許可以被雕刻家雕刻成同樣的樣子，但是我們的本質不會變化，而這種本質就是我們的性格。它或許被我們隱藏得很深，但是我們內在的本性卻不會變化，正如同俗語說的「江山易改，本性難移」。

　　這種性格的劃分方法，就是通過做測試來確定你的性格特徵。它把性格劃分為四種：活潑型、完美型、力量型和和平型。但在劃分之前，我們先來做一個測試，由此你可以知道你自己的性格特徵。

第一步：填寫性格測試卷
　　說明：在以下各行的詞語中，用「ˇ」在最合適的詞語前做記號。

優點

1.□富於冒險	□適應力強	□生動	□善於分析
2.□堅持不懈	□喜好娛樂	□善於說服	□平和
3.□順服	□自我犧牲	□善於社交	□意志堅定
4.□體貼	□自控性	□競爭性	□使人認同
5.□使人振作	□受尊重	□含蓄	□善於應變
6.□滿足	□敏感	□自立	□生機勃勃
7.□計畫者	□耐性	□積極	□推動者
8.□肯定	□無拘無束	□時間性	□羞澀
9.□井井有條	□遷就	□坦率	□樂觀
10.□友善	□忠誠	□有趣	□強迫性

缺點

1.□乏味	□扭捏	□露骨	□專橫
2.□散漫	□無同情心	□缺乏熱情	□不寬恕
3.□保留	□怨恨	□逆反	□嘮叨
4.□沒耐性	□膽小	□健忘	□率直
5.□挑剔	□無安全感	□優柔寡斷	□好插嘴
6.□不受歡迎	□不參與	□難預測	□缺同情心
7.□固執	□即興	□難於取悅	□猶豫不決
8.□平淡	□悲觀	□自負	□放任
9.□易怒	□無目標	□好爭吵	□孤芳自賞
10.□天真	□消極	□魯莽	□冷漠

第二步：填寫性格計分卷

　　現在將記上「ˇ」符號的選擇移到計分卷上，1個「ˇ」得1分，將得分加起來。

優點

活潑型	力量型	完美型	和平型
1.□生動	□富於冒險	□善於分析	□適應力強
2.□喜好娛樂	□善於說服	□堅持不懈	□平和
3.□善於社交	□意志堅定	□自我犧牲	□順服
4.□使人認同	□競爭性	□體貼	□自控性
5.□使人振作	□善於應變	□受尊重	□含蓄
6.□生氣勃勃	□自立	□敏感	□滿足
7.□推動者	□積極	□計畫者	□耐性
8.□無拘無束	□肯定	□有時間性	□羞澀
9.□樂觀	□坦率	□井井有條	□遷就
10.□有趣	□強迫性	□忠誠	□友善

缺點

活潑型	力量型	完美型	和平型
1.□露骨	□專橫	□扭捏	□乏味
2.□散漫	□無同情心	□不寬恕	□缺乏熱情
3.□嘮叨	□逆反	□怨恨	□保留
4.□健忘	□率直	□挑剔	□膽小
5.□好插嘴	□急躁	□無安全感	□優柔寡斷
6.□難預測	□缺同情心	□不受歡迎	□不參與

7.	□即興	□固執	□難於取悅	□猶豫不決
8.	□放任	□自負	□悲觀	□平淡
9.	□易怒	□好爭吵	□孤芳自賞	□無目標
10.	□天真	□魯莽	□消極	□冷漠

把答案填入積分表，分別將四列中的每一列的分數加起來，然後再把優點、缺點兩部分分數加起來，根據總分的高低，就可以知道自己的大概性格類型，同時，你也就可以知道自己的組合類型。

二、活潑型性格的特徵

活潑型性格的優點很多，他們通常能言善辯，富於浪漫情懷，待人熱情，永遠是人們矚目的焦點。在情感方面，他們容易給初次見面的人留下深刻的印象，比較健談，富於幽默感；同時，這種性格的人很情緒化，感情容易外露；他們對任何東西都有著強烈的好奇心，這樣使得他們經常略顯孩子氣；與他們相處，會讓人經常不由自主地笑出聲來。活潑型性格的人雖然童心未泯，但這並不表示他們對工作沒有熱情，這種性格的人在工作上往往熱情很高，工作態度很主動，努力找尋工作上新的突破點；好奇的性格特徵，使得他們在工作上富有創造性，充滿幹勁，同時他們熱情的性格，又會很容易地吸引別人參與進來，形成和諧的工作場面。這種性格的人喜歡讚揚別人，他們永遠也不會記恨，與人不愉快時，很快就會向別人道歉，所以他們容易交上很多朋友。活潑型性格的父母在與孩子相處上更是如魚得水，他們就像是馬戲團團長，他們把自己的孩子看作是自己的朋友，家庭生活因為他們的存在而顯得多彩多姿，並且處處充滿歡聲笑語。

任何性格都不可能是盡善盡美的，所以活潑型性格的人，當然也有著他們難以避免的缺點。這種性格的人通常總是唧唧喳喳說個不停，任何一

件小事在他們那裡都能被他們宣揚成長篇大論，並且任何時候如果沒有別人的阻止，他們自己永遠不會停止。活潑型性格的人通常容易以自我為中心，他們不關注別人，因為他們只看到自己。他們對自己的故事津津樂道，但卻沒有留意到他人注意力的變化。這種性格的人還因為其活潑好動、沒有耐性的本性，而養成了不注意記憶的壞毛病。他們對數字毫無概念，所以他們通常都記不住別人的電話號碼和名字。另外，因為活潑型的人生活豐富多彩，擁有很多朋友，所以他們通常是那種高興了和你一起玩，平時經常失蹤的朋友，而不是你真正可以信賴並依靠的好朋友。

三、完美型性格的特徵

完美型性格的人與活潑型性格的人好比是兩個極端。他們在情感方面通常顯得很冷靜，他們不會像活潑型的人一樣情感外露，而是深思熟慮，善於分析。但這並不是說這種性格的人不喜歡與別人相處，只是他們對任何事情都有自己的計畫，有自己的一套標準。他們生性追求完美，為人嚴肅，有很強的責任心。完美型性格的人，在工作上往往預先做詳細的計畫，一旦開始工作就完全投入，有條理有目標地完成，有始有終，永遠不會中途放棄。這種性格的人最重要的是很懂得善用資源，他們勤儉節約，講求經濟效益，用最合理的方法解決問題。他們的居住環境往往很整潔，他們生活注重細節，對自己和別人都有著很高的要求。完美型性格的人在交朋友上和活潑型的人截然相反，他們很謹慎地選擇朋友，如果你有幸成為他們的朋友，那麼他們必然能成為你最忠誠可靠的朋友，處處關心你，可以為了你做出自我犧牲。他們善於聆聽抱怨，積極幫助你解決問題。但在選擇配偶上，他們通常選擇理想伴侶，追求完美，有著很苛刻的標準。完美型性格的父母對孩子有著很高的要求，他們不會像活潑型性格的父母那樣，把孩子看作自己的朋友，他們希望自己的孩子很出色，一切都能做對，鼓勵孩子充分顯露他們的才華。

天才亞里士多德說過：「所有天才都有完美型的特點。」他說的很

對，作家、藝術家和音樂家，通常都是完美型的，米開蘭基羅就是個突出的例子。他在創作經典的摩西・大衛和彼亞塔等雕塑時，深入研究過人類的體型結構，在停屍房裡親自解剖屍體，研究肌肉和筋腱。他還是個建築師，他也曾經寫詩，他在羅馬梵蒂岡西士庭教堂天花板創作的壁畫，至今仍然舉世聞名，那是他花費了四年的時間，躺在離地面七十英尺高的工作臺上完成的。如果不是完美型性格的人，不可能完成這樣輝煌的巨作。

完美型性格的人也有自己天生的缺陷。他們通常喜怒不形於色，因為他們不想讓自己太激動，這樣他們總是顯得很陰沈，沒有活力，使身邊的人也覺得很沈悶。因為完美型的人很注重細節，感情敏感，所以他們很容易受到傷害。另外，由於天生消極的傾向，完美型對自己的評價十分苛刻。他們害怕與別人交談，沒有安全感。同時，因為他們對一切事物高標準的要求，給他們身邊的人造成了很大的壓力。

四、力量型性格的特徵

力量型性格的人天生就是領導者，他們精力充沛，充滿自信；他們意志堅決、果斷，一旦認清目標就絕不放棄；他們不易氣餒，也不發洩自己的壞情緒；他們總是很有信心地運作著眼前的一切，並且不允許有任何的差錯。力量型性格的人是天生的工作狂，他們設定目標，行動迅速，全心投入工作。同時，力量型性格的人善於管理，能縱觀全局，知人善任，合理地委派工作，尋求最實際最合適的解決方法。因為這種性格的人總是顯得那麼胸有成竹，對一切事都能有清楚的洞見，再加上他們天生的領導才能，所以他們往往不大需要朋友。另外，他們自信的本性，總是覺得自己的見解永遠正確，聽不進別人的意見，所以不大容易交上朋友，因為沒人能容忍他們自大的秉性。力量型性格的父母在家庭裡行使絕對的權力，他們設定目標，督促全家人行動，像一個領導者一樣，有條不紊地管理著整個家庭的日常事務。

力量型的人永遠動力十足，他們充滿理想，他們勇於攀登高不可攀的

頂峰。由於力量型的人是目標主導兼具與生俱來的領導素質，他們往往在自己所選擇的職業中達到頂峰。大多數具政治影響力的領袖都是力量型的。英國前首相柴契爾就是個力量型的領袖，人們說她「衣著充滿著強烈的色彩，言談充滿說服力」。許多報導她的文章，都喜歡使用這樣的詞語稱讚她：主宰、有才華、有能力、果斷、強烈的競爭性、喜歡挑戰等等，從中可以看出她是個充滿活力的女人，洋溢著信心和控制力。

　　力量型性格的人也有著自己難以改變的缺點。他們有很強的控制慾，只有處於控制人的地位時，才感到舒服。這種行為讓別人很不舒服，甚至反感。他們太固執地認為他們自己總是對的，不用他們的方法看待事物的人都是錯誤的。他們永遠高高在上，俯視別人的生活，指使別人去做這做那。另外，他們還不能容忍別人的缺點，他們希望身邊的每個人都聽他們的指示，受他們的支配。力量型的人見識廣博且自信永遠是對的，所以一旦他們錯了，他們也不會道歉，因為在他們看來，那是不可能發生的事。莎士比亞筆下有很多英雄式的人物，像李爾王、馬克白等，他們都是力量型的性格，他們也都是悲劇性的人物，他們的悲劇就在於他們太過於自信。

五、和平型性格的特徵

　　和平型性格的人，在情感方面常常很低調，他們總是顯得平靜而坦然自若，對任何事情都很有耐心，對任何情況都很自如地適應，就像是大自然中的變色生物。這種性格特徵的人仁慈善良，善於隱藏自己內心的情緒，總是一副樂天知命的好模樣；他們很細心，做任何事都面面俱到，絕對不會讓別人感到被冷落。他們有著一成不變的生活模式，他們喜歡從事自己熟悉的工作，不容易跳槽。他們善於調節問題，有一定的行政能力，不是雷厲風行的領導者，但絕對是平時給人親切感覺的可信任的上司。這種性格的人容易與人相處，讓人沒有壓力感，自然而然地想親近。他們還是好的聆聽者，關心朋友；所以他們也有很多朋友。但與活潑型性格的人

不同的是，和平型性格的人永遠是提供幫助的一方，他們喜歡旁觀，能給處於劣境中的朋友中肯的建議。他們不喜張揚，不愛嘮叨，其他性格的人都願意找和平型性格的人交朋友。和平型性格的父母絕對是好父母，他們對待孩子很有耐心，對於孩子的錯誤，他們也很寬容。美國的福特總統就是個和平型的人，別人稱讚他常用的詞語是令人愉悅、謙遜、閒適、隨和、平衡等等。他所行使的中間路線，沒有侵略性，讓人感覺到他是一個可靠樸實的人。

和平型性格的人自然也有他們的缺點。這種性格的人容易墨守成規，不喜歡改變。他們總是沒有做出改變的魄力和熱情，另外，他們唯恐改變之後情況會更糟。和平型性格的人喜歡得過且過，他們通常顯得很懶惰。他們厭惡讓他們自己去創新，而需要別人的直接推動。這種性格的人最大的缺點是沒有主見。他們不是沒有能力決定，只是他們已決定不做任何決定。這樣他們就不需要為做出的事情負責。另外，和平型性格的人不願意傷害別人，所以他們總是做自己其實並不想做的事，這樣他們總是學不會對自己身邊的人說「不」。

第五節 性格類型的食物劃分法

食物劃分性格法是由美國的一位醫學博士提出的一種新鮮的性格分類法。我們有一句俗語叫「物以類聚，人以群分」，而最近流行的格言是「人以食分」，它的意思是從營養學上來講的，即吃什麼東西，有什麼樣的功效，比如說天天吃豆腐的人和天天吃大肉的人，身體素質肯定不一樣。這種說法還有一種引申意義，即是說吃不同的食物，就是不同生活層次的人，也就是說食物不僅是單純營養學上的東西，它附加進了社會的因素。或者換句話說，就是什麼層次的人，就選什麼樣的食物，它表明不同的文化和傳統，塑造了不同的我們。

　　食物與性格有關，而且涉及到了人們生活的各個方面。我們的語言也反映出了人們對食物的基本慾望。常說的「秀色可餐」就是最典型的例子，美麗的姑娘美到了極致，就是讓人想一口吞下去。當過母親的人或許有過這樣的感受，看著懷中可愛的小寶貝，真想啃上一口。另外，親密的戀人表達愛慕之意時，也愛用可愛的食物名字來稱呼自己的戀人，比如「甜心」、「巧克力」等。食物對人們的情緒也有著強烈的影響作用。每個人或許都有過這樣的體驗，當你剛吃過一頓美味大餐後，這時你的心情可以說是出奇的好，看著天也特別藍，花兒也特別豔，總之，是看著什麼都順眼。但當你正在忍受饑餓的折磨時，什麼心情都沒有，任何事物在你的眼中都比不上一頓可口的飯菜。所以很多人最容易在饑餓的時候心情不好，容易吵架。

一、水果與性格

　　在哲學裡，陰陽的概念總是比喻男性和女性。水果通常被認為是陰性的類別，與女性的一些天性有關。我們知道在西方神話世界裡，水果是一種陰性象徵物，它象徵著女性的性慾和生殖力。在西方宗教的創世說裡，樹上的蘋果正是智慧之果，夏娃受到了誘惑，吃了它，於是人類世界也就開始了。人們偏愛特定類型的水果，將揭示其不同性格特徵。

水果與性格測驗

　1.你最喜歡下面哪組水果？

　　ⓐ 香蕉、葡萄　　ⓑ 蕃茄、茄子
　2.以下水果食品中，你最喜歡哪一種？（每一對中選一個）

　　ⓐ 蘋果沙拉或是新鮮蘋果
　　ⓑ 鳳梨塊或是鳳梨凍

3.請選擇你喜歡的食物：（可以多選）

ⓐ 香蕉　　ⓑ 蜂蜜　　ⓒ 堅果　　ⓓ 烤魚

4.下面每組食物中，你更喜歡哪個？

ⓐ 檸檬或是柳橙　　ⓑ 葡萄柚或是紅橘

對於第一個問題，如果你選擇了第一組——水果，那麼就表明你是一個有意志力，有雄心，富於進取和具有獨立個性的人，是天生的領導者；如果你選擇的是第二組——蔬菜，那麼你是一個很注重內在的人，你對別人很敏感，在做決定時不會衝動行事。

對於第二個問題，如果你選的是每組中的第一個，那麼你可能是隨和的、被動的、和氣的一類人，總是試圖平靜地通過交流解決問題。但如果你的選擇是第二個，那麼你可能是一個主動的獲取者，不懂得退讓，工作努力且不擇手段。如果你的選擇既有第一個又有第二個，那麼說明水果測驗對你的性格分類效果不明顯。此特別說明也適用於第四個問題。

對於第三個問題，如果你選擇的多於三種或者三種，那麼恭喜你，你是個天生的樂天派，你天性樂觀，善於結交朋友。但是如果其中有三項或是更多你都不喜歡的話，那麼你肯定是個悲觀主義者，你通常很謹慎行事，對周圍的人也心存戒備。

對於第四個問題，如果你選擇的是每組中的第一個，那麼你可能是一個保守、安靜、深思熟慮和不易衝動的人，也就是說，你是個內向的人；但如果相反，你選擇的是第二個答案，那麼你是個外向的人，你性格活潑、好社交，對任何東西都有著濃厚的興趣，同時，你會成為不錯的推銷員或政治家。

二、鹽和性格

鹽是我們身體不可缺少的一部分，它是我們的力量泉源，但自從醫學上認為鹽很可能是致癌的重要因素以後，人們對鹽就持有懷疑和疏遠的態

度了。我們知道，其實鹽的滿足感是一種口味。如果一個人已經習慣了鹹雞湯或是燻肉，那麼他是不可能轉而喜歡不放鹽的雞湯或是沒有鹹味的肉類的。我們可以只做下面這一個選擇題，就能對你的性格做出大致的概括。

鹽和性格測試

從下面這組食物中，選擇你喜歡的一種：

ⓐ 鹹雞湯

ⓑ 沒放鹽的雞湯

ⓒ 放了少量鹽的雞湯

在這裡有兩種觀點，第一種觀點認為：如果你選擇的是第一個答案，那麼你是個相信別人控制自己命運的人，你或許會每天看報，讀你的星相圖，以找出你這一天的運氣情況，你還可能會隨波逐流。相反的，不吃鹽的人內心有定力，這說明你已經具有了「是自己命運的主人」的信念，因此這種性格的人會主動追求並實現自己的目標，是個領導者，不是追隨者。而那些處於中間的人，即喝放少量鹽的雞湯的人，則處於前兩種人的中間，他們從某種程度上認為，自己的命運掌握在自己的手中。

第二種觀點認為：喜歡吃鹽的人，願意尋求外界刺激，往往是外向型的人，他們通常都很固執，有著果斷、韌性的性格，一旦確立目標就展開迅速的行動。而不喜歡吃鹽的人，則是那種不喜歡把想法付諸於實踐，容易改變自己的想法，是個沒有韌性和耐性的人。不喜歡多吃鹽的人，他們絕不是衝動型的人物，他們往往小心翼翼，深怕有什麼閃失。

三、冰淇淋口味和性格

當下的年輕人沒有不愛吃冰淇淋的，雖然說這種食物是女孩子發胖的主要根源，但她們還是一如往昔地喜歡這些酸酸甜甜的東西。在這些人看

來，冰淇淋是一種百吃不厭的「享受」。吃冰淇淋的樂趣還在於從琳琅滿目、五顏六色的品種中，選出自己最愛的那一種。所以通過冰淇淋的不同口味，也能測試出不同人的不同性格特徵。我們可以來做下面的選擇題。

冰淇淋口味和性格測試

以下六種冰淇淋中，你最喜歡的口味是什麼？

ⓐ 香草味

ⓑ 雙層巧克力

ⓒ 草莓加奶油

ⓓ 香蕉奶油派

ⓔ 巧克力脆皮

ⓕ 核桃味

香草味性格的人，並不像香草這種植物的性格那樣平凡和普通，相反，這種性格的人是生活多彩多姿的人。他們喜歡冒險，不時地會有一些新奇的想法，同時，他們還有點衝動，很浪漫，善於表達，喜歡交朋友。

雙層巧克力性格的人，是視社交如生命的人，他們喜歡受人矚目，永遠希望做眾人關注的中心。他們大多活潑、可愛，外向的性格和非常戲劇化的誇張氣質，使他們天生有演員的素質。

草莓加奶油性格的人，生性靦腆，他們通常對生活感到不知所措，但他們又情感強烈，情緒不穩。他們對自己的期望很高，但自身卻有著消極的傾向，這樣矛盾的性格，也導致了他們常常對自己的失誤責怪不已。

香蕉奶油派性格的人，常常給人輕鬆、愉快、隨和、善於傾聽的印象。他們大多數人特別有人緣，招人喜歡。

巧克力脆皮性格的人，有著很高的理想，他們不能接受失敗和損失，他們是天生具有競爭意識和獲取慾望的人。

核桃味性格的人，講究細節，對自己和別人都有很高的要求。他們從不肯浪費時間，在處世上可能有點固執、嚴厲和刻板。他們通常不善於表達，他們大多數人是守規矩和講公道的，很務實且講求效率。

對於這些類型性格的人來說，在擇偶上也是很有規律可循的。香草冰淇淋口味的人，理想的伴侶也是香草口味的，因為這樣兩個都同樣富於浪漫，和善於表達的人在一起，一定會很幸福的。

對於雙層巧克力冰淇淋的人，如果你感到自己需要某種穩定的生活，那麼你的理想伴侶就是核桃口味的，因為他們能讓你有安全感。但如果你是個愛冒險的人，那麼你理想的伴侶就應該是巧克力脆皮的，因為他們可以激發並幫助你堅定地瞄準自己的目標。對於草莓加奶油冰淇淋性格的人來說，與巧克力脆皮的人結為伴侶是再合適不過了，因為他們能夠以輕鬆的態度滿足這種性格人的高要求。對於香蕉奶油派性格的人來說，因為他們天生的好性格，所以所有類型的人，都能成為他們合適的伴侶。巧克力脆皮口味的人，最好選擇核桃口味的人做為自己的伴侶，因為後者能證明自己是目標高遠的人；這種性格的人也可以選擇雙層巧克力性格的人，因為後者很欣賞他們迷人的天性。最後，對於核桃口味的人來說，他們理想的伴侶是與他們一樣性格的人，因為他們彼此都很欣賞對方不俗的品味。

ch **3**
認識自己的
性格

從我們的幼年開始，每個人身上就編織了一件無形的外衣：它滲透於我們吃飯、走路以及待人接物的方式之中。這件外衣就是我們的性格。

—— 法國作家　讓‧吉羅杜

 **第一節** ●●● ## 為什麼要認識自己的性格

　　古語云：「知己知彼，百戰不殆。」每個人都不想在人生路途上遭到失敗，每個人都想擁有甜蜜的愛情、美滿的婚姻、幸福的家庭、親密的朋友、信賴的知己、騰達的事業、輝煌的成就、別人的仰慕……要想得到這一切，離不開機遇與自己的拼搏，而首先要做和必須要做的，不是戰勝外在，而是戰勝自己；不是瞭解別人，而是瞭解自己！

　　瞭解自己主要是指認識自己的性格——自己是內向的？封閉的？自卑的？懶惰的？虛榮的？偏執？浮躁？狹隘？貪婪？怯懦？多疑？不要懼怕，你能夠克服！有一句諺語：「播種行為，收穫習慣；播種習慣，收穫性格；播種性格，收穫命運。」歌德說過：「人人都有驚人的潛力，要相信自己的力量與青春，要不斷地告訴自己，萬事全賴在我。」性格是可以塑造的！自己是外向活潑的？開朗樂觀的？坦率？勤奮？穩重？堅毅？不要太過高興，仔細找找自己的缺陷！

　　我們生來與眾不同，世界上只有一個自己，絕對不會有第二個人和你一模一樣。我們的性格各不相同，但沒有誰是絕對的性格優越，也沒有誰絕對的一無是處。同一種性格特徵，從不同的角度看，可能會有不同的利弊結論，關鍵在於確定自己的目標後，如何去發揮性格的長處和力量。比如你可能是孤僻偏執的，朋友很少，生活乏味，沒有快樂，但你卻可能會

超乎尋常地專心研究某個科學問題或刻苦工作，因而在事業上更易成功。

因此對自己的性格，要正確地認識，要找出長處和缺陷，要保持長處，克服缺陷。只有這樣，才能在生活和工作中獲得成功。

上千年前，刻在阿波羅神廟門上的神論就告誡過我們：「認識你自己！」在真相這面鏡子前好好端詳一下自己，認真反思一下自己的行為，不要為自己的怯懦找任何藉口，不要為了表面的浮華，用虛假的東西來裝飾自己，不要懼怕真相帶給我們的壓力。

在心理學迅速發展的今天，它已經為人類解決了許多的難題，但是它直到今天還沒有解決人類自身的問題，那就是如何「認識你自己」！

今天，當我們重新審視這個問題的時候，我們會有許多想法與期待，那就讓我們共同來探索這個人類的難題吧！

「認識你自己！」

「認識自己的性格！」

第二節　測測自己的性格

認識自己的性格，離不開性格測試。世界上唯一不變的就是「變」，人的性格也是不停在變的，沒有一個人會是百分之百地屬於某種類型。現階段的你，主要性格特徵儘管不會變，可能通過測試，你就會把握住性格的脈動，引導它趨向完美，從而獲得成功。

可是有一點要注意，就是你必須先對自己有客觀的認識，這樣才能通過測試，得出自己的性格特點。如果對自己一無所知，或者不肯理性承認自己的某些性格特徵，那麼你將無從開始，因此即使做出了自認為應該的選擇，也沒有什麼意義。

那麼怎樣才能在測試之前客觀瞭解自己呢？請朋友幫忙是個不錯的辦

法。你要懷著一顆坦誠的心，請朋友們告訴你，在他們心中，你是一個怎麼樣的人。你會發現自己的判斷往往和朋友的看法並不完全一樣，甚至有很大的出入。其實，瞭解自己並不一定是一件令人愉快的事情，特別是當我們心中暗藏了許多祕密的時候。然而只有對自己誠實，我們才能解放自己，才能夠讓別人對你誠實。

很多人往往選擇自己喜歡的性格特徵，而非自己的真正面目，可是我們能騙得了誰呢？選擇錯誤的類型，只能讓自己繼續活在假象中，不利於自己將來的發展。那麼如何判斷自己的選擇正確與否呢？下面是一些經驗規律供你參考。

如果你的測試結果讓你產生困擾的同時，又讓你產生勇氣和莫明的興奮，那麼你可能選對了。

如果你的選擇激起你內心某種深沈的情感，並讓你瞭解了自己從未觸及的層面，那麼你可能選對了。

如果你的選擇讓你看出了自我與外在人際關係的新模式，那麼你可能選對了。

如果你的家人和朋友同意你的選擇，那麼你可能選對了。

可是，沒有什麼辦法可以讓你百分之百地瞭解自己是否選對了。我們永遠不可能找到一種測試性格的標準規則，也不可能從自己的某個部位找到性格類型的標記，我們只有認真審視自己，才可能獲得客觀的證據。許多人可以馬上決定自己的性格類型，而有些人則需要很長的時間，也有人可能介於兩者之間。時間和經驗的累積，會讓我們增加判斷的信心，儘管這需要最有力的證據。

下面，就讓我們做些測試吧！

一、菲爾測試

這個測試是美國知名心理學博士菲爾，在著名女黑人歐普拉的節目裡做的，比較準確。回答問題時，一定要依照你目前的實際情況，不要依照

過去的你。這是一個目前很多大公司人事部門實際採用的測試。

1.你何時感覺最好？

　　ⓐ早晨

　　ⓑ下午及傍晚

　　ⓒ夜裡

2..你走路時是……

　　ⓐ大步的快走

　　ⓑ小步的快走

　　ⓒ不快，仰著頭面對著世界

　　ⓓ不快，低著頭

　　ⓔ很慢

3.和人說話時，你……

　　ⓐ手臂交疊地站著

　　ⓑ雙手緊握著

　　ⓒ一隻手或兩手放在臀部

　　ⓓ碰著或推著與你說話的人

　　ⓔ玩著你的耳朵、摸著你的下巴或用手整理頭髮

4..坐著休息時，你的……

　　ⓐ兩膝蓋併攏

　　ⓑ兩腿交叉

　　ⓒ兩腿伸直

　　ⓓ一腿蜷在身下

5.碰到你感到發笑的事時，你的反應是……

ⓐ一陣欣賞的大笑

ⓑ笑著，但不大聲

ⓒ輕聲的咯咯的笑

ⓓ羞怯的微笑

6.當你去參加一個派對或社交場合時，你……

ⓐ很大聲地入場以引起注意

ⓑ安靜地入場，找你認識的人

ⓒ非常安靜地入場，盡量保持不被注意

7.當你非常專心工作時，有人打斷你，你會……

ⓐ歡迎他

ⓑ感到非常惱怒

ⓒ在上兩狀況之間

8.下列顏色中，你最喜歡哪一顏色？

ⓐ紅或橘色

ⓑ黑色

ⓒ黃或淺藍色

ⓓ綠色

ⓔ深藍或紫色

ⓕ白色

ⓖ棕或灰色

9.臨入睡的前幾分鐘，你在床上的姿勢是……

ⓐ仰躺，伸直

ⓑ俯躺，伸直

ⓒ側躺，微蜷

ⓓ頭枕在一手臂上

ⓔ棉被蓋過頭

10.你經常夢到你在……

ⓐ落下

ⓑ打架或掙扎

ⓒ找東西或人

ⓓ飛或漂浮

ⓔ你平常不做夢

ⓕ你的夢都是愉快的

分數分配：

1. ⓐ2　ⓑ4　ⓒ6

2. ⓐ6　ⓑ4　ⓒ7　ⓓ2　ⓔ1

3. ⓐ4　ⓑ2　ⓒ5　ⓓ7　ⓔ6

4. ⓐ4　ⓑ6　ⓒ2　ⓓ1

5. ⓐ6　ⓑ4　ⓒ3　ⓓ5

6. ⓐ6　ⓑ4　ⓒ2

7. ⓐ6　ⓑ2　ⓒ4

8. ⓐ6　ⓑ7　ⓒ5　ⓓ4　ⓔ3　ⓕ2　ⓖ1

9. ⓐ7　ⓑ6　ⓒ4　ⓓ2　ⓔ1

10. ⓐ4　ⓑ2　ⓒ3　ⓓ5　ⓔ6　ⓕ1

得分分析：

【低於21分：內向的悲觀者】

人們認為你是一個害羞的、神經質的、優柔寡斷的人，是需人照顧、永遠要別人為你做決定、不想與任何事或任何人有關。他們認為你是一個

杞人憂天者，一個永遠看不到存在的問題人。有些人認為你令人乏味，只有那些深知你的人，知道你不是這樣的人。

【21分到30分：缺乏信心的挑剔者】

你的朋友認為你勤勉刻苦、很挑剔。他們認為你是一個謹慎的、十分小心的人，一個緩慢而穩定辛勤工作的人。如果你做任何衝動的或無準備的事，都會令他們大吃一驚。他們認為你會從各個角度仔細地檢查一切之後，仍經常決定不做。他們認為對你的這種反應，一部分是因為你的小心的天性所引起的。

【31分到40分：以牙還牙的自我保護者】

別人認為你是一個明智、謹慎、注重實效的人。也認為你是一個伶俐、有天賦、有才幹且謙虛的人。你不會很快、很容易和人成為朋友，但卻是一個對朋友非常忠誠的人，同時要求朋友對你也有忠誠的回報。那些真正有機會瞭解你的人，會知道要動搖你對朋友的信任是很難的，但相對的，一旦這信任被破壞，會使你很難熬過。

【41分到50分：平衡的中道】

別人認為你是一個新鮮的、有活力的、有魅力的、好玩的、講究實際而永遠有趣的人；一個經常是群眾注意力的焦點，但是你是一個足夠平衡的人，不至於因此而昏了頭。他們也認為你親切、和藹、體貼、能諒解人；一個永遠會使人高興起來並會幫助別人的人。

【51分到60分：吸引人的冒險家】

別人認為你具有令人興奮的、高度活潑的、相當易衝動的個性；你是一個天生的領袖、一個會很快做決定的人，雖然你的決定不總是對的。他們認為你是大膽的和冒險的，會願意試做任何事至少一次；是一個願意嘗試機會而欣賞冒險的人。因為你散發的刺激，他們喜歡跟你在一起。

【60分以上：傲慢的孤獨者】

別人認為對你必須「小心處理」。在別人的眼中，你是自負的、自我為中心的，是極端有支配慾、統治慾的。別人可能欽佩你，希望能多像你一點，但不會永遠相信你，會對與你更深入的來往，有所躊躇及猶豫。

二、MBTI測試

什麼是MBTI？MBTI（Myers——Briggs Type Indicator）是一份性格自測問卷。它由美國的心理學家Katherine Cook Briggs（一八七五——一九六八）和她的心理學家女兒，根據瑞士著名的心理分析學家Carl G. Jung（榮格）的心理類型理論，和她們對於人類性格差異的長期觀察及研究而著成。經過了長達五十多年的研究和發展，MBTI已經成為當今全球最為著名和權威的性格測試。它的應用領域包括：

(1)自我瞭解和發展

(2)職業發展和規畫

(3)組織發展

(4)團隊建設

(5)管理和領導能力培訓

(6)解決問題能力

(7)情感問題諮詢

(8)教育和學校科目的發展

(9)多樣性和多元文化性培訓

(10)學術諮詢

MBTI通過四項二元軸，來測量人在性格和行為方面的喜好和差異。這四項軸分別為：

(1)人的注意力集中所在和精力的來源：外向（E）和內向（I）（Extraversion vs. Introversion）

(2)人獲取資訊的方式：感知（S）和直覺（N）（Sensing vs. Intuition）

(3)人做決策的方式：思考（T）和感覺（F）（Thinking vs. Feeling）

(4)人對待外界和處世的方式：計畫性（J）和情緒型（P）（Judging vs.Perceiving）

這四個軸的二元通過排列組合，形成了十六種性格類型。

其實性格類型沒有好壞，只有不同。每一種性格特徵都有其長處和價值，也有其缺點和需要注意的地方。清楚地瞭解自己的性格優劣勢，有利於更好地發揮自己的特長，而盡可能地在為人處事中，避免自己性格中的劣勢，更好地和他人相處，更好地做重要的決策。清楚地瞭解他人（家人、同事等）的性格特徵，有利於減少衝突，使家庭和睦，使團隊合作更有效。總之，只要你是認真真實地填寫了測試問卷，那麼通常情況下，你都能得到一個確實和你的性格相匹配的類型。希望你能從中或多或少地獲得一些有益的資訊。

MBTI各種性格類型的主要特徵如下：

（一）感觀型

ISTJ

安靜、嚴肅，通過全面性和可靠性獲得成功。實際，有責任感。決定有邏輯性，並一步步地朝著目標前進，不易分心。喜歡將工作、家庭和生活都安排得井井有條。重視傳統和忠誠。

ISFJ

安靜、友好、有責任感和良知。堅定地致力於完成他們的義務。全面、勤勉、精確、忠誠、體貼，留心和記得他們重視的人的小細節，關心他們的感受。努力把工作和家庭環境營造得有序而溫馨。

INFJ

尋求思想、關係、物質等之間的意義和聯繫。希望瞭解什麼能夠激勵人，對人有很強的洞察力。有責任心，堅持自己的價值觀。對於怎樣更好地服務大眾有清晰的遠景。在對於目標的實現過程中，有計畫而且果斷堅

定。

INTJ

在實現自己的想法和達成自己的目標時，有創新的想法和非凡的動力。能很快洞察到外界事物間的規律，並形成長期的遠景計畫。一旦決定做一件事，就會開始規畫並直到完成為止。多疑、獨立，對於自己和他人的能力及表現的要求都非常高。

ISTP

靈活、忍耐力強，是個安靜的觀察者，直到有問題發生，就會馬上行動，找到實用的解決方法。分析事物運作的原理，能從大量的資訊中，很快地找到關鍵的癥結所在。對於原因和結果感興趣，用邏輯的方式處理問題，重視效率。

ISFP

安靜、友好、敏感、和善。享受當前。喜歡有自己的空間，喜歡按照自己的時間表工作。對於自己的價值觀和自己覺得重要的人非常忠誠，有責任心。不喜歡爭論和衝突。不會將自己的觀念和價值觀強加到別人身上。

INFP

理想主義，對於自己的價值觀和自己覺得重要的人非常忠誠。希望外部的生活和自己內心的價值觀是統一的。好奇心重，很快能看到事情的可能性，能成為實現想法的催化劑。尋求理解別人和幫助他們實現潛能。適應力強，靈活，善於接受，除非是有悖於自己的價值觀的。

INTP

對於自己感興趣的任何事物，都尋求找到合理的解釋。喜歡理論性的和抽象的事物，熱衷於思考而非社交活動。安靜、內向、靈活、適應力強。對於自己感興趣的領域，有超凡的集中精力深度解決問題的能力。多疑，有時會有點挑剔，喜歡分析。

（二）直覺型

ESTP

靈活、忍耐力強，實際，注重結果。覺得理論和抽象的解釋非常無趣。喜歡積極地採取行動解決問題。注重當前，自然不做作，享受和他人在一起的時刻。喜歡物質享受和時尚。學習新事物最有效的方式是通過親身感受和練習。

ESFP

外向、友好、接受力強。熱愛生活、人類和物質上的享受。喜歡和別人一起將事情做成功。在工作中講究常識和實用性，並使工作顯得有趣。靈活、自然不做作，對於新的任何事物都能很快地適應。學習新事物最有效的方式是和他人一起嘗試。

ENFP

熱情洋溢、富有想像力。認為人生有很多的可能性。能很快地將事情和資訊聯繫起來，然後很自信地根據自己的判斷解決問題。總是需要得到別人的認可，也總是準備著給與他人賞識和幫助。靈活、自然不做作，有很強的即興發揮的能力，言語流暢。

ENTP

反應快、睿智，有激勵別人的能力，警覺性強、直言不諱。在解決新的、具有挑戰性的問題時，機智而有策略。善於找出理論上的可能性，然後再用戰略的眼光分析。善於理解別人。不喜歡例行公事，很少會用相同的方法做相同的事情，傾向於一個接一個地發展新的愛好。

ESTJ

實際、現實主義。果斷，一旦下決心就會馬上行動。善於將專案和人組織起來將事情完成，並盡可能用最有效率的方法得到結果。注重日常的細節。有一套非常清晰的邏輯標準，有系統性地遵循，並希望他人也同樣遵循。在實施計畫時強而有力。

ESFJ

熱心腸、有責任心、合作。希望周邊的環境溫馨而和諧，並為此果斷

地執行。喜歡和他人一起精確並及時地完成任務。事無鉅細都會保持忠誠。能體察到他人在日常生活中的所需，並竭盡全力幫助。希望自己和自己的所做所為，能受到他人的認可和賞識。

ENFJ

熱情、為他人著想、易感應、有責任心。非常注重他人的感情、需求和動機。善於發現他人的潛能，並希望能幫助他們實現。能成為個人或群體成長和進步的催化劑。忠誠，對於讚揚和批評，都會積極地回應。友善、好社交。在團體中能很好地幫助他人，並有鼓舞他人的領導能力。

ENTJ

坦誠、果斷，有天生的領導能力。能很快看到公司的組織架構和政策中的不合理性及低效能性，發展並實施有效和全面的系統來解決問題。善於做長期的計畫和目標的設定。通常見多識廣，博覽群書，喜歡拓廣自己的知識面，並將此分享給他人。在陳述自己的想法時非常強而有力。

三、性向測試

榮格把人的類型分為內向型和外向型，下面的五十題便是這種「性向」的測試。做測試時，注意不要把自己的理想混入其中，不要選擇你認為「應該」的選項，而應盡客觀地把握「現有的」狀況，並且還要排除所謂善惡的價值評價。在此前提下，做做下面這些測試吧。

感情方面

1.喜怒哀樂等感情的表現：
ⓐ 溢於言表　　　　　ⓑ 謹慎、節制

2.對於憤怒：
ⓐ 立即表現出來　　　ⓑ 克制、埋藏起來

3.是否樂觀？
ⓐ 樂觀　　　　　　　ⓑ 憂鬱

4.是否好勝？

    ⓐ 好勝，不甘示弱   ⓑ 怯弱，靦腆

5.憂慮感：

    ⓐ 無憂無慮，滿不在乎   ⓑ 經常不安，擔心

6.情緒調動：

    ⓐ 容易興奮   ⓑ 經常保持冷靜

7.憂鬱、開朗的變化：

    ⓐ 較多較快   ⓑ 較少較慢

8.是否爽快？

    ⓐ 做事乾脆爽快   ⓑ 做事拘謹

9.自尋煩惱，杞人憂天：

    ⓐ .經常   ⓑ 很少

10.耐性方面：

    ⓐ 動不動就感到絕望   ⓑ 很有耐心

11.羞恥心（靦腆、害羞）：

    ⓐ 弱   ⓑ 強

思考方面

12.思考方法：

    ⓐ 經常有新想法   ⓑ 常規性的思考方法

13.是否很固執？

    ⓐ 容易接受他人的意見   ⓑ 固執己見

14.看待事物的方法：

    ⓐ 總是先看到事物的正面

    ⓑ 先看到事物的缺陷，批判地看待事物

15.全盤把握局勢：
- ⓐ 能做到
- ⓑ 目光短淺，只見樹木不見森林

16.邏輯分析：
- ⓐ 不擅長
- ⓑ 擅長

17.行動與思考：
- ⓐ 做事比較魯莽
- ⓑ 喜歡三思而後行

18.周密的計畫：
- A.沒有
- ⓑ 有

19.對於自己的想法：
- ⓐ 根據情況而變化
- ⓑ 堅持自己的觀點，始終如一

20.頭腦：
- ⓐ 靈活，反應敏捷
- ⓑ 反應較慢

21.是否進行自我反省？
- ⓐ 不是
- ⓑ 是

22.經常空想？
- ⓐ 有
- ⓑ 沒有

行動方面

23.實幹能力：
- ⓐ 比較缺乏
- ⓑ 有

24.毅力、忍耐、韌性：
- ⓐ 很強
- ⓑ 沒有

25.反應速度：
- ⓐ 能夠很快做出決斷
- ⓑ 比較慢

26.做事態度：

  ⓐ 粗心大意　　　　　　ⓑ 很認真，辦事一絲不苟

27.對於一些瑣事：

  ⓐ 非常細心地做好每件事

  ⓑ 馬馬虎虎

28.動作：

  ⓐ 快　　　　　　　　　ⓑ 慢

29.遇見緊急情況：

  ⓐ 沈著冷靜　　　　　　ⓑ 慌亂，不知所措

30.適應能力：

  ⓐ 能夠很快適應新事物新環境

  ⓑ 需要較長時間來適應

31.膽量：

  ⓐ 做事大膽，不畏懼困難

  ⓑ 非常謹慎

32.對自己所做的事情：

  ⓐ 很有信心　　　　　　ⓑ 缺乏信心

33.對於自己喜歡或計畫要做的事：

  ⓐ 立即去做　　　　　　ⓑ 拖拉，畏首畏尾

34.工作、娛樂：

  ⓐ 不確定，隨時選擇　　ⓑ 容易著迷

對待別人

35.交際圈：

  ⓐ 很廣　　　　　　　　ⓑ 窄

36.交往方式：

　　ⓐ 與很多人的泛泛之交

　　ⓑ 交往不多，但都是知己

37.喜歡一個人待著？

　　ⓐ 喜歡　　　　　　　　ⓑ 不喜歡

38.與初次見面的人：

　　ⓐ 很容易混熟　　　　　ⓑ 難深交

39.吐露心聲：

　　ⓐ 喜歡向別人吐露心聲　ⓑ 自己悶在心裡

40.觀察能力：

　　ⓐ 洞察別人的一舉一動　ⓑ 不管別人感受

41.公眾講演：

　　ⓐ 擅長、喜歡　　　　　ⓑ 不擅長、膽怯

42.幽默：

　　ⓐ 喜歡開玩笑　　　　　ⓑ 一本正經，不苟言笑

43.對於難以啟齒的事情：

　　ⓐ 直截了當地說出來　　ⓑ 含糊其辭，拐彎抹角

44.日常話語：

　　ⓐ 多嘴多舌　　　　　　ⓑ 寡言少語

45.對於別人的慫恿：

　　ⓐ 容易接受　　　　　　ⓑ 抗拒心理

46.樂於助人：

　　ⓐ 是　　　　　　　　　ⓑ 不愛多管閒事

47.當別人命令或指揮自己時：

　　ⓐ 服從　　　　　　　　ⓑ 不服從

48.責任感：

    ⓐ 不太強   ⓑ 很強

49.妥協性：

    ⓐ 容易對人做出讓步   ⓑ 從不輕易讓步

50.奉承別人：

    ⓐ 經常   ⓑ 很少

得分方法：

    統計一下你的選擇，選A的次數減去選B的次數再乘以4，就是你的性向指數，指數越高，說明你越趨於外向。

四、五種性格類型的測試

    日本學者把性格分為五種類型：內在性性格、同調性性格、黏著性性格、自我顯示性性格和神經質性性格。見下圖

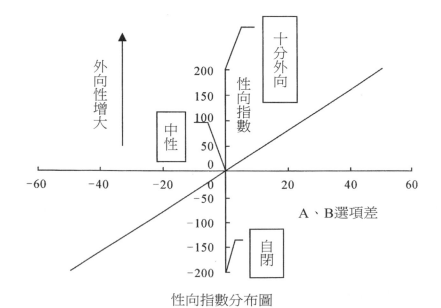

性向指數分布圖

內在性性格的人的性格特徵是：

(1)不擅長社交，安靜，真摯，缺乏幽默感，沒有進取心，非常謹慎、神祕、乖僻。

(2)靦覥，害羞，怯懦，神經過敏，敏感膽小，不易興奮。

(3)老好人，溫順，穩重，沈著，寡言，感覺遲鈍。

同調性性格的人，有三種不甚相同的性格特徵：

(1)擅長社交，老好人，親切，老實，溫和。

(2)開朗活潑，幽默，性急。

(3)安靜溫柔，憂鬱，不活潑。

黏著性性格的人又可分為三群，性格特徵大致如下：

(1)**第一類群**：堅定的人格，對事物專心致志，一絲不苟，遵守秩序。

(2)**第二類群**：感覺遲鈍，領會理解力差，恭敬，殷勤，說話、做事喜歡拐彎抹角。

(3)**第三類群**：爆發性強，容易生氣，癡迷，忘我。

自我顯示性性格的人的性格特徵如下：

(1)自我顯示慾強，好勝，孩子氣。

(2)以自我為中心，易受外界影響，感情表現誇張。

(3)喜歡空想，意志脆弱。

神經質性性格的人有如下性格特徵：

(1)對刺激過敏。

(2)反應過度、怯懦、小心、憂心忡忡。

(3)缺乏自信，有自卑感。

(4)易疲勞，強迫神經症性。

下面有一百個題目，請坦率且儘快地做出選擇，不要過於沈思。

1..不喜歡在眾人面前滔滔不絕。

@ 非常符合　　　　　ⓑ 比較符合

ⓒ 難以確定　　　　　ⓓ 不符合

2..性格開朗、直率。

@ 非常符合　　　　　ⓑ 比較符合

ⓒ 難以確定　　　　　ⓓ 不符合

3..彬彬有禮，對人真誠、殷勤。

@ 非常符合　　　　　ⓑ 比較符合

ⓒ 難以確定　　　　　ⓓ 不符合

4..喜歡熱鬧盛大的場合。

@ 非常符合　　　　　ⓑ 比較符合

ⓒ 難以確定　　　　　ⓓ 不符合

5..經常欲言又止。

@ 非常符合　　　　　ⓑ 比較符合

ⓒ 難以確定　　　　　ⓓ 不符合

6..能夠清楚區分自己與他人。

@ 非常符合　　　　　ⓑ 比較符合

ⓒ 難以確定　　　　　ⓓ 不符合

7..喜歡交際，經常幫助別人。

@ 非常符合　　　　　ⓑ 比較符合

ⓒ 難以確定　　　　　ⓓ 不符合

8..非常討厭言行舉止隨便。

@ 非常符合　　　　　ⓑ 比較符合

ⓒ 難以確定　　　　　ⓓ 不符合

9..做事情顧慮重重。

ⓐ 非常符合　　　　　ⓑ 比較符合

ⓒ 難以確定　　　　　ⓓ 不符合

10..在聚會上總是非常活躍。

ⓐ 非常符合　　　　　ⓑ 比較符合

ⓒ 難以確定　　　　　ⓓ 不符合

11..喜歡靜靜地思考，不喜歡熱鬧。

ⓐ 非常符合　　　　　ⓑ 比較符合

ⓒ 難以確定　　　　　ⓓ 不符合

12..活潑好動。

ⓐ 非常符合　　　　　ⓑ 比較符合

ⓒ 難以確定　　　　　ⓓ 不符合

13..做事情沈著冷靜，不急躁。

ⓐ 非常符合　　　　　ⓑ 比較符合

ⓒ 難以確定　　　　　ⓓ 不符合

14..和人交談時，手舞足蹈。

ⓐ 非常符合　　　　　ⓑ 比較符合

ⓒ 難以確定　　　　　ⓓ 不符合

15.動作笨拙，不靈活。

ⓐ 非常符合　　　　　ⓑ 比較符合

ⓒ 難以確定　　　　　ⓓ 不符合

16.喜歡想像。

ⓐ 非常符合　　　　　ⓑ 比較符合

ⓒ 難以確定　　　　　ⓓ 不符合

17.樂於在公眾場合拋頭露面。

ⓐ 非常符合　　　　　ⓑ 比較符合

ⓒ 難以確定　　　　　ⓓ 不符合

18.厭惡不道德的事情，富有正義感。

ⓐ 非常符合　　　　　ⓑ 比較符合

ⓒ 難以確定　　　　　ⓓ 不符合

19.渴望得到別人的肯定和重視。

ⓐ 非常符合　　　　　ⓑ 比較符合

ⓒ 難以確定　　　　　ⓓ 不符合

20.感覺靈敏。

ⓐ 非常符合　　　　　ⓑ 比較符合

ⓒ 難以確定　　　　　ⓓ 不符合

21.有時候讓人覺得難以接近。

ⓐ 非常符合　　　　　ⓑ 比較符合

ⓒ 難以確定　　　　　ⓓ 不符合

22.被人稱作老好人，值得信任。

ⓐ 非常符合　　　　　ⓑ 比較符合

ⓒ 難以確定　　　　　ⓓ 不符合

23..有時候被人說成死腦筋。

ⓐ 非常符合　　　　　ⓑ 比較符合

ⓒ 難以確定　　　　　ⓓ 不符合

24.常被人說固執己見。

ⓐ 非常符合　　　　　ⓑ 比較符合

ⓒ 難以確定　　　　　ⓓ 不符合

25.經常認為自己不如別人，有自卑感。

　　ⓐ 非常符合　　　　　ⓑ 比較符合

　　ⓒ 難以確定　　　　　ⓓ 不符合

26.不苟言笑。

　　ⓐ 非常符合　　　　　ⓑ 比較符合

　　ⓒ 難以確定　　　　　ⓓ 不符合

27.做事有些性急。

　　ⓐ 非常符合　　　　　ⓑ 比較符合

　　ⓒ 難以確定　　　　　ⓓ 不符合

28.做事一絲不苟，非常細緻周密。

　　ⓐ 非常符合　　　　　ⓑ 比較符合

　　ⓒ 難以確定　　　　　ⓓ 不符合

29.容易相信別人。

　　ⓐ 非常符合　　　　　ⓑ 比較符合

　　ⓒ 難以確定　　　　　ⓓ 不符合

30.做出決定時，常常猶豫不決。

　　ⓐ 非常符合　　　　　ⓑ 比較符合

　　ⓒ 難以確定　　　　　ⓓ 不符合

31.喜歡向人吐露心聲。

　　ⓐ 非常符合　　　　　ⓑ 比較符合

　　ⓒ 難以確定　　　　　ⓓ 不符合

32.對所有事物都心存善意。

　　ⓐ 非常符合　　　　　ⓑ 比較符合

　　ⓒ 難以確定　　　　　ⓓ 不符合

33.遵守約定，知恩圖報。

ⓐ 非常符合　　　　ⓑ 比較符合

ⓒ 難以確定　　　　ⓓ 不符合

34.喜怒哀樂溢於言表。

ⓐ 非常符合　　　　ⓑ 比較符合

ⓒ 難以確定　　　　ⓓ 不符合

35.很擔心被人誤解，喜歡辯解。

ⓐ 非常符合　　　　ⓑ 比較符合

ⓒ 難以確定　　　　ⓓ 不符合

36.討厭取悅別人的同事或同學。

ⓐ 非常符合　　　　ⓑ 比較符合

ⓒ 難以確定　　　　ⓓ 不符合

37.常做淘氣的事情。

ⓐ 非常符合　　　　ⓑ 比較符合

ⓒ 難以確定　　　　ⓓ 不符合

38.做事有始有終。

ⓐ 非常符合　　　　ⓑ 比較符合

ⓒ 難以確定　　　　ⓓ 不符合

39.先看到事物好的方面。

ⓐ 非常符合　　　　ⓑ 比較符合

ⓒ 難以確定　　　　ⓓ 不符合

40..經常緊張不安。

ⓐ 非常符合　　　　ⓑ 比較符合

ⓒ 難以確定　　　　ⓓ 不符合

41.我行我素，不管別人的看法。

ⓐ 非常符合　　　　　　ⓑ 比較符合

ⓒ 難以確定　　　　　　ⓓ 不符合

42.雖然認為自己的觀點是正確的，但並不願為此和人發生爭論。

ⓐ 非常符合　　　　　　ⓑ 比較符合

ⓒ 難以確定　　　　　　ⓓ 不符合

43.忍耐力強，很少發火，但一發火就很強烈。

ⓐ 非常符合　　　　　　ⓑ 比較符合

ⓒ 難以確定　　　　　　ⓓ 不符合

44.從不服輸，輸了心裡會很難受。

ⓐ 非常符合　　　　　　ⓑ 比較符合

ⓒ 難以確定　　　　　　ⓓ 不符合

45.特別留意身體的變化，擔心自己有病。

ⓐ 非常符合　　　　　　ⓑ 比較符合

ⓒ 難以確定　　　　　　ⓓ 不符合

46.非常熱愛大自然，喜歡外出旅遊。

ⓐ 非常符合　　　　　　ⓑ 比較符合

ⓒ 難以確定　　　　　　ⓓ 不符合

47.時常覺得人生無意義，一切很無聊。

ⓐ 非常符合　　　　　　ⓑ 比較符合

ⓒ 難以確定　　　　　　ⓓ 不符合

48.說話速度比較慢。

ⓐ 非常符合　　　　　　ⓑ 比較符合

ⓒ 難以確定　　　　　　ⓓ 不符合

49.喜歡緊跟時代，不願落伍。

    ⓐ 非常符合   ⓑ 比較符合

    ⓒ 難以確定   ⓓ 不符合

50.做事情喜歡盡善盡美。

    ⓐ 非常符合   ⓑ 比較符合

    ⓒ 難以確定   ⓓ 不符合

51.不關心與己無關的事情。

    ⓐ 非常符合   ⓑ 比較符合

    ⓒ 難以確定   ⓓ 不符合

52.喜歡按自己的意願行事。

    ⓐ 非常符合   ⓑ 比較符合

    ⓒ 難以確定   ⓓ 不符合

53.做事情持之以恒。

    ⓐ 非常符合   ⓑ 比較符合

    ⓒ 難以確定   ⓓ 不符合

54.興趣廣泛，但變化很快。

    ⓐ 非常符合   ⓑ 比較符合

    ⓒ 難以確定   ⓓ 不符合

55.做事情知難而退，沒有毅力。

    ⓐ 非常符合   ⓑ 比較符合

    ⓒ 難以確定   ⓓ 不符合

56.喜歡譏諷別人，揭人家的傷疤。

    ⓐ 非常符合   ⓑ 比較符合

    ⓒ 難以確定   ⓓ 不符合

57. .不計較過去的事情。

ⓐ 非常符合　　　　　ⓑ 比較符合

ⓒ 難以確定　　　　　ⓓ 不符合

58. 決定了就不會輕易改變。

ⓐ 非常符合　　　　　ⓑ 比較符合

ⓒ 難以確定　　　　　ⓓ 不符合

59. 時常感到自己懷才不遇。

ⓐ 非常符合　　　　　ⓑ 比較符合

ⓒ 難以確定　　　　　ⓓ 不符合

60. 事情不順利時喜歡找藉口。

ⓐ 非常符合　　　　　ⓑ 比較符合

ⓒ 難以確定　　　　　ⓓ 不符合

61. 喜歡詩歌、小説、音樂和美術等等。

ⓐ 非常符合　　　　　ⓑ 比較符合

ⓒ 難以確定　　　　　ⓓ 不符合

62. 總是很忙碌，不停地做事。

ⓐ 非常符合　　　　　ⓑ 比較符合

ⓒ 難以確定　　　　　ⓓ 不符合

63. .做事考慮不周，總是丟三落四。

ⓐ 非常符合　　　　　ⓑ 比較符合

ⓒ 難以確定　　　　　ⓓ 不符合

64. 常常沈浸在小説、電影世界裡，很快進入角色。

ⓐ 非常符合　　　　　ⓑ 比較符合

ⓒ 難以確定　　　　　ⓓ 不符合

65.讀書時忍受不了一點噪音。

ⓐ 非常符合　　　　　ⓑ 比較符合

ⓒ 難以確定　　　　　ⓓ 不符合

66.沒有理想的生活使自己很苦惱。

ⓐ 非常符合　　　　　ⓑ 比較符合

ⓒ 難以確定　　　　　ⓓ 不符合

67..無原則地相信別人。

ⓐ 非常符合　　　　　ⓑ 比較符合

ⓒ 難以確定　　　　　ⓓ 不符合

68.自己的東西不願意給別人使用。

ⓐ 非常符合　　　　　ⓑ 比較符合

ⓒ 難以確定　　　　　ⓓ 不符合

69..遇見討厭的事物或人立即表現出來。

ⓐ 非常符合　　　　　ⓑ 比較符合

ⓒ 難以確定　　　　　ⓓ 不符合

70.拘泥小節，計較小事。

ⓐ 非常符合　　　　　ⓑ 比較符合

ⓒ 難以確定　　　　　ⓓ 不符合

71.喜歡一個人獨處。

ⓐ 非常符合　　　　　ⓑ 比較符合

ⓒ 難以確定　　　　　ⓓ 不符合

72.爽朗的背後藏著一顆憂鬱的心。

ⓐ 非常符合　　　　　ⓑ 比較符合

ⓒ 難以確定　　　　　ⓓ 不符合

73.喜歡乾淨，自己的東西都很整潔。

   ⓐ 非常符合　　　　　　ⓑ 比較符合

   ⓒ 難以確定　　　　　　ⓓ 不符合

74.喜歡華麗的外表。

   ⓐ 非常符合　　　　　　ⓑ 比較符合

   ⓒ 難以確定　　　　　　ⓓ 不符合

75.越不願意想的事情越是揮之不去。

   ⓐ 非常符合　　　　　　ⓑ 比較符合

   ⓒ 難以確定　　　　　　ⓓ 不符合

76.過於敏感，經常誤解別人。

   ⓐ 非常符合　　　　　　ⓑ 比較符合

   ⓒ 難以確定　　　　　　ⓓ 不符合

77.知識豐富，幽默感強。

   ⓐ 非常符合　　　　　　ⓑ 比較符合

   ⓒ 難以確定　　　　　　ⓓ 不符合

78.做事專一，有始有終。

   ⓐ 非常符合　　　　　　ⓑ 比較符合

   ⓒ 難以確定　　　　　　ⓓ 不符合

79.喜歡嫉妒比自己強的人。

   ⓐ 非常符合　　　　　　ⓑ 比較符合

   ⓒ 難以確定　　　　　　ⓓ 不符合

80.在自己的床上睡覺，就會失眠。

   ⓐ 非常符合　　　　　　ⓑ 比較符合

   ⓒ 難以確定　　　　　　ⓓ 不符合

81.常被人稱為老古怪。

ⓐ 非常符合　　　　　ⓑ 比較符合

ⓒ 難以確定　　　　　ⓓ 不符合

82..做事魯莽，常後悔。

ⓐ 非常符合　　　　　ⓑ 比較符合

ⓒ 難以確定　　　　　ⓓ 不符合

83.很節儉，從不浪費錢物。

ⓐ 非常符合　　　　　ⓑ 比較符合

ⓒ 難以確定　　　　　ⓓ 不符合

84.喜歡被人奉承，易受唆使。

ⓐ 非常符合　　　　　ⓑ 比較符合

ⓒ 難以確定　　　　　ⓓ 不符合

85.總把事情想壞，常杞人憂天。

ⓐ 非常符合　　　　　ⓑ 比較符合

ⓒ 難以確定　　　　　ⓓ 不符合

86.少有同情心。

ⓐ 非常符合　　　　　ⓑ 比較符合

ⓒ 難以確定　　　　　ⓓ 不符合

87.很容易被可憐話打動。

ⓐ 非常符合　　　　　ⓑ 比較符合

ⓒ 難以確定　　　　　ⓓ 不符合

88.討厭不守規則的人。

ⓐ 非常符合　　　　　ⓑ 比較符合

ⓒ 難以確定　　　　　ⓓ 不符合

89.崇拜有錢有勢的人。

　　ⓐ 非常符合　　　　　ⓑ 比較符合

　　ⓒ 難以確定　　　　　ⓓ 不符合

90.生活一沒規律就難受得不行。

　　ⓐ 非常符合　　　　　ⓑ 比較符合

　　ⓒ 難以確定　　　　　ⓓ 不符合

91.做起事情來會無視周圍人的吵鬧。

　　ⓐ 非常符合　　　　　ⓑ 比較符合

　　ⓒ 難以確定　　　　　ⓓ 不符合

92..即使生氣了也不會記恨很久。

　　ⓐ 非常符合　　　　　ⓑ 比較符合

　　ⓒ 難以確定　　　　　ⓓ 不符合

93..喜歡追根究底，弄清楚事情的來龍去脈。

　　ⓐ 非常符合　　　　　ⓑ 比較符合

　　ⓒ 難以確定　　　　　ⓓ 不符合

94..遇到困難時寄希望於別人的幫助。

　　ⓐ 非常符合　　　　　ⓑ 比較符合

　　ⓒ 難以確定　　　　　ⓓ 不符合

95..做事慎重，不會不留退路。

　　ⓐ 非常符合　　　　　ⓑ 比較符合

　　ⓒ 難以確定　　　　　ⓓ 不符合

96..不肯原諒別人的錯誤。

　　ⓐ 非常符合　　　　　ⓑ 比較符合

　　ⓒ 難以確定　　　　　ⓓ 不符合

97..能容得下異己。

- ⓐ 非常符合　　　　ⓑ 比較符合
- ⓒ 難以確定　　　　ⓓ 不符合

98.發起火來不顧一切。

- ⓐ 非常符合　　　　ⓑ 比較符合
- ⓒ 難以確定　　　　ⓓ 不符合

99..善惡分明，待人豪爽。

- ⓐ 非常符合　　　　ⓑ 比較符合
- ⓒ 難以確定　　　　ⓓ 不符合

100.害怕疾病，有恐高症。

- ⓐ 非常符合　　　　ⓑ 比較符合
- ⓒ 難以確定　　　　ⓓ 不符合

得分標準：

選A得3分，選B得2分，選C得1分，選D得0分。

填寫下面的表格，統計你的得分。

內在性性格			同調性性格			黏著性性格			自我顯示性性格			神經質性性格		
題號	選項	分數	題號	選項	分數	題號	選項	分數	題號	選項	分數	題號	選項	分數
1			2			3			4			5		
6			7			8			9			10		
11			12			13			14			15		
16			17			18			19			20		
21			22			23			24			25		
26			27			28			29			30		
31			32			33			34			35		
36			37			38			39			40		
41			42			43			44			45		

46			47		48		49		50	
51			52		53		54		55	
56			57		58		59		60	
61			62		63		64		65	
66			67		68		69		70	
71			72		73		74		75	
76			77		78		79		80	
81			82		83		84		85	
86			87		88		89		90	
91			92		93		94		95	
96			97		98		99		100	

　　總分最多的列，對應的就是你的主要性格類型。如果有兩個或兩個以上最高分，可以認為是幾種性格的均衡混合。

五、場景測試

　　這是一次場景性格測試，讓我們一起踏上未知的旅途吧！你的選擇（請自選每題題後的選項）將體現出你的真實性格。

場景：

　　1. 你在森林的深處，你向前走，看見前面有一間很舊的小屋。這間小屋的門現在是什麼狀態？（開著／關著）

　　2. 你走進屋子裡看見一張桌子，這張桌子是什麼形狀的？（圓形／橢圓形／正方形／長方形／三角形）

　　3. 在桌子上有個花瓶，瓶子裡有水，有多少水在花瓶裡？（滿的／一半／空的）

　　4. 這個瓶子是由什麼材料製造的？（玻璃／陶瓷／泥土／金屬／塑膠／木頭）

　　5. 你走出屋子，繼續向森林深處前進，你看見遠處有瀑布飛流直下，

請問水流的速度是多少？（你可以從0～10中任意選一個出來形容水流速度）

6. 過了一會兒，你走過瀑布，站在堅硬的地面上，你看見地上有金光閃爍，你彎腰拾起來，是一個帶著鑰匙的鑰匙鏈。有多少把鑰匙拴在上面？（你可以從1～10中任意選一個數字）

7. 你繼續向前走，試著找出一條路來，突然你發現眼前有一座城堡。這個城堡是什麼樣的？（舊的／新的）

8. 你走進城堡，看見一座游泳池，黑暗的水面上飄浮著很多閃閃發光的寶石，你會撿起這些寶石嗎？（是／否）

9. 在這個黑暗的游泳池旁邊，還有一座游泳池。清澈的水面上飄浮著很多枚錢幣。你會撿起這些錢幣嗎？（是／否）

10. 你走到城堡的盡頭有一個出口，你繼續向前走出了城堡。在城堡外面，你看見一座大花園，你看見地面上有一個箱子。這個箱子是多大尺寸的？（小／中／大）

11. 這個箱子是什麼材料做的？（硬紙板／紙／木頭／金屬）

12. 花園裡還有座橋在離箱子不遠處。橋是什麼材料建造的？（金屬／木頭／藤條）

13. 走過這座橋，有一匹馬。馬是什麼顏色的？（白色／灰色／褐色／黑色）

14. 馬正在做什麼？（安靜地站著／吃草／在附近奔跑）

15. 哦，不！離馬很近的地方突然刮起了一陣龍捲風。這時你有三種選擇，你會怎樣？
    (1)跑過去藏在箱子裡。
    (2)跑過去藏在橋底下。
    (3)跑過去騎馬離開。

選擇分析：

1.門

門如果是開著的：說明你是一個任何事都願與別人分享的人。

門如果是關著的：說明你是一個任何事都願一個人去做的人。

2.桌子的形狀

圓形／橢圓形：總有一些朋友陪伴著你，你完全地信任並接受他們。

正方形／長方形：你在交朋友的時候有點挑剔，你只是和那些你認為比較熟悉的朋友有一些來往。

三角形：在對待朋友的問題上，你是一個真正的非常吹毛求疵的人，所以你的生活裡沒有許多朋友。

3.瓶子裡的水

空的：你目前的生活很不滿意。

一半：你的生活只有一半達到你的理想。

滿的：你對目前的生活非常滿意。

4.瓶子的質地

玻璃／泥土／陶瓷：在生活裡，你是一個脆弱而需要得到照顧的人。

金屬／塑膠／木頭：你在生活裡是一個強者。

5.水流速度

0：你根本沒有性慾

1～4：你的性慾很低

5：中等水平的性慾

6～9：很強的性慾

10：哇！你有超強的性慾，生活裡沒有性根本不行。

6.鑰匙

1：生活中，你只有一個好朋友。

2～5：生活中，你有一些好朋友。

6～10：生活中，你有許多好朋友。

7.城堡

舊的：顯示你在過去的交往中，有一段不好的和不值得紀念的關係。

新的：顯示你在過去的交往中，有一段很好的交往，現在仍然鮮活地駐留在你心裡。

8.從髒水的游泳池裡撿寶石

是：當你的伴侶在你身邊時，你依然和周圍的人調情。

否：當你的伴侶在你身邊時，你絕大多數時間只會圍著他／她轉。

9.從清澈的游泳池裡撿錢幣

是：當你的伴侶不在你身邊時，你會和周圍的人調情。

否：當你的伴侶不在你身邊時，你也會忠實於他／她，不和周圍的人調情。

10.箱子的大小

小：不自負。

中等：比較自負。

大：非常自負。

11.箱子的材料（從表面看）

硬紙／紙／木頭（不閃光）：謙虛的性格。

金屬：驕傲而頑固的性格。

12.橋的材料

金屬：和朋友有非常緊密的聯繫。

木頭：和朋友有比較緊密的聯繫。

藤條：周圍沒有很好的朋友。

13.馬的顏色

白色：你的伴侶在你心目中非常純潔而美好。

灰色／褐色：你的伴侶在你心目中的位置一般。

黑色：你的伴侶在你心目中，好像根本不怎麼樣，甚至還很壞。

14.馬的動作

安靜／吃草：你的伴侶是一個顧家的、謙虛的人。

在附近奔跑：你的伴侶是一個非常狂野的人。

15.這是最後一個問題，但也是最重要的問題。對了，故事的結尾是一陣龍捲風，你怎麼去做呢？

現在，我們看看題目中的這些事物代表的是什麼：

龍捲風——你生活中的麻煩

箱子——你自己

橋——你的朋友

馬——你的伴侶

如果你選擇箱子：無論何時遇到麻煩，你都會自己解決。

或者你選擇橋：無論何時遇到麻煩，你都將去找你的朋友一起解決。

又或者你選擇最後的一匹馬：你尋找的伴侶，是你無論何時遇到麻煩都要和他／她一起去面對的人。

六、從睡覺姿勢看性格

日本的心理學專家研究指出，從一個人熟睡時的姿勢，可以看出其性

格的傾向性。對照下面列出的幾種睡覺姿勢，你屬於哪一種呢？根據你的選擇，就可透射出你的部分性格特徵。

睡覺姿勢：

1. 側臥睡覺的人。
2. 像貓一般縮成一團睡覺的人。
3. 抱緊枕頭側睡的人。
4. 仰臥的人。
5. 如鴕鳥一般趴著睡覺的人。
6. 睡著後常踢被子的人。

選擇分析：

1. 思想敏捷，圓滑，辦事負責踏實，誠實可靠。在工作與娛樂場所中，非常受人愛戴。唯膽量小，欠缺耐心。
2. 優柔寡斷，遇事猶豫不決，對現實不滿，對未來也無規畫。唯一的樂事就是躲在被窩裡胡思亂想。
3. 由於此種睡姿看起來睡相甜蜜，正可說明這種人喜歡人家讚美與疼愛他。辦事積極熱心，不怕困難，是個坦白直率又有剛強毅力的人。
4. 此種人性格怯懦，感情極易衝動，喜追求不易實現的理想。
5. 這種姿勢意味著隔絕了這個世界，沒有奮鬥的意志，因此形成自甘墮落、自私自利的個性。
6. 這種人善於交際，愛好自由，不喜受到任何束縛，但也因此而缺乏自制力。

七、從脫衣習慣看性格

美國佛羅里達州一位心理學博士指出，一個人「脫衣」的方式，可以

顯露出他們的性格。他指出好幾種「脫衣習慣」，來解釋各種不同的性格。這套理論用於自我分析較適合。請回答：你是以下哪種人？

1. 常常慢條斯理，而且煞有其事的人。
2. 脫衣速度快，有如狂風捲落葉的人。
3 .一進門或寢室，便迫不及待地把鞋子踢掉的人。
4. 衣服脫去後，散放在屋子每一個角落，從不收拾的人。
5. 脫衣服時整齊而有條理，並把衣服摺好或掛起的人。
6. 女士們在卸妝時，如果經常先把配戴的飾物除下，然後再「寬衣解帶」的人。
7. 脫衣的方式並無一定的「模式」或程序，次次都不同的人。

選擇分析：
1. 你充滿自信，而且對自己目前所過的生活感到滿足。
2. 你性格外向而友善。
3. 你是個完美主義者，對任何事情都非常認真，絕不苟且。
4. 你是自信心和主觀慾望都非常強的人，且富於理智及聰穎過人，是所謂的知識分子典型。
5. 你多半是善解人意的人，容易接受別人的意見。
6. 你多半性格純良溫厚，思想深刻，同時敏感而又羅曼蒂克。
7. 你一定是個性獨特且風趣。

八、心理適應性測驗

心理適應性的強弱，關係到我們能否工作得愉快、生活得幸福。想知道自己的「應變彈性」怎麼樣嗎？下面這些測試題將幫助你找到答案。

1.當收到來自稅務局或環境局的一封沈甸甸的信時，你會：

ⓐ 試著自己來弄清事情的緣由。

ⓑ 裝作沒看見，隨便誰撿起誰去處理。

ⓒ 找個理由推給辦公室其他同事去處理。

2. 急著赴約，中途卻被擁擠的交通所阻，你會：

ⓐ 設想等候者會體諒你是不得已而遲到。

ⓑ 很著急，但想想也無益，乾脆不去想了。

ⓒ 變得急躁不堪，同時想像等候者惱火的樣子。

3. 一件很重要的東西不見了，這時你會：

ⓐ 不動聲色地對最近一段時間的行為，做一番仔細回顧。

ⓑ 急忙把那些可能的地方找一遍。

ⓒ 瘋狂地掀起地毯來搜索。

4. 你向來用鋼筆寫字，現在要你換原子筆書寫，你會：

ⓐ 感覺上與用鋼筆沒什麼差別。

ⓑ 有時有點不順手。

ⓒ 感到彆扭。

5. 你在大會上演說的姿態、表情、條理性及準確性，與你在辦公室裡講話相比怎樣？

ⓐ 基本上沒什麼差別。

ⓑ 說不定，看具體的情況而定。

ⓒ 顯然要遜色多了。

6. 改白班為夜班之後，儘管你做了努力，但工作效率總不如那些和你同時改班制的人高，是嗎？

ⓐ 不是這樣的。

ⓑ 說不上。

ⓒ 對。

7.你手頭的任務已臨近最後的截止日期了，你會：

    ⓐ 變得更有效率了。

    ⓑ 心中暗急，但仍勉力維持正常狀況。

    ⓒ 開始錯誤百出。

8.在與人激烈爭吵了一番以後，你會：

    ⓐ 不受影響，繼續專心工作。

    ⓑ 轉回到工作上，但有時難免出神。

    ⓒ 嘮叨個不停，工作量遞減。

9.你出差或旅遊到外地，住進招待所、旅館，睡在陌生的床鋪上，你會：

    ⓐ 和在家感覺沒什麼差別。

    ⓑ 有時會失眠。

    ⓒ 失眠得很厲害，連調一種睡眠姿勢、換一個枕頭，也會引起新的失眠。

10.參加一個全是陌生人的聚會，你會：

    ⓐ 立即加入最活躍的一群，熱烈談話。

    ⓑ 有時感到不自在，有時又能從這種狀態中擺脫出來，與人相敘甚歡。

    ⓒ 先灌幾杯酒讓自己放鬆一下。

11.改夏令時制後，你會：

    ⓐ 很快就習慣了。

    ⓑ 起初的兩三天感到不習慣。

    ⓒ 在相當長一段時間內發生紊亂。

12.有人劈頭蓋臉給了你一頓指責攻擊，你會：

ⓐ 頭腦清醒,冷靜而適度地予以回擊。

ⓑ 在當時就還了幾句,但不甚中要害。

ⓒ 一下迷糊了,過後才去想當時該如何進行反擊。

13. 你事先給一位朋友打電話預約登門拜訪,他答應屆時恭候。但當你如約前往,他卻有急事出去了。這時,你會:

ⓐ 充分利用這一空檔,為自己下一步要做的事計畫一番。

ⓑ 有些不滿,但既來之則安之。

ⓒ 嘀咕不已。

14. 只有在安靜的環境中,你才能讀書,外面喧嘩嘈雜之時,你便分心嗎?

ⓐ 不,只要不是跟我吵,坐在市集貨攤之間也照讀不誤。

ⓑ 看熱鬧的程度而定。

ⓒ 是的。

15. 同學們總說小王脾氣執拗,難以相處,你:

ⓐ 倒覺得小王蠻好接近的,大家恐怕太不瞭解他。

ⓑ 說不上對他什麼感覺。

ⓒ 也有同感。

得分標準:

選A得1分,選B得2分,選C得5分。

 說明

分數為15～29:心理適應性強。

世界千變萬化而你「遊刃有餘」,生活中的各種壓力,你常能化之於無形;你過得心情愉快、萬事如意,這種精神品質有利於你的心理平衡與健康,你是個生命力強的人。

分數為30～57：心理適應性中等。

事物的變化及刺激，不會使你失魂落魄，一般情形你都能做出相應的適度反應，可是如果事件比較重大、變得比較突兀，那你的適應期就要拖長。你瞭解這種情況之後，最好預先準備，鍛鍊自己的快速適應能力。

分數為58～75：適應能力差。

你對世界的變化、生活的摩擦很不習慣，如此磨損，你會過早「斷裂」的。不過只要意識到了，還是有希望改善此狀況的。首先，你要從思想上對那些你總是看不慣的東西，冷靜地剖析一番，它們真是十分難以忍受嗎？其次，要在心理上具備靈活轉移、順應時變的快速反應能力，不要將自己拘禁在慣有的固定模式中。

九、創造力測驗

創造力測驗，主要測試你性格中的冒險性和創造性特徵。

下面共有50道測試題，你最好能在10分鐘內完成。

1. 做事我總是有的放矢，用正確的方法來解決每一個具體問題。

  ⓐ 同意 ⓑ 難以確定 ⓒ 不同意

2. 我認為只提出問題而不想尋求答案，顯然是浪費時間。

  ⓐ 同意 ⓑ 難以確定 ⓒ 不同意

3. 我對無論什麼事情產生興趣都比別人困難。

  ⓐ 同意 ⓑ 難以確定 ⓒ 不同意

4. 我認為合乎邏輯的、循序漸進的方法，無疑是解決問題的最佳方法。

  ⓐ 同意 ⓑ 難以確定 ⓒ 不同意

5. 有時我在團體中發表的意見，似乎使一些人感到厭煩。

  ⓐ 同意 ⓑ 難以確定 ⓒ 不同意

6. 我極其在意別人是怎樣看待我的。

    ⓐ 同意   ⓑ 難以確定   ⓒ 不同意

7. 做自認為是正確的事情，比試圖獲取贊同要重要得多。

    ⓐ 同意   ⓑ 難以確定   ⓒ 不同意

8. 我看不起那些做事似乎沒有把握的人。

    ⓐ 同意   ⓑ 難以確定   ⓒ 不同意

9. 我需要的刺激比別人多。

    ⓐ 同意   ⓑ 難以確定   ⓒ 不同意

10. .我知道如何在考驗面前保持內心的鎮靜。

    ⓐ 同意   ⓑ 難以確定   ⓒ 不同意

11. 我能堅持不懈地解決難題。

    ⓐ 同意   ⓑ 難以確定   ⓒ 不同意

12. 有時我對事情過於熱情洋溢。

    ⓐ 同意   ⓑ 難以確定   ⓒ 不同意

13. 在無事可做時，我會常常想出好點子。

    ⓐ 同意   ⓑ 難以確定   ⓒ 不同意

14. 在解決問題時，我經常憑直覺來判斷對與錯。

    ⓐ 同意   ⓑ 難以確定   ⓒ 不同意

15. 我分析問題較快，而綜合所收集的資料速度較慢。

    ⓐ 同意   ⓑ 難以確定   ⓒ 不同意

16. 有時我打破常規去做本來沒想到要去做的事。

    ⓐ 同意   ⓑ 難以確定   ⓒ 不同意

17. 我熱衷於收藏各類物品。

    ⓐ 同意   ⓑ 難以確定   ⓒ 不同意

18.幻想使我的思維方式變得更新穎。

　　ⓐ 同意　　ⓑ 難以確定　　ⓒ 不同意

19.我欣賞客觀而又理性的人。

　　ⓐ 同意　　ⓑ 難以確定　　ⓒ 不同意

20.如果要我在本職工作之外的兩種職業中選擇一種，我寧願選擇當實際

　　工作者，而不是探索者。

　　ⓐ 同意　　ⓑ 難以確定　　ⓒ 不同意

21.我能與自己的同事或同行們融洽地相處。

　　ⓐ 同意　　ⓑ 難以確定　　ⓒ 不同意

22.我有較好的審美感。

　　ⓐ 同意　　ⓑ 難以確定　　ⓒ 不同意

23..我始終在追求著名利和地位。

　　ⓐ 同意　　ⓑ 難以確定　　ⓒ 不同意

24.我喜歡堅信自己觀念的人。

　　ⓐ 同意　　ⓑ 難以確定　　ⓒ 不同意

25..靈感與成功或失敗無關。

　　ⓐ 同意　　ⓑ 難以確定　　ⓒ 不同意

26..爭論時，使我感到有趣的是原來與我觀點相左的人，竟成了我的朋

　　友。

　　ⓐ 同意　　ⓑ 難以確定　　ⓒ 不同意

27.我更大的樂趣在於提出新的建議，而不在於設法說服別人接受這些建

　　議。

　　ⓐ 同意　　ⓑ 難以確定　　ⓒ 不同意

28.我樂意獨自一人整天沈思冥想。

　　ⓐ 同意　　ⓑ 難以確定　　ⓒ 不同意

29.我避免做那些使我感到卑微的工作。

　　ⓐ 同意　　ⓑ 難以確定　　ⓒ 不同意

30..在評估資料時，我覺得資料的來源比其內容更為重要。

　　ⓐ 同意　　ⓑ 難以確定　　ⓒ 不同意

31..我對那些不確實和不可預料的事有點反感。

　　ⓐ 同意　　ⓑ 難以確定　　ⓒ 不同意

32.我喜歡埋頭苦幹的人。

　　ⓐ 同意　　ⓑ 難以確定　　ⓒ 不同意

33.一個人的自尊比得到他人的尊重更為重要。

　　ⓐ 同意　　ⓑ 難以確定　　ⓒ 不同意

34.我覺得那些苛求完美的人是不明智的。

　　ⓐ 同意　　ⓑ 難以確定　　ⓒ 不同意

35.我寧願在集體中努力工作，而不願意單獨工作。

　　ⓐ 同意　　ⓑ 難以確定　　ⓒ 不同意

36.我喜歡那種能對別人產生影響的工作。

　　ⓐ 同意　　ⓑ 難以確定　　ⓒ 不同意

37.在生活中，我經常碰到不能用對與錯來加以判斷的問題。

　　ⓐ 同意　　ⓑ 難以確定　　ⓒ 不同意

38.對我來說，「各得其所」、「各在其位」都是很重要的。

　　ⓐ 同意　　ⓑ 難以確定　　ⓒ 不同意

39.那些使用古怪和不常用的詞語的作家，純粹是為了炫耀賣弄。

　　ⓐ 同意　　ⓑ 難以確定　　ⓒ 不同意

40.許多人之所以感到苦惱，是因為他們把事情看得太認真了。

　　ⓐ 同意　　ⓑ 難以確定　　ⓒ 不同意

41.即使遭到不幸、挫折和敵視，我仍然能夠對我選定的工作保持原來的

熱情。

　　ⓐ 同意　　　ⓑ 難以確定　　　ⓒ 不同意

42.想入非非的人是脫離實際的。

　　ⓐ 同意　　　ⓑ 難以確定　　　ⓒ 不同意

43.我對「我不知道的事」比「我知道的事」更深刻。

　　ⓐ 同意　　　ⓑ 難以確定　　　ⓒ 不同意

44.我對「這可能是什麼」比「這是什麼」更感興趣。

　　ⓐ 同意　　　ⓑ 難以確定　　　ⓒ 不同意

45.我經常為自己在無意之中出口傷人而感到不舒服。

　　ⓐ 同意　　　ⓑ 難以確定　　　ⓒ 不同意

46.我樂意為新穎的想法而花費大量時間，並不要求實際的回報。

　　ⓐ 同意　　　ⓑ 難以確定　　　ⓒ 不同意

47.我認為「出主意沒什麼了不起」這種說法是中肯的。

　　ⓐ 同意　　　ⓑ 難以確定　　　ⓒ 不同意

48.我不喜歡提出那種顯得淺薄無知的問題。

　　ⓐ 同意　　　ⓑ 難以確定　　　ⓒ 不同意

49.一旦任務在身，即使受到挫折，我也要堅決完成。

　　ⓐ 同意　　　ⓑ 難以確定　　　ⓒ 不同意

50.從下面描述人物性格的形容詞中，挑選出10個你認為最能說明體現你性格的詞：

精神飽滿的	有說服力的	實事求是的	虛心的
觀察力敏銳的	謹慎的	束手束腳的	足智多謀的
自高自大的	有主見的	有獻身精神的	有獨創性的
性急的	高效的	樂意助人的	堅強的

老練的	有克制力的	熱情的	時髦的
自信的	不屈不撓的	有遠見的	機靈的
好奇的	有組織能力的	鐵石心腸的	思路清晰的
脾氣溫順的	可預言的	拘泥形式的	不拘禮節的
有理解力的	有朝氣的	嚴於律己的	精幹的
講實惠的	感覺靈敏的	無畏的	嚴格的
一絲不苟的	謙遜的	複雜的	漫不經心的
柔順的	創新的	實幹的	泰然自若的
渴求知識的	好交際的	善良的	孤獨的
不滿足的	易動感情的		

分值計數明細							
題號	A	B	C	題號	A	B	C
1.	0	1	2	26.	-1	0	2
2.	0	1	2	27.	2	1	0
3.	4	1	0	28.	2	0	-1
4.	-2	0	3	29.	0	1	2
5.	2	1	0	30.	-2	0	3
6.	-1	0	3	31.	0	1	2
7.	3	0	-1	32.	0	1	2
8.	0	1	2	33.	3	0	-1
9.	3	0	-1	34.	-1	0	2
10.	1	0	3	35.	0	1	2
11.	4	1	0	36.	1	2	3
12.	3	0	-1	37.	2	1	0
13.	2	1	0	38.	0	1	2
14.	4	0	-2	39.	-1	0	2
15.	-1	0	2	40.	2	1	0
16.	2	1	0	41.	3	1	0
17.	0	1	2	42.	-1	0	2
18.	3	0	-1	43.	2	1	0
19.	0	1	2	44.	2	1	0

20.	0	1	2	45.	-1	0	2
21.	0	1	2	46.	3	2	0
22.	3	0	-1				
23.	0	1	2	47.	0	1	2
24.	-1	0	2	48.	0	1	3
25.	0	1	3	49.	3	1	0
第50題							
下列每個形容詞得2分：							
精神飽滿的、觀察力敏銳的、不屈不撓的、柔順的、足智多謀的、有主見的、有獻身精神的、有獨創性的、感覺靈敏的、無畏的、創新的、好奇的、有朝氣的、熱情的、嚴於律已的							
下列每個形容詞得1分：							
自信的、有遠見的、不拘禮節的、不滿足的、一絲不苟的、虛心的、機靈的、堅強的							
其餘的得0分							

得分說明：

如果你的總分在30～55分之間，創造性平平！

如果你的總分在56～84分之間，創造性強！

十、觀察力測驗

　　觀察力是獲取外界訊息的一種能力，它是智力的組成部分。觀察力強弱在人們之間的差異確實很大。即使對善於從觀察事物中捕捉藝術形象的詩人、作家也不例外。托爾斯泰在「論文學」中，講了高爾基、安德烈耶夫和蒲寧三位文豪比觀察力的故事。一次，他們三人在義大利一家餐館見到一個人，他們分別觀察三分鐘得出各自結論。高爾基的結論是：那人臉色蒼白，穿灰色西裝，還有細長而發紅的手。安德烈耶夫什麼特徵也沒把握住，成績最差。蒲寧的觀察力則十分驚人，在同樣三分鐘裡，不僅幾乎抓住了那個人所有特點，還根據這些特點斷定那人是個騙子，後來向餐館老闆打聽，果然不錯。可見觀察力強的人，不僅能迅速捕捉訊息，還能很

快做出判斷，盡可能發現事物的本質。國外一位科學家說：「一個觀察力強的人步行兩公里所看到的事物，比一個粗枝大葉、走馬看花的人坐火車旅行兩千公里，所看到的東西要多。」

完成下面的測試題：

1. 機車是我們生活中的重要交通工具，它的兩個輪子一轉，能載著你到處跑。請問當車子前進時，是前輪先轉動還是後輪先轉動，或是前後輪一齊轉動呢？

2. 你一定知道保溫杯，說不定每天都要打幾次交道。那麼請問在你給保溫杯注水時，是將水注滿保溫時間長，還是不注滿留點空隙保溫時間長？

3. 你是個城市居民，每天上下班外出辦事，都要經過幾次十字路口。即使你是深居農村的農民，也曾進城走親訪友，那麼請問紅綠燈上，紅燈是在左邊還是右邊呢？

4. 無論你受過什麼教育，都讀過很多書，至於那些手不釋卷整天和書打交道的人對書就更熟悉了。那麼請問中式書的雙數頁是在書的左邊還是右邊呢？

5. 俗話說：「月兒彎彎照九州，幾家歡樂幾家愁。」普照九州的彎月，你一定很熟悉她，那麼當你明天晚上再看她時，她比今晚是要虧些還是盈些？

6. 國旗上鑲的國徽是什麼顏色呢？

7. 螺絲是我們生活中常見的零件，你即使不是機械工人也不止一次的見過，說不定你曾用螺絲起子或扳手鬆緊和上下過螺絲。那麼請問螺絲帽是幾面體呢？

8. 在驕陽似火、酷暑悶熱的夏天，人們搖起扇子，蟬兒在高枝上長鳴，老母雞在樹蔭下伸張著翅膀。那麼大黃狗是什麼姿態呢？

9. 電風扇是你夏季的好朋友，時刻準備為你效勞，只要你扭動開關就能給你帶來清風涼意。那麼請問當它為你驅暑送爽的時候，是順時

針還是逆時針旋轉？

10. 你可能不只一次去電影院、劇院看節目，在裡面都設有太平門（又稱安全門），它是供人們在緊急情況下疏散用的門。那麼請問太平門是在座位的左邊還是右邊呢？

1. 後輪；

2. 留點空隙保溫時間長；

3. 左邊；

4. 右邊；

5. 將會漸漸虧些。為幫助記憶，可記住DOC三個英文字母。在北半球，當月亮形狀像D時，月亮將漸盈；當形狀像C時，將漸虧。首先是D形彎月，然後是滿月，即像字母O；

6. 白色；

7. 八面；

8. 吐舌頭；

9. 順時針；

10. 不一定。

評分方法：

以上共10題，每題2分共20分。10題答完以後對照答案，符合的得2分，不符合的得0分。然後算出你的總分。按得分數確定A、B、C三種觀察類型：

16～20分：A

10～15分：B

9分以下：C

診斷與建議：

A.觀察力良好

你對周圍的事物抱有熱情，觀察事物認真細心，即使那些被人認為司空見慣或細微末節的瑣事，你也不放過。你是一個觀察力很好的人。敏銳的觀察力使你在成功的航程上揚帆疾進。你要珍視這種能力，說不定，你會成為科學技術、文化藝術界中的一株奇葩。

B.觀察力很好

你比較留心周圍事物，也能做出正確判斷。你的不足是視野小、視力弱，不善於全面區分事物的差異，有時把大同小異或小同大異的事物等同起來。憑著印象做出判斷，難免有一些侷限性。

C.觀察力差

這並不說明你天分不好，你往往是對周圍世界冷漠、心不在焉。你也可能辛辛苦苦、忙忙碌碌，但獲得的訊息可能不多。觀察是判斷的基礎，缺少觀察力對人、對事難免帶有盲目性。送你托爾斯泰一句名言：「應該訓練自己會觀察，去熱愛這件事。觀察 —— 永遠去觀察，時時刻刻去觀察。」

十一、領導能力測驗

你是個有領導能力的人嗎？請完成下面的測驗題。

1. 別人拜託你幫忙，你很少拒絕嗎？　　是 否

2. 為了避免與人發生爭執，即使你是對的，你也不願發表意見嗎？　　是 否

3. 你遵守一般的法規嗎？　　是 否

4. 你經常向別人說抱歉嗎？　　是 否

5. 如果有人笑你身上的衣服，你會再穿它一遍嗎？　　是 否

6. 你永遠走在時髦的尖端嗎？　　是 否

7. 你曾經穿那種好看卻不舒服的衣服嗎？　是 否

8. 開車或坐車時，你曾經咒罵別的駕駛者嗎？　是 否

9. 你對反應較慢的人沒有耐心嗎？　是 否

10. 你經常對人發誓嗎？　是 否

11. 你經常讓對方覺得不如你或比你差勁嗎？　是 否

12. 你曾經大力批評電視上的言論嗎？　是 否

13. 如果請的工人沒有做好，你會反應嗎？　是 否

14. 你慣於坦白自己的想法，而不考慮後果嗎？　是 否

15. 你是個不輕易忍受別人的人嗎？　是 否

16. 與人爭論時，你不在乎輸贏嗎？　是 否

17. 你總是讓別人替你做重要的事嗎？　是 否

18. 你喜歡將錢投資在財富上，而勝過於個人成長嗎？　是 否

19. 你故意在穿著上吸引他人的注意嗎？　是 否

20. 你不喜歡標新立異嗎？　是 否

分數分配：

　　選擇「是」得1分，選擇「否」得0分。

得分分析：

　　分數為14～20：你是個標準的跟隨者，不適合領導別人。你喜歡被動地聽人指揮。在緊急的情況下，你多半不會主動出頭帶領群眾，但你很願意跟大家配合。

　　分數為7～13：你是個介於領導者和跟隨者之間的人。你可以隨時帶頭，或指揮別人該怎麼做。不過因為你的個性不夠積極，衝勁不足，所以常常是扮演跟隨者的角色。

　　分數為6以下：你是個天生的領導者。你的個性很強，不願接受別人

的指揮。你喜歡使喚別人，如果別人不願聽從的話，你就會變得很叛逆。

十二、信心測試

你是不是一個充滿信心的人呢？懂不懂得謙虛呢？有沒有安全感呢？測測吧。

1. 你經常欣賞自己的照片嗎？　是 否

2. 別人批評你，你不以為然嗎？　是 否

3. 如果想買新款貼身衣服，可以郵購，也可以到店裡去。你會盡量親自到店裡去嗎？　是 否

4. 你總是覺得自己比別人強嗎？　是 否

5. 你是個受歡迎的人嗎？　是 否

6. 如果飯店服務生的服務態度不好，你會告訴他們經理嗎？　是 否

7. 正在開會時，你突然很想上洗手間，你是會忍著直到會議結束嗎？　是 否

8. 買衣服前，你通常先聽取別人的意見嗎？　是 否

9. 你認為自己的能力比別人強嗎？　是 否

10. 你認為自己是個絕佳的情人嗎？　是 否

11. 你對自己的外表滿意嗎？　是 否

12. 你認為自己很有魅力嗎？　是 否

13. 在正式場合下，只有你穿得不很體面，你會感到不以為然嗎？是 否

14. 你決心做某件事，但沒有人贊同你，你還會繼續嗎？　是 否

15. 你經常對人說出你真正的意見嗎？　是 否

16. 你有幽默感嗎？　是 否

17. 現在的工作正符合你的專長嗎？　是 否

18.你知道怎麼搭配衣服嗎？　是 否

19.出現危險情況時，你是不是很冷靜？　是 否

20.你與別人合作得很不錯嗎？　是 否

21.對別人的讚美，你經常持懷疑的態度嗎？　是 否

22.你認為自己是個不尋常的人嗎？　是 否

23.你很少羨慕別人的成就嗎？　是 否

24.你認為你的優點比缺點多嗎？　是 否

25.你很少為了討好別人而打扮嗎？　是 否

26.如果在非故意的情況下傷了別人的心，你會難過嗎？　是 否

27.你從不會任由他人來支配你的生活嗎？　是 否

28..你會不會為了不使戀人難過，而放棄自己喜歡做的事？　是 否

29.和人發生了矛盾，即使在不是你的錯的情況下，你經常跟人說抱歉

　　嗎？　是 否

30.你很少勉強自己做許多不願意做的事嗎？　是 否

31.你希望自己具備更多的才能和天賦嗎？　是 否

32.你經常聽取別人的意見嗎？　是 否

33.你的記性很好嗎？　是 否

34.你是不是每天照鏡子超過三次？　是 否

35.你很有個性嗎？　是 否

36.你是個優秀的領導者嗎？　是 否

37.在聚會上，你經常等別人先跟你打招呼嗎？　是 否

38.你對異性很有吸引力嗎？　是 否

39.你知道怎麼理財嗎？　是 否

40.你希望自己長得像某某人嗎？　是 否

說明

　　回答各問題時，選第一個答案的得1分，選第二個答案的得0分。算算自己得了多少分。根據你的分數，看看自己屬於哪種情況。

　　分數為25～40：說明你對自己信心十足，明白自己的優點，同時也清楚自己的缺點。不過在此警告你一聲：如果你的得分將近40的話，別人可能會認為你很自大狂傲，甚至氣焰太盛。你不妨在別人面前謙虛一點，這樣人緣才會好。

　　分數為12～24：說明你對自己頗有自信，但是你仍或多或少缺乏安全感，對自己產生懷疑。你不妨提醒自己，在優點和長處各方面並不輸人，特別強調自己的才能和成就。

　　分數為11分以下：說明你對自己顯然不太有信心。你過於謙虛和自我壓抑，因此經常受人支配。從現在起，盡量不要去想自己的弱點，多往好的一面去衡量。先學會看重自己，別人才會真正看重你。

本章結語

做了上面這麼多性格測試，你應該很瞭解自己的性格特徵，很瞭解自己的優點和缺點了吧？對自己有個清楚的認識，是成功的開始。

ch**4**
血型對性格特徵的
影響

血型的發現

　　十七世紀六〇年代的一天，英國科學家查理‧羅爾看到一隻出了意外的小狗，流血過多，奄奄一息。查理‧羅爾突然間想出了一個可能拯救小狗生命的方法：試著將那隻奄奄一息的小狗的血管，與另一隻狗的血管連通。過了一會兒，那隻奄奄一息的小狗竟然神奇地活了過來。他的這種使血液得到補償救活小狗的有效方法，打開了人們的思維，使人們第一次意識到通過不同個體間的輸血，可以挽救生命。這個三百多年前的偶爾嘗試，就是後來輸血技術發展的萌芽。

　　查理‧羅爾之後，大約又過了七、八年，法國醫生丹尼斯在診室裡迎來了一位年輕的婦女。她懇求丹尼斯把羔羊的血輸入她丈夫的身體裡，因為她丈夫性格暴戾。她的丈夫也很樂意通過輸血獲得羔羊溫順的性情，從而改變自己暴戾的性格。在古代，人們將血液視作是「靈魂的主宰」、「性格的象徵」，因此當時的人們有這種想法也不足為奇。丹尼斯醫生經不住再三懇求，被迫答應了他們，開始了人類歷史上第一次為人體輸血的嘗試。結果可以想像，就在為這名男子輸入羊血時，悲劇發生了。這名男子突然呼吸困難，心跳加速，痛苦萬分，出現一陣歇斯底里的狂躁，最後死去了。隨後丹尼斯醫生被人指控為「過失殺人」而入獄，從此再也沒有人敢嘗試為人體輸血的工作了。

　　又過了一百多年，有一天，英國的生理學家兼婦產科學家詹姆士‧博龍戴爾醫生，收治了一位難產孕婦。這名孕婦生產時突然大出血，如果不及時給孕婦輸血，她就必死無疑，如何是好呢？善良的詹姆士醫生為了拯救孕婦的生命，冒著可能入獄的危險，在徵得孕婦丈夫的同意後，果斷地決定立即為孕婦輸血。在丹尼斯醫生輸血入獄事件一百多年後的這一天，是值得紀念的日子：詹姆士將一名健壯的男子的血，輸給了那位失血過多的產婦，終於使她得救了！這一年十二月二十二日，在倫敦醫學年會的講

臺上，詹姆士醫生成為做了人與人之間輸血成功報告的第一人。但隨後的許多次嘗試證明，並非每個人體輸血病例都能成功，甚至有的還出現嚴重的生理反應而加速了死亡。看來，輸血技術還存在許多理論問題未能得到解決。

　　此後的幾十年裡，許多科學家，包括奧地利醫生卡爾‧蘭德斯坦納，都在思考著這樣一個問題：「為什麼有的人輸進別人的血安然無恙，而有的人卻會出現不良反應，甚至導致死亡？」有一天，卡爾靈機一動：會不會是輸入的血液與受血者身體裡的血液混合產生病理變化，而導致受血者死亡？一九〇〇年，他採了二十二位同事的正常血樣，然後將它們交叉混合，發現紅細胞和血漿之間有反應：某些血漿能促使另一些人的紅細胞發生凝集現象，但也有的不發生凝集現象。於是他將這次實驗結果編寫在一個表格裡，通過仔細觀察這份表格，發現表格中的血液可以分成三種，也就是A、B、O三種血型。

　　兩年之後，蘭德斯坦納醫生的兩名學生擴大實驗範圍至一百五十五人，發現除了A、B、O三種血型外，還存在著一種較為稀少的第四種類型，後來稱為AB型。一九二七年，經國際會議公認，決定採用蘭德斯坦納原定的字母來確定血型，即A、B、O、AB四種類型，ABO血型系統正式確立。蘭德斯坦納也因貢獻重大，在一九三〇年獲得諾貝爾醫學及生理學獎。

 **不同血型的性格特徵**

人類A、B、O血型遺傳的可能結果如下：

一、血型遺傳的性格——A型性格

A血型的人樂於和人合作，集體歸屬意識很強。在其他人看來，A血型的人總是溫文爾雅，一副好脾氣。雖然受別人的歡迎和信任是好事，但換個角度看，就是沒有個性。

（一）A1型（父親A型＋母親A型）性格

倘若父母都是心思細膩的A型血型，那麼A1血型就要算是A型血型的典範了。A1血型的優缺點都表現得非常明顯。

A1血型的人優點是心思細膩，考慮週到，能充分地體諒他人的感受，重視維護集體內部團結與和諧，是人們公認的遵守承諾和規則的人。A1血型的人一向都表現得彬彬有禮，深受長輩們的喜歡。

也有一些缺點，比如太在意他人的看法，沒有個性，往往給人留不下什麼深刻的印象。由於時時對他人懷有戒備心，所以人們認為很難與A1型的人成為親密朋友或者戀人。

性格特點：無論委託何事，一般都不會出現失誤，做事非常可靠；工作總是完成得非常順利，但並不追求表面榮譽，所以能夠在不很顯要的地方發揮自己的全部才能；重視融洽的人際關係。適合從事與電腦相關的工作，或會計、祕書等職務，職場工作不會有太大困難。但是由於性格內向，不能直言不諱地提出自己的看法或建議，甚至有被利用的危險。

（二）A2型（父親A型＋母親B型）性格

A2血型的人不害怕失敗，是冒險家。A2血型的人與其他A血型的人不同，非常大膽，這是由於受到天生樂觀、喜歡冒險的B血型母親的遺傳所致。例如即便是某次考試一塌糊塗，成績糟糕，往往也不會遭到母親的斥責，對此很是寬容。母親的寬容使A2血型的人變成了天不怕地不怕的樂天派，從不懼怕危險，特別好動，因此可能會擁有波瀾壯闊的人生。大膽的個性對A血型人特有的循規蹈矩的性格，進行了很好的彌補，使人際關係變得廣泛開來。A2血型的人，從父親身上則繼承了A血型的人所共有的合作精神和遵守承諾的品格。

性格特點：A2血型的人，往往認為工作應當根據興趣進行選擇。受到樂觀母親的B血型氣質的影響，會把工作看得很輕，甚至等同於興趣。所以當工作恰好符合自己的興趣或自己的感覺和能力受到認可時，會認真地工作，否則就會草草敷衍了事。不適合從事反覆乏味的工作，或需要非常細心和極大耐心的工作，適合記者等變化多端的職業。

（三）A3型（父親A型＋母親O型）性格

A3血型的人具有很強的獨立自主精神。A血型的人原本是對行動有些克制力的，頗有些成熟。但由於受到活力四射的O型母親的遺傳，A3血型的人成為A血型人中的豪放派。在母親的影響之下，做事時會全身心地投入，也沿襲了A血型的人原有的責任感強的性格。A3血型人的話比較可信，工作態度也令人放心。由於有自立自強的精神，總是想自己動手創造些東西。與其他的A血型的人不同，在人際關係中，頗有領導才能，能帶領周圍的人共同奮鬥。A3血型的人會制訂長期的、高遠的人生目標，然後腳踏實地地朝著目標邁進。

性格特點：由於責任感很強，且有領導才能，因此適合從事能夠指揮他人、充分發揮駕馭能力的職業，比如講師、教師、製片人等。如果在辦公室中工作，會表現出總想成為核心的傾向，過分的嫉妒心和好勝心，會帶來工作上的障礙。

（四）A4型（父親A型＋母親AB型）性格

　　A4血型的人沈著冷靜，處世非常謹慎。由於繼承了AB型母親的氣質，還擁有冷靜的思考判斷能力。無論發生什麼事都不會引起太大的波動，有著「兵來將擋，水來土掩」的沈著。A4血型的人不容易受環境影響，適應能力很強，自小就被人稱為「小大人」。所以朋友們都喜歡聽取他的意見或忠告。雖然外表顯得比較成熟，但內心還充滿著兒童似的夢想。這是因為AB血型的母親，雖然表面上顯得十分成熟冷靜，但內心卻無限憧憬著浪漫，A4血型的人很好地繼承了這一點。

　　性格特點：實力總能得到認可。表面上看非常成熟，實際上成熟的背後隱藏著浪漫的一面。比較適合從事設計師、畫家、漫畫家等需要沈著品格和浪漫氣質兼具的領域。雖然在工作中能夠憑實力獲得肯定，但是由於性格冷漠，社交能力的缺乏，前途可能受到限制。

（五）A5型（父親B型＋母親A型）性格

　　A5血型的人性格非常活潑。由於A血型和B血型父母性格差異很大，所以A5血型人的性格中，有許多相互矛盾的東西。A5血型的人時而批判B血型的父親，時而又不能忍受神經質的A血型母親，令母親很是難堪，但又心生同情聲援父親。A5血型的人無論面對何種狀況，都能靈活地採取行動。但是A血型畢竟和母親同血型，因此和母親心意更相通。由於受到長輩的喜愛，總能得到特別的照顧。但是由於害怕心靈的傷害，會過分地抑制自己的情感，導致內心壓抑。

　　性格特點：善於處世，具有成熟氣質。因為懂得如何做人，無論面臨何種人際狀況，都能很好地予以應付。能夠準確地判斷和應付別人的反應，所以人際關係比較融洽。適合從事空姐或銷售等與人打交道的行業，發揮自己的特長。

（六）A6型（父親B型＋母親AB型）性格

A6血型的人總是在堅守自己的世界。A型血型的人通常重視整體的協調，所以性格非常溫和。但是由於受到冷靜且厭倦干涉的AB血型母親和我行我素型的B血型父親的影響，所以A6血型的人與典型的A型有些不同。他們與人相處時，總會感覺到一絲不自在，於是守護自己的世界的慾望，變得更加強烈。但是畢竟屬於性格溫和的A型，所以對自己的親人和親密的朋友，總會無條件地給予幫助。A6血型的人從父親身上繼承了各種能力，所以在興趣、特長和學習等方面，表現出突出的聰慧。

性格特點：適合可以充分展示興趣和特長的職業。一旦對某件事物產生興趣，就會立即投入其中，忘乎所以。因此興趣和特長成為終身職業的可能性非常高。缺點是人際關係不是太好。可以在設計師、畫家、陶藝領域進行嘗試。

（七）A7型（父親O型＋母親A型）性格

A7血型的人，具有很好的現實感覺和傑出的經濟能力。A型和O型都是現實派，所以A7血型的人也是現實主義者，而且具有認真完成分內任務的責任心。A血型人按計畫行事的特點和O血型人目標明確的特點結合在一起，使得A7型能夠輕鬆準確地達到目標。對於朋友，屬於寧缺毋濫的類型。受到佔有慾旺盛的O血型人和戒備心強的A血型人的遺傳，如果對方不是百分之百可靠的人物，A7血型的人就不會輕易地敞開心扉。A型和O型都具有很強自尊心，受此影響的A7型，有時會不由自主地採取冒犯對方的舉動，使人們產生反感。

性格特點：A7血型的人具備冷靜地分析事物的能力，所以適合從事需要敏銳的觀察能力和分析能力的職業。例如各類諮詢、律師、評論家等職業。理財的本領也很突出，所以也可以向財務經理或稅務局職員等方向發展。

（八）A8型（父親O型＋母親AB型）性格

A8血型的人是極有手段的潑辣型，是誠實的完美主義者，較少失誤，頭腦聰穎。從母親身上繼承了AB血型特有的合理、冷靜的判斷力，所以自小就是聰明伶俐的孩子。做事時顯得三心二意、草率敷衍，但結果總是出乎意料地好，很受朋友們的羨慕。做學生時往往愛玩，但成績卻很優秀。在與父母的關係中，相對於溫和但不懂撒嬌的母親，覺得性格豪爽的父親更為親近。在父親的寵愛下長大的潑辣A8型女性，外表有些中性化。

性格特點：適合忙忙碌碌的職業。就算等待處理的事情堆積如山，但A8血型的人總有辦法既快又好地處理妥當。此種類型的人比較少，所以在職場中，A8型的存在價值相當高，很受老闆的歡迎。適合從事雜誌編輯或廣告宣傳等職務。

（九）A9型（父親AB型＋母親A型）性格

A9血型的人屬於城府很深的祕密主義者。A血型人原本就有很強的戒備心，再加上AB血型的人與人相處時會習慣性地保持一段距離，雙重遺傳之下，A9血型的人便形成了絕不透露心聲的性格。A血型人的特點已經使A9血型的人顯得有些冷漠，再加上這一點，朋友更是少得可憐。對A9血型的人而言，需要試著與人交往，做出適當的努力。A型和AB型父母都屬於知識派，因此A9血型的人博覽群書，喜歡學習。A9血型的人往往都是個人主義明顯、文化修養深厚的人。一旦看中了某個人，就會長時間保持這種感覺，不會輕易發生改變。

性格特點：A9血型的人比較適合與資訊相關的職業。相對於與人打交道的工作，A9血型的人更擅長與事物打交道。他們從母親身上繼承了一絲不苟地做事的態度，從父親身上繼承了思維敏捷的頭腦，所以在與資訊相關的領域中，能夠很好地發揮才能。適合從事電腦圖像設計或程式設計等職業。

（十）A10型（父親AB型＋母親B型）性格

A10血型的人往往顯得缺乏自信，反覆無常。A血型人原本是踏踏實實、不斷進取的類型。但由於受到B血型母親反覆無常的性格的遺傳，A10血型的人成為A型人中，最為性格多變的人。這種特點會使A10血型的人在人際關係處理中如魚得水，說話得體而且極易和他人打成一片，但同時也容易違背自己的信念而隨波逐流。例如如果在職場中有位厭倦工作的朋友，最後A10血型的人就會感染這種情緒，從而衝動地辭職。所以對A10血型的人來說，應當堅信自己的判斷，與朋友交往也要慎重。

性格特點：A10血型的人優點是善於合作，缺點是會突然變得隨心所欲，飄忽不定。工作效率會隨著情緒波動而升降。因此不適合穩定的事務性工作，最好在自己感興趣的領域中，成為自由職業者。設計師、攝影師、廣告撰文等職業，都是很好的選擇。

（十一）A11型（父親AB型＋母親O型）性格

A11血型的人擁有強烈的自尊心和好勝心。A血型人原本就具有表面謙虛而內心充滿極強自尊心的雙重性格。但A11血型的人繼承了充滿自信的O血型母親的氣質，所以由裡到外都透著自信感，天生爭強好勝。從青春期開始，便學會如何抑制自己過分的想法，成年後，則會根據情況決定是否要表現自己，所以時常得到思想成熟的評價，在社交或談判領域具有卓越的能力。A11血型的人是自我防禦型的A血型人中，十分罕見的類型。

性格特點：A11血型的人交際能力很強，而且性格溫和，因此適合從事企業的銷售工作或服飾搭配師、製片人等職業。如果對旅遊感興趣，可以在導遊行業中發揮出色。無論做什麼工作，都不會因人際關係而苦惱。

（十二）A12型（父親AB型＋母親AB型）性格

A12血型的人是開始很難相處的類型。A12血型的人是心思縝密的A血型人中，冷靜得出奇的類型。受到喜歡對事物進行客觀評價的父母的遺

傳，所以習慣按照自己的信念生活。AB型父母往往不太認可周圍的人，認為自己多少有些特別的想法。受此影響，A12血型的人不容易與周圍人打成一片，時常還會給人留下惡劣的印象。因為A血型人原本具有與人和善相處的能力，所以只要A12血型的人肯做出一定的努力，就可以輕而易舉地解決這一問題。他們對流行趨勢和最新資訊非常敏感，另外，行事向來都是彬彬有禮。

性格特點：A12血型的人有與周圍人保持一定距離的傾向。他們不容易融入周圍人之中，很重視自己的想法。最好在設計師、風格設計師、服飾搭配師等與時裝相關的領域發展；盡量避開多人的職場，因為A12血型的人習慣於趾高氣揚地處事，容易引發紛爭。

二、血型遺傳的性格——B型性格

B型血型的人是「走自己的路」的個性派，非常固執，對喜歡的事物可以全心投入，對不喜歡的東西則絕不染指。在他人的眼中，B型血型的人要嘛我行我素，要嘛是自私自利。

（一）B1型（父親A型＋母親B型）性格

B1血型的人在集體中，總是起到調停者的作用。B1型在凡事大度的B型母親和性格穩重細緻的A型父親身邊長大，自幼起就必須分別滿足父母的各種要求，因此與其他B型血型不同，有很強的與他人保持一致步調的平衡能力。所以長大後，經常在集體中充當調停者的角色。在B1型的性格中，母親的影響佔據上風，所以B型性格佔優勢。B1型天真爛漫，與朋友逛街購物時，會興奮地吵鬧不已。B1型的優點是能利用A型穩重的特點，抑制被情緒所左右、隨心所欲的B型氣質。

性格特點：B1血型的人適合從事強調個性的工作。正如前面所說，具有發揮仲裁者、調停者作用的平衡感是B1型的特點。由於具有很強的個性和直覺，如果從事需要創造性思維的工作，能夠發揮才能。可以往策

劃或商品開發等領域發展。

（二）B2型（父親A型＋母親AB型）性格

B2血型的人不易衝動，具有冷靜的判斷力。B2血型的人是衝動的B型血型中，少見的具有沈穩特點的人。大多B型血型的人對瑣事不費心思，而且一旦對某種事物發生興趣，就會立即投入其中。但是B2型受到重視合理性思考的AB型母親和處世慎重的A型父親的影響，總是在制訂計畫或充分地考慮利害得失之後，再採取行動。這一點與被情緒左右、失誤頻繁的其他B型血型不同。在人際關係方面，由於受到性格與自己截然不同的父母的影響，自幼便熟諳與他人保持一段距離交往的方法。

性格特點：B2血型的人有卓越的創意。B型血型有著埋頭做一件事的特點，所以能夠發揮獨特的個性。在進行活動策劃或提供創意的實務工作中，B2型能夠發揮自己的實力。在雜誌編輯或活動策劃等領域發展，會很有前途。

（三）B3型（父親B型＋母親A型）性格

B3血型的人具有模範生氣質，是十分完美的類型。B型血型有著自由奔放的冒險家式的氣質。但B3型在誠實且考慮周到的母親的培育下長大，成長過程中受到過各種干涉。受此影響，對「穩定的生活」有著很深的渴望。這種態度不像追求極端的B型血型。B3型穩重踏實、性格仔細、彬彬有禮，善於傾聽年長者的忠告。乍看之下，有許多模範生的氣質。但是雖然在一開始會依著對方的情緒行事，留下好印象，但時間一長，就會表現出隨心所欲的一面。B3型有必要記住，無論關係有多親密，也不能越規逾矩、不講禮貌。

性格特點：B3血型的人往往是職業女性。對B3型而言，工作本身具有特別的意義。做為女兒，不願像母親一樣拘泥於家庭的反抗心理，表現為對社會活動的熱衷。渴望成為職業女性的B3型，適合從事總務、財務經理、會計等要求準確性的職業。

（四）B4型（父親B型＋母親B型）性格

B4血型的人行動或興趣都走極端。由於父母都是個性極強的B型血型，所以B4型走到哪裡都很引人注目。如果有心生嚮往之事，會全心地投入，否則連看都不會看一眼。在人際關係中，只與自己喜歡的人交往，對不喜歡的人則懶得一理。但是這種喜惡分明，很可能源於某種偏狹的想法。如果能更加包容一些，設身處地為他人著想，B4型的世界會變得更加廣闊。大多B型血型具有雙重性，雖然獨立精神很強，但時常想要撒嬌耍蠻。

性格特點：B4血型的人，在專業的研究領域內容易獲得成功。B4型擁有非常強烈的個性，能給人留下深刻的印象。如果能從事演藝界或新聞媒體行業，可以充分地發揮天賦。因為對喜歡的事物會全心地投入，所以在研究領域或專業領域，也容易獲得成功。

（五）B5型（父親B型＋母親O型）性格

B5血型的人往往是天真爛漫的孩子氣的人。O型母親感情豐富，給人以溫暖的感覺。B型父親與B5型的氣質相似。在這樣的父母培育下成長的B5型，具有天真爛漫、坦誠直率的性格。O型母親喜歡引人注目，受此影響，B5型也喜歡參加各種儀式或晚會，同時具有像明星一般讓自己出風頭的本領。B5型認為對任何事情都要判斷出正確與否，堅信正義必勝。這種特點表現為對他人的攻擊性，所以容易樹敵。由於認為人們迎合自己是理所當然之事，時常會遭到朋友們的反對。B5型具有看穿對方心思的敏銳的直覺。

性格特點：B5血型的人，如果成為藝術家或演藝人員有可能成功。兼具B型強烈的個性和O型豐富的表現力的B5型，具有做為藝術家、舞蹈家、演員獲得成功的巨大潛力。

（六）B6型（父親B型＋母親AB型）性格

B6血型的人有很強的自主性，但過於自信。B型血型有個性且無拘無

束,幾乎眾所周知。由於AB型母親尊重子女的自主性,而B型父親只顧自己的興趣和工作,無暇做出干涉,所以B6型的性格發展更加不受羈絆。B6型自幼起,便習慣凡事根據自己的判斷行動,成年後,也會被視為非常獨立的人。但是因為幾乎很少受到父母的斥責或批評,判斷或情感的方向通常會被自己的喜惡所左右,缺乏客觀性。對於B6型而言,需要學會傾聽他人的忠告,並設身處地為他人著想。

性格特點:B6血型的人,喜歡將別具一格的個性作為武器。如果試圖以常識作為基準理解,B6型是不大可能的。B6型的武器就是獨特的個性,磨滅這種個性只會帶來痛苦。漫畫家、設計師等「奇怪的人」的行業,是非常適合B6型發展的領域。

(七)B7型(父親O型＋母親B型)性格

B7血型的人是通過使用手段出人頭地的類型。在自由奔放的母親培育下長大的B7型,自幼起便懂得自己的事情自己做。而父親則大度地接受女兒的撒嬌和耍蠻,只要孩子想做都會盡力為其做到。在這種環境下,B7型便養成了只做想做的事,不想做的事則推諉給他人的習慣。長大後面臨麻煩或困難時,總會找個藉口逃避,以至於被同事們看不慣而遭人討厭。由於B型母親有旺盛的好奇心,進行培養各種興趣和各類感覺的教育,B7型從不會感到無聊,總是生活在自己喜歡的事物的包圍之中。

性格特點:B7血型的人,適合從事有一定刺激性的工作。興趣廣泛的B7型,面對單純反覆的工作或在某個領域內鑽研的研究工作,必然會感到厭倦透頂。適合在能夠滿足多種好奇心的旅遊、新聞媒體行業、服裝等領域發展。

(八)B8型(父親O型、母親AB型)性格

B8血型的人懂得為他人著想,性格體貼。AB型母親不像其他母親盲目地溺愛孩子,永遠保持著冷靜,採取合理的態度。所以B8型自小就習慣於迎合母親的情緒行事。於是B8型成為B型血型中,少有的懂得判別對

方情緒和調節氣氛的人。可是一旦超過了一個限度，就會成為凡事計較利益的精於計算的人。其實與其察言觀色地判斷對方的情緒，迎合性地採取行動，還不如執拗地向著自己的目標前進，這樣的生活就要灑脫得多。

性格特點：B8血型的人適應力強，才華橫溢。B8型雖然是個性派，但也有照顧他人情緒的週到的一面，所以能夠輕鬆地適應職場的環境。適合普通的事務性職務、服務業、銷售業等各類行業。由於B8型具備洞悉對方心理的能力，所以具有在銷售領域獲得傑出成果的潛力。

（九）B9型（父親AB型＋母親A型）性格

B9血型的人是固執而且誠實的完美主義者。B9型受到誠實且認真細緻的A型母親的影響，又天生具有B型血型特有的固執，所以是一位完美主義者。與興趣廣泛但集中力較差的普通B型血型不同，B9型很適合從事在某個領域進行深入鑽研的研究性工作。只是出於對A型母親的反抗心理，會對長輩、上司或有權威者產生不信任或憤怒。因為父母都有較多的戒備心理，所以B9型的交際範圍不太廣泛，總是在和2～3個朋友組成的小團體之內，享受親密的友情。

性格特點：B9血型的人應該利用藝術天賦。B9型有著固執地走自己的路的傾向。由於性格謹慎，對瑣碎的小事也很關注，所以適合從事獨自完成的工作，可以在畫家、陶藝家等藝術領域內尋求發展。因為具有講求原則的保守性，因此如果在職場工作，很容易與同事產生矛盾。

（十）B10型（父親AB型＋母親B型）性格

B10血型的人具有成為群體領袖的資質。B型血型有著旺盛的好奇心，而且敏於捕捉流行趨勢。由於母親就是B型血型，所以自幼便在強調流行感覺的環境中成長。而知性的AB型父親，不主張單純地追逐流行，受此影響，B10型成長為具有準確的批判意識和審美意識的優雅個性的人。由於這些特點，B10型在一個組織內，總會成為對他人產生強烈影響的中心勢力。具備理想的思維模式，不吝惜忠告，總能引領潮流。因此會

成為眾人羨慕的對象。

性格特點：B10血型的人應該充分利用其卓越的直覺。如果能利用天生的直覺，就可以獲得遠超出他人的結果。能準確預感時代發展潮流的感覺，就是B10型的武器。適合從事要求具有敏銳感覺的新聞媒體行業、廣告策劃行業。B10型性格開朗大度，而且很有一套方法，所以在職場中會很受歡迎。

（十一）B11型（父親AB型＋母親O型）性格

B11血型的人往往是具有女超人氣質的女性。B型血型原本就有不在乎他人的看法，隨心所欲的傾向，但B11型受到O型母親的影響，有很強的爭強好勝心理。B11型在成長過程中，或許時常聽到母親念叨「我家孩子是最好的」之類的話。正因為如此，B11型非常努力，希望通過自己的努力獲得母親的認可。B11型在個性極強的B型血型群體中，也是比較多才多藝的人，可以說是女超人。出於希望擺脫母親的干涉的逆反心理，以及爭強好勝的心理，二十歲左右就會更多地表現出B型血型自由奔放的氣質。

性格特點：B11血型的人能夠成為一流企業的菁英職員。由於對自己的能力非常自負，所以總是表現出自命不凡的樣子。從學校畢業後，如果不能進入眾人嚮往的一流企業就職，就會覺得有辱自尊心。由於創意豐富，拓展能力和適應力突出，在一個組織內部很快就可以獲得肯定。

（十二）B12型（父親AB型＋母親AB型）性格

B12血型的人屬於較早獨立的早熟型。在冷靜且知性的AB型父母身邊長大的B12型，從表面上看，已經沒有B型血型原有的喧嘩的特質，這種性格特點隱藏在內心深處。因為AB型父母不將子女當作孩子寵溺，而是用對待大人一般的方式對待子女，所以自幼起就能在精神上保持獨立。有很強的自我意識和責任感，還具有引領自己拓展的能力，有成為成功女性的潛質。如果能同時具備AB型父母的優雅和社交能力，B12型就等於

擁有了成為商界女性的最佳條件。

性格特點：B12血型的人，在職場中往往是受歡迎的前輩。早熟的B12型在與朋友們交往時，總是充當姐姐的角色。所以在職場中，適合從事協調關係、做指示的工作。例如電臺製片人等發派工作任務的職務，或諮詢師、奉獻式職務等。

三、血型遺傳的性格——AB型性格

「機智的社交高手、知性的知識份子」，這就是AB血型的人。但是由於AB血型人的過強的防範意識，人際關係大多不夠圓滿，有的人還將自己封閉在自己的世界之中。

（一）AB1型（父親A型＋母親B型）性格

AB血型的人是投入地工作的熱情派。AB型血型原本具有冷靜的知性，再加上舉手投足間透射出來的冷漠的優雅感，更給人以「冷」的印象。但是AB1型由於受到較多B型母親的影響，與其他AB型血型不同，有較為熱情的一面。即便拋棄所有的事情，也要完成自己想做的事，否則將寢食難安。所以人們會覺得AB1型總是在投入地做某件事。AB1型自幼在重視理論的A型父親和直覺超群的B型母親身邊長大，對因性格差異而出現的觀點上的衝突見怪不怪，所以成長為無論面對何種氣氛，都能遊刃有餘地應對的機靈鬼。

性格特點：AB1血型的人容易在專門領域中獲得成功。集中力強的人，最容易成功的領域就是專門領域。如果全心地投入到某項工作當中，反倒在日常瑣事上顯得極為笨拙，所以很難忍受普通的職場工作。適合從事設計師、工程師等行業，此外，能發揮好奇心旺盛這一特長的作家、自由職業者等，也是不錯的選擇。

（二）AB2型（父親A型＋母親AB型）性格

　　AB2血型的人性格縝密，愛打扮。AB2血型的人受到AB型母親的影響，感覺非常敏銳。善於打扮自己，總能毫不猶豫地接受最新的流行服飾。不僅是外觀新潮，思想也很進步，完全不顧周圍人的評價，穿戴和行動都大膽出格。忠告AB2型，追求過分的「時髦」，只會使周圍人感到彆扭，甚至引起反感，所以應適可而止。對一般的AB型血型而言，如果被周圍的人所孤立，會感到很懊喪和失落，但AB2型卻有所不同。因為AB2型有一位A型父親，他是非常有力的保護者。父親總會激勵AB2型，不要輕言放棄，想做什麼就堅持去做。AB2型的家庭從整體來看不善於社交，所以AB2型也不太喜歡喧鬧的氣氛，而是喜歡獨處。

　　性格特點：AB2血型的人，可以在追求新鮮感覺的工作中發揮才能。他們喜愛新潮的事物，密切關注最新流行趨勢的AB2型，最厭倦平凡的毫無新鮮感的工作。AB型血型原本就有先見之明，能本能地先於他人預測出流行的趨勢。所以適合廣告行業、設計行業、製片、主持人等充滿變化的職業。如果在職場工作，難免引起許多人際關係上的麻煩。

（三）AB3型（父親B型＋母親A型）性格

　　AB3血型的人感情豐富，親切溫和。AB型血型雖然聰慧，但由於有些冷漠，很難獲得周圍人的好感。但是AB3型由於受到A型母親的影響，擁有溫暖的感性，所以見到處於困境的人無法袖手旁觀。而且在集體中也非常重視整體的團結，所以與時常被視為利己主義者的AB型血型，表現得截然不同。成年之後，AB3型也會和讀書時的朋友們經常聯繫，分享彼此的友情。但是A型母親的敏銳的性格，也在一定程度上使AB3型的悲觀的性格得到強化。因此在計畫將來時，比較缺乏挑戰意識，傾向於選擇較安全穩妥的道路，竭力避免競爭的壓力。AB3型在金錢方面也非常嚴謹，屬於勤儉節約的類型。

　　性格特點：AB3血型的人，由於誠實而受到極高的評價。因為很早就產生離開父母獨自生活的念頭，並追求穩定的生活，因此在選擇職業時，

也會非常重視持久性。緊跟流行卻壽命短暫的工作、不穩定的工作，都不在AB3型的選擇之列。AB3型適合從事誠實的公務員、社會福利業務等行業。由於人際關係很好，在職場工作也會結識許多好朋友。

（四）AB4型（父親B型＋母親AB型）性格

AB4血型的人，屬於不追隨集體行動的個人主義者。由於受到冷靜的AB型母親的影響，AB型血型原有的理智及個人主義氣質，在AB4型身上得到強化。AB4型渾身透著智慧，不具備無論和誰都能親密交往的親切感。從父母的關係來看，AB型母親具有不太依賴B型父親的獨立性，所以AB4型也會在內心中不將男性當回事。念書時總是因為聰慧和優雅的氣質受到老師的寵愛，但和同學們卻關係平平。因為AB4型並不喜歡和同學們聚在一起玩耍。但是和趣味相投的朋友，卻非常合得來。對AB4型而言，最好通過各種興趣來擴展交際圈，和其中的志同道合的朋友交往。相對於和眾多同事們聚在一起玩樂，AB4型更喜歡一對一的往來。

性格特點：AB4血型的人對他人的失誤態度嚴厲。AB4型既不是工作狂，也不甘當平凡的家庭主婦。AB4型會在認真工作之餘，繼續發展興趣或堅持不懈地學習，生活得相當有品味。雖然並沒有在工作中取得成就的意願，但是為了保證維持優雅生活的經濟來源，不會放棄工作。AB4型的理性適合在策劃或廣告領域工作。在研究性公司中擔任資料分析的任務也很適合。但是由於個人主義傾向明顯，在職場工作時很難獲得周圍人的好感。AB4型應當努力更加溫和地對待後輩和同事。

（五）AB5型（父親AB型＋母親A型）性格

AB5血型的人具有AB血型人中少見的溫和性格。大多AB型血型都很冷漠，但AB5型受到A型母親的影響，擁有親切而溫暖的情感。能迅速判斷對方的情緒、迎合對方的周密心思，以及積極鼓勵因陷入困境而一蹶不振者的溫暖胸懷，都是AB5型的優點。但這些都無法掩蓋AB5型身上的AB型氣質。一旦對方認為AB5型是親切的人，妄圖進一步接近，AB5型

就會立刻關閉內心之門。和多數AB型血型一樣，AB5型討厭任何人闖入自己的私生活。AB5型要記住，周圍的人並不是敵人，應當進一步敞開心扉，開拓自己的人際關係。AB5型勤儉節約，偶爾衝動性地購買物品後，必然會自我反省。

性格特點：AB5血型的人，適合從事安慰和激勵他人的工作。AB5型是重視整體的團結和協調的類型，具有能敏銳地洞察對方心思的能力。做為安慰和激勵他人的工作，可以從事教育家或諮詢師等職業。AB5型雖然會獲得周圍人的好感，但由於不習慣敞開自己的內心，心裡堆積著許多壓力。可以邀請合得來的同事到家裡做客，互訴衷腸，緩解內心的壓力。

（六）AB6型（父親AB型＋母親B型）性格

AB6血型的人是我行我素的個性派。AB型血型通常被認為神經質。但AB6型受到B型母親的影響，具有很強的自由主義傾向。由於AB型父親和B型母親在教育子女的方面持有自由開放的態度，形成了AB6型自立的性格。強調個性的父母總會告訴孩子，想做什麼儘管去做，所以AB6型自幼便擁有培養多種才能的機會。AB6型身上的B型氣質，總讓他得到「隨心所欲」的評價，而且因為任意地干涉他人的私生活，甚至會遭到辱罵。在人際關係中，需要進行一些克制。

性格特點：AB6血型的人喜歡自己處理事物。AB6型不僅具有強烈的個性和旺盛的好奇心，而且思維敏捷，所以具有成為職業女性的充分資質。劇作家、雜誌編輯、創意提供者等職業，是AB6型可以挑戰的領域。此外，還可以選擇能根據自己的情況調節步驟緩急的工作。對最討厭受到干涉的AB6型而言，最適合的職業就是自由職業者。

（七）AB7型（父親AB型＋母親AB型）性格

AB7血型的人是時常享受孤獨的少數派類型。由於父母也是典型的AB型血型，所以AB7型表現出百分之百的AB型血型的氣質。在集體中，AB7型總能發現自己和周圍人的不同之處，如果將群體分為多數派和少數

派，那麼AB7型必然屬於少數派。AB7型彬彬有禮，幾乎沒有失誤，簡直可以成為他人的模範，但不知為什麼總是被他人所孤立。也許AB7型也會很享受這種孤獨感。當AB7型陷入孤獨之中時，特有的縝密的感覺或敏銳的知性無法發揮作用，甚至有可能消失。雖然平時在人際關係中，努力做到在表面上過得去，但總會在決定性的瞬間，任由自己固執下去，所以經常得到冷漠的評價。在人際關係中容易吃虧。

性格特點：AB7血型的人認為「工作和私生活是井水不犯河水的兩回事」，屬於典型的職業女性類型。不論在什麼領域，都會做得一絲不苟，所以很容易獲得信任。特別是在處理或管理與數位相關的資料和資訊時，會表現出不凡的才能。相反，在需要耐心、競爭力、團隊合作精神的工作中，只會倍感壓力，難以取得好成績。

四、血型遺傳的性格——O型性格

O型血型的人精力充沛，性格外向活潑。有很強的炫耀自己的慾望，在群體中，如果不能引人注目就無法忍受。有領導能力和很強的工作拓展能力，許多人能在商界獲得成功；在戀愛方面也非常熱情。

（一）O1型（父親A型＋母親A型）性格

O1血型的人謙虛安靜。O型血型原本是大膽、積極、有魄力的類型。但O1型由於在性格安靜的A型父母的身邊長大，所以相對於O型血型特有的活力四射的特點，更多地表現出A型血型沈靜的氣質。相對於冒險，O1型更願意選擇安全和可靠的途徑，相對於成為領袖，更傾向於重視集體內部的團結和融洽，這些都是A型血型的特點。但O1型畢竟是O型血型，自然也會具備O型血型的特點。潛在的O型特點會在確定某個目標之後得以顯現。這時O1型會表現出爭強好勝的一面，希望擊退競爭對手，獲得成功。屬於典型的外柔內剛的人。

性格特點：O1血型的人雖然能力獲得認可，但缺乏靈活性。誠實的

人們所表現出的共同點是不夠靈活，O1型正是如此。但是工作能力和準確程度是有口皆碑的。如果在稅務、法律界、金融界發展，會將才能發揮得淋漓盡致。相對於普通職業，最好選擇需要特定資格的職業。

（二）O2型（父親A型＋母親B型）性格

　　O2血型的人善於思考，個性開朗，有明星氣質。O型血型原本就是以樂於助人著稱的人。O2型的父親和母親具有截然相反的氣質，所以在教育的過程中，難免出現教育方針或生活原則方面的衝突。自幼在這種環境中長大的O2型，為了同時滿足有些水火不容的父母雙方的要求，變得非常早熟。在人際關係中，受到個性獨特的母親的影響，善於社交，在集體中總是充當照顧弱者的勇敢者角色，很受好評。但是也會因為受到母親的影響，表現出反覆無常、隨心所欲的傾向，使自己的可靠度打折扣。自我控制是O2型最大的課題。

　　性格特點：O2血型的人，自然而然地接受男女平等地進行較量、共同參與社會活動的模式。適合在沒有性別歧視的職場工作，或利用性格中喜歡照顧他人的特點，投身於服務行業。

（三）O3型（父親A型＋母親O型）性格

　　O3血型的人是充滿激情的典型的O型人。有很強的目標意識，大膽、熱情等都是O型血型的典型特點。O3型受母親的影響較多，所以原原本本地保留著O型血型的氣質。確信自己的能力，充滿自信，勇於向遠大的夢想進行挑戰。由於性格坦率，個性樂觀，喜歡玩樂，很容易和朋友們打成一片，具有指揮眾人的領導能力。O3型還充滿了正義感，一旦看到弱者受到傷害或有人犯錯誤，就會忍無可忍地跳出來，所以容易樹敵。但O3型不會介意這些，會義無反顧地走自己的路。

　　性格特點：O3血型的人，適合做為具有包容力的領導者而發揮能力。O3型擁有遠大的人生理想。相對於婚姻，事業和工作更值得成為人生目標。O3型具有綜合性的判斷能力和很好的統帥能力，所以距離最高

的人生座標不會太遠。O3型在領導和控制群眾的方面，有非常卓越的才能。一旦覺得國內舞臺太過狹窄，就會果斷地到海外發展。O3型也有可能成為女政治家。

（四）O4型（父親B型＋母親A型）性格

O4血型的人性格溫柔親切。在溫文爾雅的A型母親、只熱衷於自己的事情的B型父親身邊長大的O4型，更多地受到母親的影響。因為與父親對話的機會非常少。O4型和母親就像一卵雙生的雙胞胎一樣，無論是性格還是氣質都很相似。在熱情四射的O型血型之中，像O4型這樣親切溫和的人是相當少見的。由於在性格截然相反、時常劍拔弩張的父母的膝下長大，O4型自小就善於觀察父母的臉色。在人際交往中，顯得非常溫和，但由於一味地迎合對方的情緒，會時常感到疲倦。竭力避免與朋友交往，就是出於這個原因。

性格特點：O4血型的人屬於事業和家庭並重的類型。O4血型的人原本好動，喜歡投入地做某件事。由於受到誠實且仔細的A型母親的影響，並繼承了B型父親的多才多藝，在任何職場中，都能成為受歡迎的人。O4型具有充分的成為職業女性、成功女性的資質。但是由於非常重視家庭，無論從事何種專門職業，會在結婚的同時宣佈放棄工作。若從事專門職業，可向系統工程師或建築設計師方向發展。

（五）O5型（父親B型＋母親B型）性格

O5血型的人是人際關係廣泛、引人注目的類型。受到B型父母的影響，O5型總是表現出高姿態和很強的自我炫耀的慾望。最不願被埋沒在平凡的人群中，熱切渴望成為萬眾矚目的人物。熱衷於舉辦派對，在娛樂活動中一馬當先的人，通常屬於O5型。即便是只有兩個人，O5型也會充當逗對方開懷大笑的角色，所以在朋友之中非常有人氣。爽朗大氣，和任何人都能輕易地成為朋友。只是很容易衝動，有時會因為意想不到地闖禍或者舉止失常，使自己的威信大打折扣。O5型經常不遵守時間和約定。

有時雖然本人毫無惡意，但卻會使對方情緒受影響，使好朋友變成陌路人。O5型需要變得更加慎重和沈穩。

性格特點：O5血型的人適合投身於重視個性的演藝界。O5型具有很強的演藝人的氣質。這表現在讀書時，一到休息時間便使出渾身解數使朋友們開懷大笑的本事上。電視明星、電影演員、小品演員、主持人等職業，都是O5型可以發展的空間。此外，還可以向慶典禮儀行業或休閒產業發展。如果在某個固定的空間內，從事必須經營小範圍人際關係的職業，就難免引發各類問題，所以應儘量避免。

（六）O6型（父親B型＋母親O型）性格

O6血型的人屬於受同事們尊重的姐姐型。O型母親有很強的母性，個性開朗，總是指揮自我意識較差的B型父親。O6型受到母親的影響，不僅有很強的生活自理能力，而且如果看到周圍有人陷入困境，就不忍袖手旁觀，必須伸出援助之手才感到心安。自幼起便像姐姐一樣對朋友提出忠告，或者充當答疑解惑者的角色。O6型熱愛交友，無論是男還是女，性格開朗，很有包容力，堪稱女中丈夫。雖然屬於O型，但由於在思想開放的父母身邊長大，所以缺乏對他人的戒備心。有可能被自己所深信不疑的人所欺騙，或被惡人所利用。在借錢給他人或做保證時，一定要慎重。

性格特點：O6血型的人有著凝聚同事的核心的作用。O6型有很強的奉獻精神，在護士、保姆、教師等職務中，會展現出卓越的能力。如果經營餐廳，也會獲得成功。因為O6型溫暖善良的心地，會吸引眾多回頭客帶著親朋好友一同前來捧場。在職場中同樣遊刃有餘，因為總能傾聽同事的苦惱，積極進行激勵，努力保持整體的團結，總會被視為必不可少的人物。

（七）O7型（父親O型＋母親A型）性格

O7血型的人對任何事都是全力以赴，而且厭惡偽善，所以只要是O7型出馬，就會有許多人認為可以毫不隱瞞，主動要求進行交流。當然O7

型也總是欣然允命。僅憑這一點，就可以看出O7型具有優秀的領導能力。但是O7型有時會固執己見，一步都不願退讓，導致人際關係出現尷尬，或者在前程或婚姻中犯下決定性的錯誤。O7型需要增加一點靈活性，一旦覺得「呀，我錯了」！就應當毫不猶豫地扭轉方向。

性格特點：對O7血型的人來說，家庭和事業的比重為六比四。如果希望在事業上有所發展，又想照顧家庭，應該做出怎樣的選擇呢？這對愛鑽牛角尖的O7型可是個難題，會產生一定的心理壓力。O7型希望自己是職場中備受上司和同事信賴的有能力的職業女性，又很想成為幸福家庭中備受嬌寵的妻子。產生這種想法，主要是因為受到珠聯璧合的父母的影響。如果在結婚之前必須要決定是否繼續工作的話，就暫且給家庭六，給事業四吧。兩者都能照顧到，雖然不能盡善盡美，卻是沒有辦法的辦法。

（八）O8型（父親O型＋母親B型）性格

O8血型的人有旺盛的好奇心，性格坦率。在個性開放且善於社交的B型母親的影響下，和O型血型原本就有的坦誠而爽朗的性格非常吻合，使O型血型的特點得到了強化。由於心胸坦蕩，通常看到什麼、想到什麼就會毫無顧忌地說出來，所以時常因此遭到誤解，但本人卻毫不在意，會厚著臉皮當作什麼都沒有發生，心胸之寬廣可見一斑。正是因為這種坦率和沒有城府，總能得到人們的信任。O型血型旺盛的好奇心，和B型母親給與的熱情的性格及廣泛的興趣揉和在一起，會使不斷尋找新事物的冒險精神更為突出。O8型如果對目前的職業不滿意，可以尋找副業進行消遣，或在下班後通過各類興趣活動發揮自己的才能。O8型很有在小說、攝影等領域獲獎，得到認可的潛質。

性格特點：O8血型的人在以男性為中心的職場中會獲得成功。O8型屬於好動、好奇心旺盛的性格，不會因為變化和刺激產生壓力，反倒有享受這些的傾向。如果從事雜誌記者、攝影記者等與新聞媒體相關的行業，能夠發揮自己的才能。在以男性為中心的小社會中，適應性極強，可以成為消除男女差異的職業女性。相反的，O8型不適合在以女性為中心的職

場工作，或從事缺少變化的單純反覆的行業。

（九）O9型（父親O型＋母親O型）性格

　　O9血型的人具有很強的拓展能力和爭強好勝的慾望。O9型的父母都是O型血型，所以自小就被O型血型的氣質所薰陶，自然原原本本地表現出O型血型的優點和缺點。O9型的優點是有活力、具有立刻將想法轉為實踐的拓展能力。強烈的爭強好勝的慾望，在工作中也會起了積極的作用。從讀書的時候起，一直到步入社會之後，O9型一直夢想著做最好的，具有面對任何逆境都不屈服的堅強。但是這些優點在某些時候卻會轉化為弱點。由於積極性很高，過於爭強好勝，容易使男性產生反感，成為極力迴避的對象。另外，由於缺乏理清思緒、按照步驟逐步實現目標的能力，容易得到周圍人的反對。

　　性格特點：O9血型的人思維敏捷，可以成為職場的主管。O型血型旺盛的活力一旦和工作聯繫起來，就會產生巨大的效果。O型血型如果充分挖掘成為領袖和事業家的潛質，獨自經營小規模的公司或者店鋪，極有可能獲得成功。在眾人所嚮往的大企業或保守性的公司中，很難有供O9型充分發揮才能的空間。如果在職場中能夠更多地照顧到周圍人的情緒，很快就會成為領導的角色。

第三節　各種血型性格的職業適應性

　　各種血型的人的性格特徵有所不同，因此不同血型的人，相對適合的職業也有所不同，一般規律如下：

一、A型人的職業適應性

善於在一個固定單位有組織地行動;大器晚成者較多。辦事細心、管理負責,工作踏實,在處理事務、革新和應用方面有真才實學。適宜於科技、經濟規畫、作家、歌星、戲劇和短劇演員、摔跤及長、短跑運動等。不宜於駕駛和頻繁地接觸人、處理問題的工作。

二、B型人的職業適應性

善於從事自由性強的職業,無特定專長的人較多。調查能力強、主意多,能在研究開發方面發揮才幹。適宜於科技調查、研究開發、農林水產、節目主持、相聲、小品和喜劇演員、棒球、鏈球及標槍運動等。

三、AB型人的職業適應性

職業多方面,專長多、能力強,精於調整、調和各類關係,有經營管理、分析設計和規畫能力,會推銷商品。適於政治、外交、經濟規畫、統計、設計、商業推銷、節目主持、相聲演員等。

四、O型人的職業適應性

經營企業、經商、政治、外交能力都很強,善於組織並把自己放於該組織的核心地位。年輕時易更換職業,有經驗後善於專攻某一方面。適宜於政治、外交、經營、駕駛、作家、歌星、演員、跳躍項目和棒球運動等。

各種血型性格的外在氣質特徵

　　一個人的氣質，往往能體現出他的性格特徵。也可以說，一個人內在的性格，必然會部分地體現在他的外在氣質上。以下是對不同血型的人，在氣質特徵方面的研究成果。

一、O型人的外在氣質特徵

　　O型男女極少氣質上的差異，但O型男女其實十分注重性別，貌似男孩的O型女子，內心女性意識強烈。這一點和AB型男女恰成對照。男女性別意識的強烈，正是O型「自然性」的表現之一。O型血的人凡事以行動為先，目前意識強烈，又從行動中體現出O型的氣質傾向。O型的人講究現實，判斷事物乾脆利落，不喜歡拖泥帶水，對事關「生存」的「目的」全神貫注，而對游離實際生活以外的「目的」則顯冷淡，故常被稱作合理主義的現實家。

　　氣質特徵：做事目標明確，性格直率明朗，敏感意識，力量對比不願受制於人，浪漫言行，客觀現實，夥伴意識，喜好有個性的事物，言辭表達力強，具原則性，不易感情纏綿。

　　視作長處時：富有行動力，意志堅強，熱情，直話直說，奮發向上，不甘人後，自尊心強，有獨立心，有理想，有憧憬，實際生活能力強，重友情，樂於助人，具獨創性，不喜隨大流，有主見，有領導能力，理論性強，有說服力，有信念，行動明快，淡泊，寬容，大度。

　　視作短處時：不擇手段，強制利己，貪婪想出人頭地，時而顯得卑躬，具反抗心，頑固天真會算計，滴水不漏，宗派性，偏袒自己人，怪異，愛出風頭，能說會道，獨斷獨行，冷漠，反應遲鈍。

二、A型人的外在氣質特徵

　　A型的基本氣質遠較O型複雜，其特點似乎可歸納成對周圍環境意識敏感和安全意識強烈兩點。A型人大都希望生活安定，注重感情和家庭生活，幼時就懂得顧及他人，人情味濃郁，順從，謙讓，謹慎，尊重社會規則，富有團體歸屬感、同情心和犧牲精神，不願意「嘩眾取寵」地出風頭。A型人的另一個特徵，也常常在幼年期就萌現出來：對己對人凡事皆要求完美。這一傾向雖養成了A型人認真向上、不斷進取的性格，有時卻會招來別人的埋怨，說A型人是「雞蛋裡挑骨頭」。

　　氣質特徵：顧念周圍和對方意願，人際關係風平浪靜，不願輕易打開心扉，尊重社會原則，講究秩序，舉動拘謹，思考易流於常規，愛憎分明，顧慮未來，追求完美，做事有毅力，具奉獻精神。

　　視作長處時：體貼，富同情心，穩重，謙讓，不易上當，仔細認真，循規蹈矩，融洽，順從，有節制，有常識，牢靠嚴正，說一不二，謹慎，深思熟慮，責任感強烈，努力，對己嚴格，具使命感和犧牲精神。

　　視作短處時：神經質，膽小，八面玲瓏，疑心重重，死板機械，重形式，冷淡，摸不透，欠融通，頑固，光會大道理，缺乏自信，過於拘泥細節，被動，跟著人轉，自以為是。

三、B型人的外在氣質特徵

　　奔放，快活，不拘泥小節，愛熱鬧，善於社交，喜動不喜靜是B型人最大的特點，所以B型人在團體中總是受歡迎和注目的對象。B型人不太顧念周圍，願意我行我素，厭惡束縛和條條框框，他們既不像O型人那樣考慮現實的「得失」，也不似A型人一般常以世間的標準衡量自己的行動，他們不在乎旁人的眼光，常可發揮出潛在的能力，卻也因此給人留下處事欠慎重的印象。B型人的一個特點是雖相當自信，不乏行動力，但容易生厭，名利心也淡泊。

　　氣質特徵：厭惡束縛，言行自由自在，善於社交，不在意慣例，行動快捷，重視判斷的準確性，思維實用具體，興趣廣泛，對未來樂觀，感情激烈，具脫離家庭的傾向，只關心自己感興趣的事物。

　　視作長處時：獨立自主，不拘小節，思維柔軟，坦率親切，溫柔獨創，臨機應變，具決斷力，精力充沛，公平，慎重，計畫實際，熱衷事業和研究，具向前的精神狀態，感覺敏銳，正直，以事業為重，名利心淡泊，超然。

　　視作短處時：旁若無人，自說自話，脫離常軌，馬虎，沒大沒小，失禮，不懂常識，紊亂秩序，欠穩重，冒失，曖昧不明，沒有理想，缺少信念，朝三暮四，自以為是，欠考慮，喜怒無常，缺乏家庭責任，不思上進。

四、AB型人的外在氣質特徵

　　AB型的人兼具A型和B型人的特徵，有人因此稱其為雙重性格。AB型人講究社會常識，堅強自信，直覺敏銳，但有時又性情急躁，舉動會被周圍視作突兀，其實只是因為他們對事物的觀察較常人深入而已。AB型人在待人接物方面出類拔萃，擅長自我表現，而且很喜歡為自己塑造一個「柔軟」、「融合」的形象，結果男性優雅有餘卻缺少男子氣，女性倒因此更顯溫柔賢慧，平白多得幾分。不過一旦和他們成為親密好友，就會發現他們不再注重形象。

　　氣質特徵：合理的思維方式，喜歡分析評判，希望參與和貢獻，擅長人際關係的調節，遇事徵求他人意見，懂得感情的壓抑，對人保持距離，注意力集中但不持久，思維和詮釋多方面，凡事憑興趣，不深入經濟生活，具理性，迴避爭執。

　　視作長處時：理性，智慧，主見，冷靜，有自己的審美觀，社會義務感，奉獻精神，公正，熱情，無懈可擊，慎重，民主，沈著冷靜，遇事不慌，不拉幫結派，有效率，有要領，策劃能力強，思考廣泛，不願喪失自

我，具經營能力，持家有方，和平主義，少權力意識。

視作短處時：輕視道義，過於簡單，多牢騷刺激人，不謙虛，功名心，會迎合，處世圓滑，缺乏決斷力，不負責，呆板，沒有感情，冷淡陌生，意志不堅，有始無終，強詞奪理，不自我反省，熱情不足，精於算計，小氣，無野心，旁觀者的態度。

ch**5**

馬上開始優化你的

性格

沒有完美無缺的性格，沒有完全無缺的人

卡利斯丁說過一句名言：「在諸多的成功因素中，性格是最重要的。」他所說的性格不是指我們天生的性格，而主要是說智商和情商的區別。大部分人都認為智商高的人才容易成功，但其實成功往往取決於情商。很多時候你會發現身邊總有那麼一些人，沒有很高的文憑，也不是非常的聰明，可是他們善於待人，能夠把握機會，機遇總是很多，活得比別人都好。看似偶爾，其實不然。

其實性格沒有絕對的好壞之分，每種性格都有其一定的優缺點。正是因為多樣，世界才如此精彩。不過優點要發揚，缺點要彌補，這個自不在話下。

對前面分析的四種性格類型：力量型，完美型，和平型，活潑型，以和平型為例，試想一下，假如全世界的人都是和平型的人，那麼大家就都安於現狀，沒有進步，整個人類社會豈不是要停滯不前？

假如全世界的人都是力量型的性格，那每天除了戰爭就是爭鬥，沒有一絲安寧了。

假如所有人的性格都是活潑型的，那麼每天除了笑聲就是歡語，除了打鬧就是玩笑，除了尋歡就是作樂，社會也不能前進了。

如果所有人都是完美型的呢？好了，每個人每一天除了挑剔就是找事，正常的工作和生活也無法進行下去。

……

無論是在生活還是在工作中，你都不得不面對很多性格各異的同事、主管、下屬或是鄰居等等。瞭解他們的性格，是和他們有效溝通的前提和基礎。你自己的性格缺點需要彌補，你周圍人的性格缺點也需要彌補；大家快樂地在一起工作或生活，性格需要互補。

一、每種性格都有優點

　　四種性格類型的人各有各的優點。

　　活潑型的人如果做主管，可能不會總攬大權，而會巧妙地分配工作，有效地管理下屬，適時地授予權限；感染力很強，具有號召力和別具風格的領導力，富有魅力，善於激勵和啟發屬下，激勵屬下熱情地工作。活潑型的人總是尋找新事物，喜歡新鮮空氣，富有創造力和想像力。新公司要發展，往往離不開活潑型的人來注入力量和新思想。假如我們辦一個節目，活潑型的人最適合主持人和司儀的工作，因為他們的活躍會把氣氛帶得很好。活潑型的人非常主動，喜歡自告奮勇，雖然往往會做出力不能及的承諾。他們做事往往閃電般地開始，流星般地結束。他們懂得把工作和生活變成樂趣，他們會邊唱歌邊收拾打掃，邊哼歌邊掃地，做起事來很開心的樣子，這一點是很值得我們學習的。他們總會有很多的主意，喜歡發動別人去完成自己想做的事情。他們會提出很好的創意，但卻盡量避免自己去做，喜歡利用自己的魅力讓別人去做，這是活潑型人的一個很大的特點。活潑型的人擁有諸多的性格優勢，因此很多的名人，包括出色的主持人、優秀的演說家、有名的演員、企業家等等，都出自活潑族。

　　完美型的人是思考者，工作嚴肅認真，目標長遠。他們的座右銘是：要做就要做得最好。他們一旦認定了目標，就會不惜一切代價地去做。他們不會一時心血來潮，尋找刺激，做些飄忽短暫的事情，而是喜歡為人生制訂長遠的目標，不圖快只圖好。完美型的人看問題很全面，不像活潑型的人往往只看到激情一點；完美型的人要的是把事情辦妥，而活潑型的人要辦快辦樂；完美型的人喜歡按計畫有條不紊地做事，分析問題注意細節、可行性和經濟效益；活潑型的人則往往激情高漲，忽略一些重要細節；完美型的人喜歡看資料說問題，而活潑型的人總是看人。完美型的人有始有終，具有天賦，天資聰慧，是這個世界上的巨人。例如曾在羅馬的梵蒂岡教堂天花板上，創作了舉世聞名的創世紀壁畫的優秀雕塑家米開蘭基羅，他同時還是著名的詩人、建築師，具有典型的完美型性格。壁畫中

的九個場景，是他用了三、四年的時間，躺在離地面七十英尺的工作臺上完成的。創作《大衛》時，為了瞭解人體結構，他親自到停屍房解剖屍體，研究肌肉和筋骨。許多的思想家、藝術家、工程師、科學家以及策劃師等等，都屬於完美型性格的人。

力量型的人目標明確，行動迅速。他們往往認為完成目標比取悅他人更有趣。而活潑型的人卻認為讓別人高興比什麼都重要。也可以說，活潑型的人在說，完美型的人在想，力量型的人在做。力量型的人往往能在別人失敗的地方取得成功，這是值得我們學習的地方。力量型的人不需要環境好，他們會把環境改變，而活潑型的人則只有在好的環境下，才可能把事情做好。力量型的人是天生的領導者，能夠綜觀全局，運籌帷幄，是處理問題、解決難題的高手。危難時找力量型的朋友幫忙絕對沒錯。消防隊長最好是力量型的，換成其他性格的人可能會麻煩。力量型的人有一個明顯的特點，就是注重實際，我行我素，順我者昌，逆我者亡。力量型的領導只關心實際，只要你有能力有成績，什麼都好說。他們天生有領導能力，自我感覺總是很好，對員工很好，照顧員工的福利，但也非常嚴格。力量型的人還有一個值得我們學習的地方，就是他們往往越挫越勇，永不言敗。他們做事情很有主見，即使大家都反對他們，他們也會逆行到底。在遇到挫折的時候，活潑型的人反而會很高興，因為終於有藉口放棄這早已沒有趣味的事情了；完美型的人會後悔已經付出了很多的精力；和平型的人也會放棄，因為本來一開始就不想做這件事情；力量型的朋友卻不同，他會堅持到底。對力量型的朋友來說，困難和挫折恰恰是最好的前進和成功的動力。很多的運動員都是力量型的，正因為他們的競爭意識特別強，喜歡挑戰，不怕挫折。

有人曾做過這樣一個實驗，就是請一位力量型的人上臺介紹自己，臺下的聽眾有意識地哄笑；而請一位和平型的人上臺介紹自己時，臺下聽眾則非常善意地鼓掌鼓勵。此時，我們將會看到很有趣的現象：力量型的本應該越挫越勇，可是在大家的哄笑下卻也難以繼續，結結巴巴。而和平型的朋友，雖然開始左顧右盼，非常害羞，非常平和，可是在不斷的掌聲鼓

勵下，卻也會越來越勇敢，越講越興奮。可以得出結論，即使是很平和的性格，只要我們鼓勵他，他也會變得有競爭慾望；力量型的人在眾人的為難下，往往也會有些遲疑和退縮。這就說明了性格是可以重塑和改變的。

二、每種性格都有缺陷

每種性格都有其優點，同時也有其缺陷。

活潑型的人無論何時何地，都能和人愉快地交談，帶給人活力。但是如果超過一定的限度，活力和不停的說辭就變成了滔滔不絕，信口開河，反而讓人生厭。

完美型的人喜歡周密的思考，這是其優點所在，常因此而受人尊敬。但是如果超過了一定限度，就變成了鑽牛角尖，且容易因為計畫受挫而情緒不振。

力量型的人雷厲風行的領導才能讓人敬佩，且在現今社會需求廣泛。但是從另一個角度看，這也是固執獨斷，專橫跋扈。

和平型的人待人隨和，不生是非，受人歡迎。但超過一定限度，則變成了毫無主見，麻木不仁。

當我們仔細分析自己的性格時，應注意哪些方面能夠得到別人的認同和讚賞，從而提高自己的形象；同時，我們也必須當心，哪些方面做的有些過分，冒犯了別人，不利於自己的發展，要下工夫改正。可以說每個人都有「致命」的弱點，莎士比亞筆下的偉大英雄哈姆雷特、馬克白、李爾王、亨利大帝等等，不也都有導致敗績的致命缺陷嗎？其實我們每個人身上都流淌著英雄的血液，只是並非每個人都能充分正當地發揮出英雄的潛能。假如對應於自己的致命弱點置之不理，失敗在所難免。現在就讓我們實事求是地審視自己，找出並克服性格缺陷，成功就會向你招手。

三、如何使活潑型的人條理起來

活潑型的人喜歡改變，喜歡接受新事物，喜歡結交朋友，往往受人歡迎。但是他們有一些缺點阻礙了他們的進步和成功。

（一）活潑型的人說話太多。

活潑型的人對數字往往沒有什麼概念。因此勸他們少說話，用具體的數字概念沒有什麼作用，比如說讓他們少說百分之多少之類的話是沒有用的。如果讓他們說話減半，或許還能有些作用。控制他們說話的一個最簡單的方法，就是當他們講完一件事情時，及時打斷，免得再繼續下一個同樣的故事。活潑型的人往往是察覺不到自己的厭煩的，所以他們需要明確的提醒。假如你是一個活潑型的朋友，講話時，你應該留意別人的表情：當聽眾開始東張西望，搜尋他人的身影或別人的目光時，說明他們已經對你的講話失去興趣；當聽眾躲避你的目光時，他們已經分心了；當他們去廁所不見回來時，你真的應該及時剎住了。

（二）活潑型的人只會說不會做。

他們會有很多的好主意，但卻很少去付諸實踐。當你勸解他們改正這個缺點時，他的反應就會很好地再次體現出這個問題。假如你問他：「你什麼時候嘗試我的建議呢？」他會說：「今天太累了，明天再說吧。噢，明天我要出去辦事情，後天有個同學要過來玩。我記住你的話了，好建議。呵呵。」另外，由於受人歡迎，他們通常會認為自己沒有任何缺陷，因此他們從來不會主動去思考應該去改正什麼地方。

（三）活潑型的人往往以自我為中心。

活潑型的人有些自私，他們不會去用心關注別人，只看到自己。講起自己的故事，他們滔滔不絕，卻不去留意別人的感受。他們可能大談別人絲毫不感興趣的東西，不管人家是否煩得要命。活潑型的人其實不適合做

老師，因為他們只會站在臺上講課，不會聽取學生的意見，不會與學生進行有效的互動交流。

　　活潑型的人不會強迫自己去對別人感興趣，他們通常認為自己應該站在生活的舞臺上，別人天生就應該當觀眾。雖然活潑型的人能夠將角色發揮至極，但就像我們中的大多數人一樣，別人越是注視自己，自己就會變得越來越自高自大，目中無人，以自我為中心。

（四）活潑型的人變化無常，容易忘記朋友。

　　活潑型的人會有很多的朋友，但卻沒有幾個知心的朋友。高興時，他們會和你一起玩，不高興時，就不答理你。當你需要他的幫助時，你就找不到他的蹤影了。他們擁有的只是一些志趣相投的人，並非真正的朋友。他們喜歡招呼那些欣賞、喜愛或是崇拜他們的人在一起，喜歡那些願意付出的人幫他們做事，但不喜歡幫助別人。他們整天忙些刺激又沒用的事情，根本無暇顧及他們的麻煩。

（五）活潑型的人沒記性。

　　他們不關心別人，不注意聽別人講話，因此總是記不住別人的名字。與他們相處或許很有趣，但一會兒當你發現他記不起你是誰時，你就會很受傷。卡內基在其《人性的弱點》一書中說過：「世界上最美的聲音是一個人的名字。」他指出，許多人的成功，很大程度上要歸功於他們能夠集中精力去記住他人的名字。活潑型的人並非天生記憶障礙，他們能記住自己感興趣的東西，而且對某些「精彩情節」記得特別牢。他們不認為有什麼極端重要的事情，不注重細節，不喜歡圖表、多彩的幻想和殘酷的現實。完美型的人喜歡細節，能夠記住最平凡不過的事情，因此和活潑型的人永遠是最佳夥伴：完美型的人能夠將事情辦好，活潑型的人則將事情辦得生趣。

（六）活潑型的人辦事無條理。

人們一般會認為活潑型的人最容易成功，但其實不然。他們雖然有活力，有主意，善交際，但他們條理性差，幾乎不能將自己的想法組織和實踐下去。而且一旦得到一點成功，他們就容易驕傲；如果某件事需要很長的時間去準備和實施，他們就會放棄。因此你會發現，活潑型的人總是不斷地跳槽。就像莎士比亞所說的，他們永遠不想長大，希望自己是超人，飛到一個享樂島而不必面對殘酷的現實。成熟，其實不在於年齡的大小，而在於我們是否有勇氣去承擔義務和責任。

四、如何使力量型的人平緩下來

力量型的人好勝心太強。

力量型的人自小就好勝，無論大小事，他們忍受不了不如別人。他們總是能合理地解釋為什麼「都是別人的錯，不關我事」。一旦他們意識到自己的問題，就會很快改進，因為他們想證明自己的能力：只要自己下定決心，什麼事都可以做到。

他們通常工作很出色，比任何性格的人都肯下工夫，但同時他們不願意休息和放鬆。他們認為活著就要不斷的進步和成功，勇往直前，不懂得勞逸之說。這種性格促使他們前進、前進、再前進。只要有事情做，他們就不會閒下來。但是他們必須認識到休息的重要性，否則身體可能早早垮掉。

力量型的人工作能力超強，比其他任何性格的人都更易迅速取得成功。活潑性的人需要力量型人的督促來完成工作，完美型的人往往需要力量型的人來迫使他分析現實處境，和平型的人需要力量型的人來指導其確定前進目標。力量型的人天生具有領導才能。

力量型的人認定目標，絕不分心，他們不允許任何東西擋住前進的道路。這種成功驅動力值得其他性格的人學習。但是他們必須意識到，自己的緊迫感給了周圍人很大的壓力，以至於其他人不願意和他們一起工作和

做事。力量型的人一定要注意不要成為工作狂，否則將會讓人感到可怕而陷於孤立。他們還必須學會去適應環境，不要總是想操控一切，要學會休息，要學會給別人發揮能力的機會，要學會參加別人舉辦的活動。

力量型的人總是一意孤行。他們的最大缺點就是太固執，總是認為只有自己的觀點才是對的，別人都是錯的。他們總是喜歡用最快、最好的方法去完成工作，指示別人去做，若不聽從他的，就是你的不對。他們喜歡高高在上，俯視眾生。他們有驚人的方法去使別人實現自己的目的。活潑型的人具有吸引力，而力量型的人具有控制力，兩種的混合者具有非凡的控制方法，使別人服從，而且快樂著。

勸告力量型的人是很困難的，因為他們總是能證明為什麼自己是對的，他們絕對不會心服口服地承認自己是錯的。力量型的人的最大敵人就是他自己，拒絕看到自己的缺點，使他們不能再進一步。正確和得人心，他們始終會選擇前者；當他們一旦立穩足跟，便不再具有任何彈性。

五、如何使完美型的人懂得快樂

完美型的人可以說是各種極端的結合體，而且同時具有最高和最低兩個極端。他們往往喜歡研究個性，因為這樣可以幫助他們自省，但他們又怕這樣做，因為擔心可能正在某些極其簡單的事情上浪費時間。他們是複雜的，自己都很難弄懂自己，因此很難確切地說他們屬於哪一類。他們始終相信自己在世界上是獨一無二的，自己是對的，世界是錯的。

（一）完美型的人容易得抑鬱症。

完美型的人對所講的每一句話都深思熟慮，並且認為別人亦如此，每個人的每句話都應該是深藏寓意的。活潑型或是力量型的人，隨意跟完美型的人講一句話，都會讓他研究半天，甚至誤會至深。因此完美型的人常常是自尋煩惱，久而久之會變得沮喪、抑鬱。他們應該去學著看到事物的積極面，要盡量去克制自己的消極思想，應該像活潑型的人要學著條理些

一樣，學著快樂些。

（二）完美型的人容易產生自卑感。

完美型的人流淌著消極的血液，因為他們對自己要求太過苛刻。達不到要求時，他們就會自慚形穢，覺得自己很沒用，不如別人，以至於不敢和人交往。

（三）完美型的人喜歡拖拉。

完美型的人自然都是完美主義者，他們不想去制訂和實施什麼偉大的計畫，因為他們懼怕失敗。完美型的人做事一般都有較高的標準，每件事都要做到最好，這是好事；但因此而辦事拖拖拉拉，不乾不脆，或者將這種高標準強加給別人時，便成了一個缺點。

六、如何使和平型的人振作起來

和平型的人通常比較低調，這是優點也是缺點。他們的優缺點一般都深藏不露，雖然表面是平和、親切的，但並不易溝通。沒有很明顯的缺點，這就是和平型人的最大優點。他們沒有脾氣，不鬧情緒，不惹是生非，但缺乏熱情，沒有主見。

和平型的人得過且過，沒有追求。

和平型的人和完美型的人的共同缺點，就是得過且過，雖然理由會有所不同。完美型的人只有當萬事具備只欠成功的時候才去做某一件事情；和平型的人得過且過、拖拖拉拉的原因，是他們根本就不想做事情。他們的消極避世可能會避免許多麻煩，但也會因此而失去許多獲得幸福和成功的機遇。

第二節 優化性格的原則和方法

　　性格改造或者說優化性格的目的，就是克服性格缺陷，實現不良性格向優良性格的轉化。要做到這種轉化不是一件容易的事情，它需要一個長期努力的過程，以及恰當的改造方法。

　　性格是一個人對現實的穩定態度和在習慣化了的行為方式中，所表現出來的個性心理特徵。誠實或虛偽、勇敢或怯懦、勤勞或懶惰、果斷或優柔寡斷等等，都被認為是性格特徵。雖說「江山易改，本性難移」，但並不是說性格不可以改變，只是改變需要一個長期的過程。

　　培養良好的性格，對自己、對集體都有其重要的意義。一個有自制力、主動、果斷、堅毅性格的人，能夠很好地安排自己的生活和工作，能夠正視現實、克服困難，在事業上取得成就。相反地，如果缺乏良好的性格品質，就會影響工作、學習和生活。那麼如何來優化你的性格呢？

一、優化性格的原則

　　性格，是人類所特有的一種秉性，是一個人內在氣質的總體反映。良好的性格可以為人憑添魅力和風采。青年時期是塑造和優化性格的關鍵時期，可根據以下五個原則著手進行塑造和鍛鍊。

（一）循序漸進原則。

　　莎士比亞說：「金字塔是用一塊塊石頭堆砌而成的。」優良性格的形成須要一個長期漸進的過程，不良性格的克服也須要長期不懈的努力。性格是一種相當穩定的個性特徵，這種穩定性特點決定了性格的形成和轉化，只能是一個緩慢的漸進過程。無論是克服不良性格也好，還是塑造優良性格也好，都必須堅持循序漸進、從大處著眼小處做起的原則。

（二）漸變轉化原則。

人的情緒是性格的特徵指標之一，對性格的形成和轉化具有誘導感染作用。比如一個性格暴躁、個性很強的人，可以通過努力培養安定平靜、從容不迫的情緒，使自己經常保持心平氣和的心境，以促進暴躁性格的漸變轉化。一個人如果能經常地消除煩惱、憤怒、急躁等不良情緒，對克服急躁易怒的不良性格，肯定是有好處的。正面的情緒鼓勵愈經常愈持久，對良好性格的形成和培養也就愈有利。

（三）以新代舊原則。

一種不良性格形成後，要改變它，方法之一就是從改變習慣入手，用新的習慣克服和改變原有的性格弱點。比如你向來好勝逞強，辦任何事情都不甘示弱，因而經常使自己惴惴不安、精神緊張。為此，你就要放棄做一個「強人」、「超人」的願望，終止以眼前勝敗來衡量成績的習慣，而培養起從大處著眼、從長處看問題的習慣。

（四）累積性原則。

一個人的性格，一般都可以表現為臨時性和穩定性兩種不同狀態。穩定性狀態始終存在於個人的性格特徵之中，而臨時性狀態僅存在於某一特定的環境和過程之中，一旦環境和條件發生變化，它便不復存在。比如勇敢，在有些人身上即表示為一種穩定性性格，不論什麼情況，他都是勇敢的；而在有些人身上則僅為一種臨時性狀態，即他只是在某地某時某事上才表現出勇敢。當然，臨時性狀態是不穩定的，一旦環境條件發生變化，它就會消失。但這並不是說臨時性狀態和穩定性狀態是互不相容、不能轉化的。如果我們有意識地把臨時性狀態做為培養良好性格成為穩定性狀態，那麼就能達到優化性格的目的。

（五）自我修養原則。

性格優化的過程，從根本上講，就是一個人自我修養水平不斷提高和

強化的過程。兩者是相輔相成，密切相關的。為此，必須要有堅強的意志，進行持久不懈的自我修養。

二、優化性格的方法

（一）改正認知偏差。

　　由於受不良環境的影響，或受存在不良性格人的教育和影響，使人產生錯誤的認知，如認為這個世界上壞人多、好人少；和人打交道，要防人三分，疑心重；以小人之心度君子之腹等等，這樣的人一般心胸狹隘、嫉妒心強、疑心大、古怪、冷漠、缺乏責任感等。因此要想改變這些，必須改變自己不正確的認知，可多參加有意義的集體活動，去充分體驗感受生活，多看些進步的書籍和偉人、哲人傳記，看看他們的成功史和為人處世之道，這對自己性格的改變都會有所幫助。

（二）不要總用陰暗的眼光去看待別人。

　　上過當或受過挫折的人，對人總存在一種提防心理，對人總是往壞處想，這種人疑心重、心胸狹隘，辦事優柔寡斷。世界上既然有好事，就必然會有不如意的事，既然有好人，就有一些害群之馬，但好人還是多數。因此我們要正確地看待別人，看待我們共同生活的社會。

（三）試著去幫助別人，從中體驗樂趣。

　　不良性格的人，往往以自我為中心，他們對人冷漠，一般不願人際交往，生活在自我的小天地裡。要想改變這樣的性格，平常可以主動去幫助別人，因為人人都需要關懷，你去幫助別人，同樣，別人也會主動來幫助你。同時，在這種幫助中，能體現自身的價值，心情改善了，對人的看法和態度也會隨之改變，從而有利於性格的改善。

（四）有意識地進行自我鍛鍊，自我改造。

人是一個自我調節的系統，一切客觀的環境因素都要通過主觀的自我調節來起作用，每個人都在不同的程度上，以不同的速度和方式塑造著自我，包括塑造自己的性格。隨著一個人的認識能力的發展和相對成熟，隨著一個人獨立性和自主性的發展，其性格的發展也從被動的外部控制，逐漸向自我控制轉化。如果每一個人都意識到這一變化，促進這一變化，自覺地確立性格鍛鍊的目標，從而進行自我鍛鍊，就能使對現實態度、意志、情緒、理智等性格特徵不斷完善。

（五）培養健康情緒，保持樂觀的心境。

一個人偶爾心情不好，不至於影響性格，若長期心情不好，對性格就有影響了。如常年累月愛生氣，為一點小事而激動的人，就容易形成暴躁、易怒、神經過敏、衝動、沮喪等特徵，這是一種異常情緒性的性格。因此要樂觀地生活，要胸懷開朗，始終保持愉快的生活體驗。當遇到挫折和失敗時，要從好的方面去想，「塞翁失馬，焉知非福」？想得開，煩惱就會自然消失。有時心裡實在苦惱，可以找一個崇拜的長者或知心朋友交談，或去看心理醫生，不要讓苦悶積壓在心，否則容易導致性格的畸型發展。

（六）樂於交際，與人和諧相處。

興趣廣、愛交際的人會學到許多知識，訓練出多種才能，有益於性格的形成和發展。但是與品德不良的人交往，也會沾染不良的習氣。因此要正確識別和評價周圍的人和事，不要與壞人混在一起，更不要加入不健康的小團體中。人與人之間要互敬、互愛、互諒、互讓，善意地評價人，熱情地幫助人，克己奉公，助人為樂，努力做好人與人之間的關係，長此以往，性格就能得到和諧發展。

（七）提高文化水準，加強道德修養，改造不良的性格。

　　有的人已經形成了某種不良的性格特徵，例如懶惰、孤僻、自卑、膽小等，要下決心進行「改型」。人的性格雖有一定的穩定性，但它又是可變的，只要自己下決心去改，是能產生明顯效果的，懶漢可以成為勤奮者，悲觀失望的人也可以成為生機勃勃的人。方法一是提高文化水準，二是加強道德修養。因為人的性格的形成，是受人的文化水準和道德水準影響的。有文化、有道德的人，就有理智感，就能以正確的態度去對待現實生活，這就有助於形成良好的性格特徵。

（八）取人之長，補己之短。

　　「人海茫茫，風格各異」；「金無足赤，人無完人」。每個人的性格特徵中，都有好的因素，也有不良的特徵。要善於正確地自我評估，辨證地對待自己的優缺點，好的使之進一步鞏固，不足的努力改正，取人長，補己短，有則改之，無則加勉。久而久之，就能使不良性格特徵得到克服和消除，良好性格特徵得到培養和發展。例如張飛先前十分魯莽、冒失，自從在諸葛亮帳下聽命後，學習諸葛亮一生為人謹慎的優點，後來在一系列的軍事活動中，就能看出張飛已具有機智、細心等性格特點了。因此每一個人只要善於下工夫，有意識地培養，都可以把自己塑造成一個性格完善和高尚的人。

第三節　如何糾治各種性格缺陷

　　先不管性格怎麼分類和分為幾類，概括地說，其實每個人或多或少都有性格缺陷，性格缺陷對個人會產生三個方面的危害：

　　1. 容易誘發多種心理疾病和身心疾病。

2. 導致適應社會不良，尤其難以處理人際關係。

3. 影響學習、工作的績效和生活品質，影響個人前途。

性格缺陷的有效糾治方法是接受心理健康教育，及早發現並瞭解其可能產生的危害，及早接受心理諮詢，進行心理訓練。知曉自己存在性格缺陷，並自覺主動糾治，與不瞭解或否認自己有心理缺陷，其救治效果和結局截然不同。因此要想有效地糾治性格缺陷，本人必須具備四個條件：

1. 高度自覺性。充分自知，配合訓練，接受教育。

2. 認真負責。本人必須抱著一絲不苟的態度，積極貫徹、徹底執行各種糾治措施。

3. 嚴格要求。對於心理訓練中提出的基本要求、訓練項目、內容、方法、強度，不能擅自增減或走樣，要堅持到底。

4. 信任原則。糾正性格缺陷如同治療心理疾病一樣，基本信條是「誠則靈，信則成」。一切有效措施和效果，都是建立在本人對指導者信任的基礎上。

一、如何糾治偏執性格缺陷

所謂偏執是指固執己見，對人對事抱著猜疑、不信任心理而言。

（一）偏執性格缺陷的特徵

1. 男性多見。

2. 膽汁質或外向性格者居多。

3. 性格固執，堅持己見，敏感多疑，在人際交往中，對他人常持不信任和猜疑態度，過度警覺，遇到矛盾推諉或責怪別人，強調客觀原因，看問題傾向以自我為中心。

4. 自我評價過高，心胸狹隘，不願接受批評，常挑剔別人的缺點，容易產生嫉妒心理，經常鬧獨立性。如果他們的看法、觀點受到質疑，往往表現出與人爭論、詭辯，甚至衝動攻擊言行。

5. 心理活動常處於緊張狀態，因此表現孤獨、不安全感、沮喪、陰沈、不愉快、缺乏幽默感，醫學上將這類性格缺陷歸屬於「社會隔離型」人格。

6. 偏執性格缺陷者，如不接受心理衛生教育，糾正自己的心理缺陷，有可能發展為偏執型精神分裂症。某些嚴重的偏執性格者，就可能是精神分裂症患者。

（二）偏執性格缺陷的心理訓練方法

教育和訓練的目的是克服多疑、敏感、固執、不安全感和自我為中心的性格缺陷。

1. 認知提高法。

這類人對別人不信任，敏感多疑，妨害他們對任何善意忠告的接受能力。施教者或心理醫生應在相互信任和情感交流的基礎上，比較全面地向他們介紹性格缺陷的性質、特點、表現、危險性和糾正方法。具備自知力和自覺自願要求改變自己的性格缺陷，是認知提高訓練成功的指標，也是參加心理訓練的最起碼條件。

2. 交友訓練法。

積極主動地進行交友活動，有助於改變「社會隔離型」性格。交友和處理人際關係的原則和要領是：

(1) 真誠相見，以誠交心。必須採用誠心誠意、肝膽相照的態度，主動積極地交友。要堅信世界上大多數人是好的和比較好的，可以信賴的。不應該對朋友，尤其是對知心朋友存在偏見、猜疑。

(2) 交往中，盡量主動地給予知心好友各種幫助。主動地在精神上和物質上幫助他人，有助於以心換心，取得對方的信任，鞏固友誼關係。尤其當別人在困難時，更應該鼎力相助，患難中知真心，這樣做，最能取得朋友的信賴和加強友好情誼。

(3) 注意交友的「心理相容原理」。性格、脾氣的相似或互補，有助於心理相容，處理好朋友關係。如兩個人都是火爆脾氣，都是膽

汁質的氣質，不容易建立穩固、長期的友誼關係。但是最基本的心理相容的條件，是思想意識和人生觀的相近和一致。這是長期友誼合作的心理基礎。

3. 自省法。

自省法是通過寫日記，每日臨睡前回憶當天所做所為的情景，進行自我反省檢查，有助於糾正偏執心理，是一種很有效的改變自己心理行為的訓練方法，對於塑造健全優秀的人格品質和自我教育，效果明顯。古今中外，大凡事業上有成就、具有良好思想修養的人，都有自省的習慣。孔子說：「吾日三省吾身。」有偏執性格缺陷的人，為了糾正偏執心理，必須採用書面的或非書面的形式反省，進行心理訓練，檢查自己每天的思想行為，是否對人、對事抱有懷疑、敏感態度，辦事待人是否固執、以自我為中心；檢查還存在哪些由於自己的偏執心理而冒犯別人、做錯的事情，以後遇到類似情境，應該如何正確處理。

4. 敵意糾正訓練法。

偏執性格缺陷者，容易對他人和周圍環境充滿敵意和不信任。採取以下心理訓練和教育方法，有助於克服敵意對抗心理。

(1) 經常提醒自己不要陷入「敵對心理」的漩渦。事先自我提醒和警告，處事待人時注意糾正，這樣會明顯減輕敵意心理和強烈的情緒反應。

(2) 不斷地增加對他人、對朋友需求的瞭解。同時努力降低對別人冒犯的敏感性。應該想到沒有人願意在自己安寧的時候，去破壞他人的安寧，人與人之間的關係，通常情況下都是友善平和的。

(3) 要懂得「只有尊重別人，才能得到別人的尊重」的基本道理。要學會對那些幫助過你的人說感謝的話。

(4) 要學會向你認識的所有人微笑。可能開始時你很不習慣，做得不自然。但是必須這樣做，而且努力去做好。

(5) 要在生活中學會忍讓和耐心。充分調動自己的心理防衛功能，尤其是調節機制。生活在矛盾複雜的大千世界中，衝突糾紛和摩擦

誤解是難免的，有時甚至是無法避免的，不要讓怒火燒得自己暈頭轉向。

二、如何糾治循環性格缺陷

（一）循環性格缺陷的特徵

生活中經常可以發現這種情緒興奮高漲與憂鬱低下的兩端性波動的人，即人們常說的「情緒忽高忽低」者，其中有不少人屬於本類型的性格缺陷。這類人群的情緒高低變化，如同物理光學中正弦曲線那樣，循環往復，週而復始，並非由於外界因素引起，故稱為循環性格缺陷。這種人情緒興奮時，表現興奮活躍，樂觀欣快，雄心勃勃，體力充沛，外向熱情，善於社交，似乎沒有一個人不是他的朋友。當情緒低落時，表現憂鬱不愉快，對任何事物都缺乏興趣，精力和體力不足，悲觀、沮喪、寡語少言，懶於做事或做事感到困難重重。自我評價較高，有自誇自大傾向。思維和行為缺乏專一性和持久性，情感熱情豐富但不深刻，容易疲憊衰退，表現波動不穩定。如他們做事時有始無終，設想和計畫很多，實現很少，缺乏深思熟慮。一般比較急躁，不遂心就大動肝火，激動發怒。

循環性格缺陷在歷史上並非罕見。不少著名人物具有這種特殊性格特徵。被稱為世界十大思想家和大科學家的伊薩克・牛頓，就是其中一例。

（二）循環性格缺陷的心理訓練方法

訓練重點是克服性格中情感成分的興奮高漲，以及自負心理帶來的不利影響；糾正看問題膚淺、思維行為不能持久、專一和深刻的弊病。

情緒興奮是本類人群主要特徵，這類人常常表現典型的多血質氣質。他們的優點是情感豐富，活躍熱情，好動和精力充沛，善與人交往，合群外向，思維活躍，聰明敏捷，好提意見，好管閒事，興趣廣泛。缺點是注意力容易渙散，情緒多變，波動不穩定，主意多變，追求、興趣愛好不易持久、穩定。因此對心理功能缺乏持久專一、不易深刻的性格缺陷，訓練

中必須揚長避短，注意針對性，掌握尺度和重點。

1. 認知提高法。

本人應充分瞭解性格缺陷的特點、危害和糾正方法，提高自知力和主觀能動性。由於本類人群情緒、性格缺乏持久專一和深刻性，因此訓練過程中要始終遵循反覆教育、不斷強化、長期堅持、穩定提高的原則。否則無法取得牢固的成效。

2. 讀書訓練法。

讀書學習、博覽群書可以提高智力、開闊視野，同時亦是有效的心理訓練方法。培根曾精闢地論述：「讀書足以怡情。」怡情就是陶冶人的性格，有助於改變人的心理行為，糾正性格缺陷。可學習一些數學，使人思考問題周密，富有邏輯推理能力，培養精確、嚴謹的治學作風，保持注意力集中，不允許在演算和學習中出半點差錯，從而養成耐心、細緻，有自信心和頑強的工作作風。也可以練習寫文章，或進行文學創作，提高概括思維能力和思考觀察水準。

3. 筆記訓練法。

必須養成認真和勤奮做筆記的學習習慣，克服自己動腦動口不動手，凡事想當然的作風。經常使用筆記幫助學習，有助於培養注意力集中、思維深刻化、興趣專一持久、觀察事物細緻深入的能力。

4. 興奮專一訓練。

此法又稱「成功心理訓練」。一個人求知、追求事業、完成任何任務，光有強烈的動機和需要是不夠的，必須具備完成任務的良好心理素質，其中興奮專一性的心理品質是重要的基礎。沒有興奮專一的心理品質，無法使自己心理行為處於最佳狀態，容易受外界因素干擾；自我抑制能力低下，精神無法集中，思維分散混亂，而產生緊張焦躁不安情緒。因此要求做事集中注意力，興奮專一、思維專一，抗禦外界干擾因素，堅持必勝信心，不懈努力；追求的理想和目標不宜太高太多，選出目標，堅持奮鬥到底。

三、如何糾治分裂性格缺陷

（一）分裂性格缺陷的特徵

　　分裂性格缺陷者，主要表現為過分膽小、羞怯退縮、迴避社交、離群獨處、我行我素而自得其樂、沈醉於內心的幻想而缺乏行動；行為外表古怪、離奇，不修邊幅，愛好怪癖，喜歡自言自語；情感淡漠，對人缺乏熱情，興趣貧乏，對外界事物缺乏激情，對批評和表揚常持無動於衷的淡漠態度。這種類型的人極少有攻擊行為，一般不會給他人製造麻煩，但由於他們很少顧及別人的需要，總是獨來獨往，沈浸在自己的「白日夢」中，難以完成責任性強的工作。這類性格缺陷的最大危害是，容易進一步發展為精神分裂症，在青年中，存在嚴重的或者突然發展的分裂性格缺陷，可能是早期精神分裂的重要信號。

（二）分裂性格缺陷的心理訓練方法

　　訓練目標是糾正性格上孤獨離群、情感淺淡和與周圍環境的分離。

　　1. 社交訓練法。

　　旨在糾正性格孤獨不合群的缺陷。一般按照以下步驟進行：

(1) 提高認知能力，懂得孤獨不合群、嚴重內向性格的危害性，自覺投入心理訓練。

(2) 制訂社交訓練評分表，自我評分，每天小結，每周總結，八～十二週為一週期。

(3) 訓練內容和目標：訓練內容從簡到繁，從易到難。以一位朋友為接觸對象，每次要求主動與他交談五分鐘，交談的內容和方式不限。逐漸做到主動、自然和比較融洽地隨便交談。進而逐步增加接觸交談的時間（從五分鐘增加到二十分鐘，再增加到半小時）；對象由一人增加到五人。訓練成功後，改變訓練內容，主動改變孤居離群的生活方式，積極參加集體活動，投入現實生活。

(4) 一般要求分裂性格缺陷者通過訓練後，具有三～五位堪稱知心朋
友的較好合群能力。所謂知心朋友的最低標準是：經常接觸交
談，做到互幫互學；相互之間知無不言，真誠相見；困難時相互
支援，不存在心理隔閡。

2. 興趣培養法。

興趣是人積極探究某種事物和給予優先注意的認識傾向，同時具有嚮
往的良好情感。因此興趣培養訓練有助於克服這類心理缺陷者的興趣索
然、情感淡薄的不健全心理狀態。具體方法為：

(1) 提高認知。要求本人有意識地分析自己的心理不足，確定積極探
求人生的理想目標，並有為之奮鬥的自信心、決心和生活情趣。
應該懂得這樣一個道理：人生是一次情趣無窮的愉快旅程，每一
個人都應該像一位情趣盎然的旅行家，每時每刻在奇趣歡樂的道
路上旅行。分裂性格缺陷者必須培養多方面的興趣愛好，如唱
歌、聽音樂、繪畫、練書法、打球、下棋等。多種興趣愛好可以
培育出嚮往生活的良好情感，豐富人們的生活色彩，給人的認識
留下深刻的印象。

(2) 積極參加集體活動。擴大社會資訊，克服情感淡薄的弊病。

3. 情感訓練法。

通過讀書、欣賞文藝作品等，學會欣賞藝術美、自然美、社會美和心
靈美，陶冶高尚情操。

四、如何糾治強迫性格缺陷

（一）強迫性格缺陷的特徵

這類人群的共同性格特徵是：拘謹，猶豫不決，想問題辦事情要求十
全十美，過分追求完善標準，按部就班，非常仔細認真，循規蹈矩，講信
用，遵守時間，但是缺乏靈活性。他們過分自我克制，過度自我關心和具
有強烈的責任感，生怕辦錯事給自己和別人帶來損失和不利。因此平時小

心翼翼，自我懷疑，精神高度緊張，難以鬆弛。這類人群顯然在工作上高度負責，一絲不苟，但是效率不高，缺乏創造性和主動性。因此導致社會適應性不強，人際交流困難。

　　臨床研究發現，不少強迫性格缺陷者的父母親，是強迫性格者或者對自己子女教養方式過分嚴格、刻板，追求很高的道德和行為規範標準。家庭因素是導致強迫性格缺陷的重要原因。

　　強迫性格缺陷者，很容易發展為強迫性神經症。

（二）強迫性格缺陷的心理訓練方法

　　心理訓練的目的：主要是糾正性格固執的刻板性、追求十全十美的秩序性、過度自我注意的拘謹性。

　　1. 凡事勿求十全十美。

　　強迫性格缺陷的表現形式多種多樣，其中過分追求十全十美是一種重要的性格缺陷表現形式，必須力戒和糾正。美國著名精神病學家傑維・伯恩斯曾說過：「過分追求完美，是取得成功的攔路虎，是自拆臺腳的壞習慣。」他曾對一百五十名推銷員做過詳細心理測驗和個案分析，發現百分之四十的人有過度追求完美無缺的性格缺陷，結果，事業成功的機會很少。因為過分追求完美的人比一般人容易經受更多的心理壓力和憂慮，導致創造能力和其他心理的削弱，輕者陷入強迫性格缺陷，嚴重者罹患強迫症。追求十全十美的性格，使自己的能力、人際關係和自尊心等心理行為扭曲，導致不合邏輯的思考問題方法，陷入「非聖人，即罪人」的認識誤區。伯恩斯進一步分析過度追求完美者心理特點的危害性：(1)非常緊張擔心，無法把一件事情做完；(2)不肯經受犯錯誤的風險；(3)阻止創造新東西的努力；(4)苛求自責，生活樂趣剝奪；(5)總不能放鬆自己，總感到尚有不完美之處，永遠陷入不安和恐怖心理；(6)對別人不能容忍，被人看成愛挑剔的人，人際關係緊張。

　　2. 順其自然，糾正過度自我注意的拘謹。

　　由於強迫性格缺陷者過分壓抑和控制自己，而減輕和放鬆精神壓力的

最有效方式是凡事順其自然，該怎麼辦就怎麼辦，做了以後就不再去想它，也不要對做過的事進行評價。比如擔心門沒關好，就讓它沒關好；桌上的東西沒有收拾乾淨，遺漏些也無妨。開始時，可能會由此帶來焦慮的情緒反應，但由於患者的強迫行為，還遠沒有達到強迫症那樣無法自控的程度，所以經過一段時間的訓練和自我意志的努力，症狀是會消除的。

五、如何糾治爆發性格缺陷

此種性格又稱癲病性格缺陷。這類人常常因細微精神刺激，而突然爆發非常強烈的憤怒和強暴言行。由於癲病患者亦有類似性格缺陷，故名之。平時這類人性格黏滯凝重，缺乏靈活性，似乎表現出過分順從和依賴性。一旦暴怒發作，情緒行為變得異常暴烈衝動，有很強的攻擊性，甚至不考慮影響，不顧後果，與平時判若兩人。間歇期恢復常態，對發作時的所做所為感到後悔，但無法防止再犯。此類性格缺陷多見於男性，女性少見。爆發性格缺陷者家族中常有同樣患者。出生時產傷、難產窒息、嬰兒驚厥、頭部外傷、兒童多動症、破裂型家庭、幼小被父母遺棄、缺乏正常家庭溫暖關懷等因素，都是誘發本型性格缺陷的重要原因。必須指出，這類性格缺陷者在心理衛生防治工作中，具有特殊的意義。因為由這類人群組成的家庭，對自己的子女往往採取不協調型或強迫型的不良家庭教養方式，其子女發生心理缺陷和心理疾病的機率很高。

六、如何糾治攻擊型性格缺陷

這種性格缺陷，常常是青少年和中青年期發生不良行為的重要性格缺陷類型。這種人情緒高度不穩定，容易興奮衝動，辦事處世魯莽，缺乏自制自控能力，從不三思而行，「做了再說」是其基本性格特點。這類人群心理發育不成熟，判斷分析能力薄弱，容易被人挑唆慫恿或盲從，對他人和社會表現出敵意、攻擊和破壞性行為。

　　此類性格缺陷是一種以意志控制能力削弱為主要特徵的性格缺陷，實際上有兩種類型——主動攻擊型和被動攻擊型。上述表現是主動攻擊型的表現。還有一種被動攻擊型，這類人外表表現被動和服從、百依百順，內心卻充滿敵意和攻擊性。這種人多有對工作和學習過高要求的不滿、反抗情緒，常採取藉故不肯出操、訓練等間接反抗形式。

　　此類缺陷者很容易發展為病態人格，事實上，不少這類性格嚴重的偏異者，就是病態人格的患者。病理性賭博、偷竊狂、縱火狂、漫遊狂等嚴重人格障礙者，常是此類缺陷進一步發展的結果。

七、如何糾治反社會性格缺陷

（一）反社會性格缺陷的特徵

　　此種性格缺陷又稱「病態人格」。這種人不顧社會道德準則和一般公認的行為規範，經常發生反社會言行。他們衝動易怒，缺乏責任心和罪惡感，高度自我中心，利己主義，我行我素，具有較強的責備他人的傾向，經常發生違紀違法的行為。他們對自己的錯誤行為常傾向於明知故犯，屢教難改和損人利己，教育比較困難。

　　一九八〇年心理學家朗姆提出九條反社會性格缺陷者特徵，並認為具備五條者應做肯定診斷，具備四條者視為可疑：

(1) 在校學生有逃學或鬥毆等行為，造成管理困難。

(2) 通宵離家外出不歸。

(3) 經常發生違紀、車禍或犯罪。

(4) 工作表現差，無所事事，或無故經常變換工作崗位。

(5) 拋棄家庭，離婚，夫妻不和，虐待妻兒老小等。

(6) 經常暴怒和鬥毆。

(7) 兩性關係混亂。

(8) 缺乏計畫地長期在外漂泊、流浪。

(9) 持續和重覆說謊或應用別名。

　　爆發性格、攻擊性格和反社會性格缺陷三者，常具有相似的損害他人和社會的言行表現，向外界呈現較強烈的攻擊性，性格衝動、魯莽失衡，缺乏自制自控能力，心理發育不健全、不成熟，因此有時發生鑑別、判斷的困難。如果進一步分析和觀察，三者仍有所不同。一般來說，爆發性格缺陷者是暴怒激情發作呈陣發性、間歇性特點，間歇期心理行為正常，而且發作期為時不長，平時的性格脾氣符合常態；攻擊性格缺陷呈現較為持久的攻擊言行，缺乏自控能力，以對他人攻擊衝動行為主要表現為「做了再說」的魯莽式性格缺陷；反社會性格缺陷者常以損人不利己的失敗結局而告終，無法吸取經驗教訓。簡言之，爆發性格以情感薄弱為主症，攻擊性格以行為自控能力低下為特點，而反社會性格則是情感和意志行為都呈現心理缺陷。

（二）心理訓練和教育的主要方法

　　1. 激情糾正訓練法。

　　三種心理缺陷者情緒高度不穩定，容易激動、暴怒，情感自控能力低下，惹是生非，擾亂社會，損人害己。對此，必須向他們講明道理和危害性，使他們在高度自覺的條件下接受心理訓練。在心理醫生的指導下，自己編製20～30個主攻靶症狀，譬如：

　　(1) 上司批評自己做錯事時。

　　(2) 上司不瞭解情況批評錯時。

　　(3) 同事對自己出口中傷，不尊重人格時。

　　(4) 與同事因故爭吵時。

　　(5) 別人無故打罵自己好友時。

　　(6) 在公共場合被別人冒犯而又不道歉時等等。

　　這些項目必須是日常生活中經常碰到的。可根據自己出現的情緒反應，從輕到重按順序排列和分級，做到逐級適應。

　　具體步驟：

　　首先學會四種鬆弛方法，用以在無法自控情緒時對抗。

隨後進行想像訓練，對上述20～30個問題逐級想像，盡量逼真生動地想像，接近生活實際，並且加以忍耐，不使其產生較強烈的情緒反應。

當出現明顯激情、焦慮等情緒反應時，用鬆弛方法對抗。

最後到實際生活中直接訓練，有意識地接觸上述不良情景，主動抑制自己的情緒反應，使自己激情行為完全消除。

每次訓練20～50分鐘，每日1～2次，15～20次為一期，可以反覆進行訓練。在實踐訓練中，如果接觸不良情景時，情緒反應輕微或者能夠迅速自制自控，可視為效果滿意。在訓練期間，每日寫日記和心得體會，主動自我反省，效果會更好。

2. 激怒自控法。

適用於與人爭吵，即將暴怒發作的時候，是一種快速對抗的心理控制技術。心理學研究發現，一個人激怒發作，從心理機制上分為三個階段：

第一階段，潛伏期。表現為對他人意見不合或不滿意，滋生不愉快情緒，一般尚未喪失理智，意志尚在起作用，有一定自控能力。

第二階段，爆發期。產生爭吵的高峰期，意見不統一，各人固執己見，爭得面紅耳赤，進而惡語傷人，動手鬥毆。

第三階段，結束期。爭執相持不下或憤怒離開，拒不作答或旁人解圍，最後不歡而散。

實際上主動制怒於第一階段，並採取有效的制怒方法，可遏制消除激怒爆發。比如(1)迅速離開爭吵現場，轉移注意力，避開引起激情發作的刺激源。(2)善於分析他人的性格特徵和心理狀態，避銳趨和，要以緩對急，以柔克剛，絕不能以急躁對急躁。(3)讓別人把話說完，充分發洩，自動消氣熄火，這是避免爭吵和激怒的有效方法。(4)嚥不下氣，平不息肝火、自尊心理，是導致爭吵的重要心理防衛機制。此時應用昇華法、轉移法、幽默法等，可有效緩釋怒氣。

3. 讀書訓練法。

讀書學習使人知書達理，明辨是非，開闊心胸，陶冶情操，故具有加強思想道德修養，糾治心理行為控制不良的功能。大量生活經驗和臨床觀

察資料顯示，一般情況下，一個人的思想道德修養水準與其文化知識水準是相關的。讀書學習使文化水準提高，有助於明察達理，增強心理行為自控能力。本類心理缺陷者應該多讀些哲學、邏輯、政治思想修養方面的書籍，並且經常對照自己的行為，理論聯繫實際，加以改正。

4. 自省法。

在偏執性格缺陷的心理訓練中已介紹過（第166頁），在此不再贅述。

5. 不良行為糾正訓練法。

在充分教育、啟發自覺、明辨是非、提高認知能力的基礎上，把不良行為作為靶症狀進行糾正訓練。例如以打人、說謊或偷竊行為作靶症狀，編製心理訓練評分表，逐日自我評分，由醫生、主管、朋友做為指導督促人，檢查評分的真實性，每週、每月小結考核，用適合受訓者心理需要的獎懲方法，強化訓練效果。

6. 興趣培養法。

這種興趣愛好必須是品格高尚，層次較高，具有陶冶心靈、轉化心理行為、有助於提高人生追求和情趣的項目，如彈琴、繪畫、文學創作、下棋、唱歌、集郵、體育鍛鍊等。要求除了正常的學習工作外，業餘時間堅持練習、鑽研提高，作出成績。同時要求放棄原來一些低級趣味的興趣或娛樂活動。一方面從高尚的興趣愛好中得到啟迪，淨化心靈，提高心理認識水準和追求高層次的人生理想抱負；另一方面，分散和發洩過剩的精力和注意力，有助於身心健康和塑造較好的人格品質。

7. 提高心理認識訓練法。

心理發育不良和心理幼稚化，常常使人心理需求水準低下，缺乏正確的人生動機，難以形成符合社會需要的人生觀，心理認識水準低下，這是不良行為和犯罪的心理基礎。具體方法可採取加強社會化學習、閱讀名人傳記、培養獨立生活能力、外出參觀訪問擴大視野等方法，確立正確的人生觀。

8. 自我情緒調節法。

學會調節和控制自己情感活動的能力。情緒無法自控，難以保持心理平衡，這是本類心理缺陷者的通病。因此學會主動地自我情緒調節方法，具有重要的心理意義。具體要領是：大喜時要抑制和收斂；激怒時要鎮靜和疏導；憂愁時要釋放和自解；思慮過頭時要轉移和分散；悲哀時要娛樂和淡化；驚恐時要鎮定和堅強；恐怖時要支持和沈著。目的是使情緒的鐘擺始終處於中位線附近，保持心理平衡狀態。

八、如何糾治依賴型性格缺陷

（一）依賴型性格缺陷的特徵

1. 無助感。總感到自己懦弱無助，無能，笨拙，缺乏精力。
2. 被遺棄感。將自己的需求依附於別人，過分順從於別人的意志，一切悉聽別人決定，深怕被別人遺棄。當親密關係終結時，則有被毀滅和無助的體驗。
3. 缺乏獨立性。不能獨立生活，在生活上多需他人為其承擔責任，從事何種職業都得由他人決定。
4. 為了獲得別人的幫助，隨時需要有人在場，獨處時便感到極大的不適。這類病人都有一種將責任推給他人，讓別人來對付逆境的傾向。

一般來說，這類人沒有深刻而複雜的思維活動，亦無遠大的理想抱負與追求，滿足於得過且過的生活現狀。

（二）依賴型性格缺陷的心理訓練方法

習慣糾正法。依賴型人格的依賴行為已成為一種習慣，首先必須破除這種不良習慣。清查一下自己的行為中，哪些是習慣性地依賴別人去做，哪些是自作決定的。你可以每天做記錄，記滿一個星期，然後將這些事件分為自主意識強、中等、較差三等，每週一小結。

對自主意識強的事件，以後遇到同類情況應堅持自己做；對自主意識中等的事件，你應提出改進方法，並在以後的行動中逐步實施；對自主意識較差的事件，你可以採取詭控制技術逐步強化，提高自主意識。詭控制法是指在別人要求的行為之下，增加自我創造的色彩。為防止依賴行為反覆出現，可以找一個監督者，最好是找自己最依賴的人監督訓練。

九、如何糾治癔症性格缺陷

（一）癔症性格缺陷的特徵

此種性格缺陷以中青年女性為多見，並且常在二十五歲以下。

癔症性格缺陷是一種較典型的心理發育不成熟的性格類型，尤其表現情感過程的不成熟性。這類人群情感豐富，熱情有餘，而穩定不足；情緒熾熱，但不深刻。因此他們情感變化無常，容易激情失衡，待人的情感呈現膚淺、表面和不真實。經常感情用事，好的時候把人家說得十全十美，可是為區區小事，就能翻臉不認人，罵得人家一無是處。這是其心理行為的第一種特徵。情感帶有戲劇化色彩，是本類型性格缺陷的第二種性格特徵。這類人常好表現自己，而且有較好的藝術表現才能，唱說哭笑，演技逼真，有一定的感染力，因此本型性格缺陷人群又稱為「尋求別人注意型人格」。他們常常表現出過分做作和誇張的行為，甚至是裝腔作勢的行為表情，使人們注意，引以為樂。暗示性很強，是其第三種重要心理特徵。這類人不僅有很強的自我暗示性，還容易接受他人暗示。他們具有高度的幻想性，常把想像當成現實，人云亦云，尤其對自己所依賴的人，可以達到盲目服從的地步。這說明他們的心理發育不成熟和不健全，缺乏獨立性，依賴性很強。自我中心是本型性格缺陷的第四種心理特點。喜歡別人注意和誇獎，別人只有投其所好才合其心意，並表現出欣喜若狂，否則會不遺餘力攻擊他人。因此癔症性格缺陷者既不能省察自己，又不能正確地理解別人。內心的冷酷，表面上的熱情，自己亦無法真正把握自己真偽曲直的本質。一般來說，本型性格缺陷人群比較聰明、靈活，頗為敏

感。

（二）癔症性格缺陷的心理訓練方法

訓練目的是糾正心理不成熟、情感高度不穩定、自我中心、高度暗示性、戲劇性、用幻想代替現實。

1. 認知提高法。

本類人群以女性多見，她們為人聰明、活潑，接受能力較強，但是心理發育不成熟，天真幼稚，幻想豐富，自我中心。對自己心理缺陷有所察覺，但是認識膚淺，不會自行克服糾正。提高認知能力和自知力，是重點的糾正措施。

2. 讀書訓練法。

刻苦學習，勤於用腦，有助於糾正心理不成熟的缺陷。讀書使人理智，有利於改變癔症性格缺陷者的情感高度不穩定、情感戰勝理智的缺陷。

3. 自省法。

情感豐富不穩定、熱情而膚淺、心理不穩定、心理不成熟等心理缺陷，常使他們在人生道路上動盪不安，遇到心理矛盾和壓力，常會誘發多種身心疾病，甚至導致症大發作。克服心理動盪不穩定，培育良好人格品質的較好方法是自省訓練法。通常可採用寫日記、記週記、自我反省、自我檢查日常的心理行為的方法。重點是回顧檢查自己的心理缺陷，給個人和集體所帶來的危害，以及採取正確的糾正方法後所帶來的益處。可以由其好友或其信得過的主管，負責審閱批改他們的書面記錄，並給予啟迪性評語建議，對他們微小的進步都要加以鼓勵、肯定，以強化心理訓練效果。

十、性格缺陷的食物療法

看過上面這些性格缺陷及其糾治方法，相信大家應有收穫。其實某些

性格缺陷還可以用食療來糾治，長期堅持，效果也不錯。

激動易怒的人：應減少鹽分及糖分的攝取，少吃零食。可以多吃些含有鈣質的牛奶及海產品，同時多吃些含維生素B豐富的食物。

優柔寡斷的人：要建立以肉類為中心的飲食習慣，同時食用水果、蔬菜。

消極依賴的人：應適當節制甜食，多吃含鈣和維生素B1較為豐富的食物。

做事虎頭蛇尾的人：宜多吃些胡蘿蔔、田螺、牡蠣、雞肝、捲心菜、蕃茄、檸檬、柑桔等，而要少吃肉類食物。

固執的人：減少肉類食物，但可多吃魚，並儘量生吃；蔬菜以綠黃色為主，少吃鹽。

焦慮不安的人：多吃富含鈣質和維生素B群的食品，並要多吃些動物性蛋白質。

恐懼抑鬱的人：不妨多吃些檸檬、生菜、馬鈴薯、帶麥麩的麵包和燕麥等。

十一、性格缺陷的運動療法

不同的運動項目，對人的心理所起的作用不盡相同，各項體育活動都需要較高的自我控制能力、堅定的信心、堅韌剛毅的意志、勇敢果斷的性格等心理品質作為基礎。因此有針對性地進行體育鍛鍊，對培養健全人的性格、克服性格缺陷，不失為一種有益的嘗試。

孤僻型

假如你覺得自己不大合群，不習慣與同伴交往，那你就應該少從事個人化的運動，多選擇足球、籃球、排球等團隊的運動項目。

集體運動項目，講求團體的配合，需要團隊合作精神才能取勝，會幫助不合群的人慢慢地改變孤僻的性格，逐步適應與同伴的交往，學會與群體相處。

膽怯型

　　有的人天性膽小，動輒害羞臉紅，性格靦腆。這些人應該多參加游泳、搏擊、單雙槓、平衡木、拳擊、摔跤等項目的活動。

　　游泳的時候，人在浮力的狀態下，身心舒展、放鬆，得到安全感，減壓效果頗為不錯。另外搏擊、平衡木、摔跤這些活動，要求人們不斷克服害怕摔倒、跌痛等各種膽怯心理。

多疑型

　　除去神經症式的多疑，一般人的疑慮與猜忌主要源於自信心不足。這類人可以選擇乒乓球、羽毛球、網球等體育運動項目。

　　這些球類運動玩得好了，會有「一切盡在自己掌握」的自豪感，消除對周邊事物的疑慮。

急躁型

　　急性子的人多有遇事易急躁、感情易衝動的毛病，要克服這種性格缺陷，可以考慮選擇瑜珈、太極拳、慢跑、長距離步行、游泳和騎自行車等運動強度不高、節奏緩慢而持久的項目。

　　這一類體育活動能幫助調節神經活動、增強自我控制能力，穩定情緒，使容易急躁、衝動的弱點得以改善。

緊張型

　　這一類型的人，遇到重要的事情容易過度緊張失常，這類人適宜選擇競爭劇烈的運動項目，特別是足球、籃球、排球、乒乓球、羽毛球等。

　　競爭激烈需要全心投入，快速反應，沒有多少反覆思考的空間，這一過程能轉移緊張的心理。若能經常在這種激烈的場合中接受考驗，遇事就不會過分緊張，更不會驚慌失措。

人格障礙的界定和矯正

一、人格障礙的界定

　　所謂人格，心理學上是指一個人在其生活實踐中，經常表現出來的較穩定的個體心理特徵的總和，也稱為個性。這些心理特徵包括個人的能力、性格、氣質、興趣、愛好、傾向性等等。它們是在生理素質的基礎上，通過社會實踐逐漸形成和鞏固的。它表現出個別差異，人與其他人相區別的特質或個人特徵，是一個人在其與環境相互作用過程中，所表現出來的獨特的行為模式、思維方式和情緒反應的特徵。一般來說，如果一個人的人格與社會環境相適應，就被認為是正常的人格。而少數人不能適應社會的環境，待人接物、為人處世、情感反應和意志行為與世格格不入或不相協調，其人格偏離常態，即人格障礙。人格障礙也叫病態人格、變態人格、偏離人格、精神病人格等。嚴格意義上的人格障礙，是變態心理範圍中，一種介乎精神疾病及正常人之間的行為特徵。何謂人格障礙呢？人格障礙指不伴精神症狀的人格適應缺陷，其患者對環境有相當嚴重的、根深蒂固的、不能更改的、不適應的反應，在知覺與思維方面產生適應功能的缺損，或增進自覺的痛苦，其行為傾向組成對自己對社會都不被允許的、不得體的行為模式。因此人格障礙患者常常難以正確估價社會對自己的要求，和自身應當採取的行為方式；難以對周圍的環境做出恰當的反應；難以正確地處理複雜的人際關係，常常和周圍的人、甚至親人發生衝突；工作缺乏責任感，經常怠忽職守，甚至超越社會的倫理、道德規範，做出違反法律或擾亂他人和危害社會的行為。

二、變態人格的特徵

變態人格形成的原因，目前尚未完全明瞭，故對它的認識不統一。但比較中肯的看法是這樣的：變態人格是一種從童年或少年開始的，人格發育上的畸形；以反常的性格、很不穩定的情緒、與社會不相適應的行為，及給周圍的人帶來一定痛苦為其特徵。

變態人格一旦形成，就比較恒定不變。人格變態者一般無意識和智能缺損，認識能力良好，故應對其行為負有一定責任。變態人格也有稱病態人格或人格障礙，但比較貼切而可避免誤解的還是變態人格這一名詞。有人提出到底人格變態者與正常人有何區別？它算不算是一種疾病？這種人如犯了法，是否與其他罪犯一樣呢？

為了回答上面提到的三個問題，現將變態人格總結為「三個不同」特徵，進行區別：

1.變態人格與正常人的不同，從情感反應、行為表現以及人際關係諸方面進行對比，發現變態人格與社會上大多數的正常人，即統計學上的均數模式，確實存在不同。總的評價，這種人個性固執、怪癖、情緒不穩定、不易與人相處，並且其所做所為，常常會給周圍的人帶來一定的痛苦或憎惡，他們往往給人一種「怪人」的感覺。

2.變態人格與精神病的不同，從精神病學的原則來對照，顯示變態人格與精神病不同。因為變態人格缺乏精神病的疾病固有特徵，如從發生來說，變態人格不清楚病因，沒有發病的具體日期、疾病的演變和臨床症狀表現。這種人若讓精神科醫生或心理學專家進行檢查，也無法獲得精神病的有關症狀，臨床上確實無法把他們歸入精神病或神經症的診斷之中。

3.變態人格與正常人的犯罪行為不同，與一般的罪犯不同。因為這種人犯法從犯罪學原理分析，缺乏明確的做案目的與動機，沒有計畫性與預謀性，也不與人串謀；從性質來對照，他們的行為多數僅是擾亂他人、妨礙社會秩序的反社會行為而已，很少有兇殺等的殘酷行為發生。

三、人格障礙的矯正

　　人格障礙患者會對周圍環境帶來不良的影響，特別是反社會人格障礙者易發生違反社會法紀行為。據調查資料顯示，青少年和成年人罪犯中，反社會人格佔半數左右。

　　人格障礙父母及其偏離行為，必然對子女產生有害影響，但不同類型的人格障礙患者對子女的影響是不一致的。父母患表演型人格障礙者，將在不同程度上影響孩子的適應。父母一方患強迫型人格障礙，其子女常表現有間歇性排便控制不良，反社會人格雙親的子女有較高的精神科轉診率。父母間感情不和，及家庭暴力所致的有害作用已得到公認。反社會人格父母的男孩，常有品行障礙和嚴重違紀犯罪行為；他們的女孩不檢點，過早成婚，對所生的孩子缺乏熱情，表現焦慮，常責罵或毆打自己的孩子。如父母患有恐怖症，子女也會出現怕上街和夜驚。

　　人格障礙的治療是困難的。他們較少主動求醫，而且目前的治療僅可改善一時性的精神病發作，減輕社會和情緒功能不良或為了適應社會，需要對他們進行管理。藥物治療時，對人格障礙的一些症狀有效，然而沒有哪一種藥物是普遍有用的。心理治療必須個別化進行，而且不同類型的人格障礙，應採用不同種類的心理治療。

　　人格障礙的預防應從兒童開始。父母的愛護、悉心照料和正確教養，以及良好的環境，可減低人格障礙的發生。兒童大腦有較大的可塑性，一些性格傾向經適當的教育可以糾正，但如聽之任之，發展下去會出現不正常的人格。

ch **6**

在人際交往中運用性格的
神奇力量

　　人際交往是一門學問，更是一門藝術。它體現著一個人的文化素質、道德修養等許多方面的水準程度，是人們在競爭中是否獲勝的關鍵因素。有些人好像天生就是社交場所的寵兒，他們無論出現在什麼場所，都能談笑自若，把周圍人的注意力吸引到自己身上來；而有些人卻總覺得社交是個可怕的魔鬼，一到社交場所，便「兩股顫顫，只想逃走」，他們此時目不能視，口不能言，遭遇無數的尷尬和難堪，眼睜睜地看著絕佳的機會從身邊溜走，這些人不得不發出「社交之難，難於上青天」的無奈悲嘆。但實際上「金無足赤，人無完人」，誰也不是生下來就能在社交場上左右逢源，如魚得水。高超的社交能力，完全來自於後天的培養和不斷的改善、提升。

人際交往的基本藝術

　　沒有溝通，世界將成為一片荒涼的沙漠。人們置身在資訊脈動和市場經濟的大潮中，每天都不可避免地與他人交往，每天都有可能遇到社交的難題。正如一位著名的心理學家所言：一個人成功的因素百分之八十五來自社交和處世。交往給人帶來幸福和歡樂，當然也會帶來痛苦與煩惱。在實際生活中，相當多的人由於不能和某些人和諧相處而苦惱，這些矛盾發生在上下級、同事間、同學間、夫妻間、親子間、婆媳間。有些人也總在埋怨「別人不好」，孰不知人際關係的鑰匙，就在你自己手中。

一、人際交往的原則

　　每個人都渴望擁有一個美好的人際關係世界，建立一個良好的人際氛圍，獲得更多的朋友，並與他們永遠保持真摯的友誼。然而，人與人之間的關係紛繁複雜，不是每個人都能實現自己的夢想。但心理學家認為，交

往中只要能夠遵循一些原則，就可以更好地贏得朋友，保持友好的聯繫，避免人際交往的失敗與不幸。

（一）交互原則

　　人之所以不同於動物，就在於人有著錯綜複雜但卻缺少不得的社會關係。在日常生活中，人們普遍地存在著一種尋求自我價值感與情緒安全感的傾向，希望別人承認自己的價值，並表現出支持、接納和喜歡。在別人承認的過程中，自己的價值得到了體現。但對自我的過分關注，往往忽略了交往對方的感覺和心情，這恰恰是我們遭遇人際交往困難和障礙的主要原因。社會心理學家通過大量的實驗研究發現，只有建立在相互重視和相互支持基礎上的人際關係，才是可靠和持久的。通常別人對我們的喜歡是有前提的，那就是他們感到自己也被我們所喜歡，並且承認他們的價值。同樣，對於真心接納、喜歡我們的人，我們也願意與之交往並維持良好的關係。「愛人者，人恒愛之；敬人者，人恒敬之」。所以在人際交往、人際關係的建立和保持中，必須首先遵循交互原則。主動地接近、熱情地接納，可以獲得意想不到的「好人緣」。

（二）開放原則

　　隨著社會與時代的發展，人們的交往方式也應該順應潮流，由封閉型向開放型轉變，打破以往的定勢與形成的刻板效應。俗話說：「士別三日，當刮目相看。」青年人更要學會用發展的眼光來看人，不要依靠自己的好惡、經驗和感受來評判是非，妄加取捨，以影響正常的人際交往。此外，隨著資訊時代的發達，人們的交往不再受地域的限制，通過信件、電話、網路，人們可以自如地擴大自己的交往範圍，樹立開放的觀念，拋棄「老眼光」和「劃地為牢」的舊思維。

（三）真誠原則

　　真誠是人與人之間順利溝通的橋樑，只有以心換心，以誠相待，才能

彼此理解和信任，進而結下深厚的友誼。如果「用得著朝前，用不著朝後」，對有利可圖的朋友感情投資，對自己無用的舊朋友則棄之如敝屣；或抱著「投桃報李」的庸俗互酬心理，一旦對方沒有給予期望中的回報，就翻臉不認人；或期望別人真誠對己，自己卻不願向對方坦露心扉，一味地遮遮掩掩、虛情假意、逢場作戲，那麼就絕不可能獲得真正的友誼。而健康良好的人際交往，須以真誠作為前提，真心幫助他人而不圖回報，對不同觀點直陳己見而不口是心非，對朋友的缺點或不足能當面委婉提出，而不背後諷刺攻擊。切記，只有真誠，才能得到知己。

（四）寬容原則

學會寬容，會使人們明智地看待與對待人際交往中的誤解和衝突，保持健康心態。待人寬容，能夠擴大人際交往的空間，有助於消除人際間的緊張。眾所周知，現實中的人們因其出身、經歷和教育背景的不同，形成了千差萬別的性格與行為。在人際交往中，你可能會遇到形形色色的人，只有盡量包容，正視差異，淡化矛盾，才能夠遊刃有餘。寬容是心胸寬闊、坦蕩、成熟的表現，古人云「仁者無敵」，寬容能使人性情和藹，能化干戈為玉帛。如果事事斤斤計較，得理不饒人，只能使自己日益被周圍人嫌棄、孤立。當然，寬容不是不講原則，不辨是非，也不是軟弱，而是一種理解與愛心的表現。

（五）尊重原則

社會中的人們，雖然在性格、能力、氣質、個性傾向各方面不盡相同，並會因為社會分工不同而具有不同的社會身分、地位，但每個人在人格上都是平等的，都有著自己的人格尊嚴，並期望在各種場合中得到尊重。所以良好和成功的人際交往，必須建立在尊重的基礎上，只有尊重別人，才能夠引發對方的信任與忠誠，縮短相互間的心理距離。正如荀子所言：「與人善言，暖若錦帛；與人惡言，深於矛戟。」一個不懂得尊重別人的人，或無端損害他人的利益，或過分遷怒與指責對方，都只能導致人

際關係日益緊張惡化，並可能引發衝突。除了尊重他人之外，尊重的原則中還包含自尊，即尊重自己。過分的自大或自卑，都不利於人際交往的成功。

二、影響人際交往的因素

人際關係系統是由多種成分組成的，但其中最主要的影響因素是：

（一）相互認同

相互瞭解，要做到這點非常不易。人與人之間心理距離的遠近，往往隨著彼此相互認同的變化而變化。因此應當從自身做起，克服「以偏概全」、「固執己見」、「自命清高」等錯誤觀念，全面客觀地認識事物，瞭解彼此的權利和責任，正視差異，設法溝通。

（二）情感相容

凡是能驅使人們接近、合作、聯繫的情感，稱為結合性情感。結合性情感越多，彼此之間越相容。當別人做出一點成績而興高采烈時，感情相容的人也會由衷地為朋友的成績而高興。

（三）行為近似

言談舉止、交往動作、角色地位、儀表風度等人際行為模式越相應近似，越易產生和諧的人際關係。

三、人際交往的技巧

（一）以誠相交

要讓別人喜歡自己，首先要對別人感興趣。可以設想，對別人不感興趣的人，誰會對你感興趣呢？

（二）學會「聽話」

要與他人處好關係，耐心地傾聽他人的講話是十分必要的。一個十三歲的荷蘭移民小男孩，成了世界「第一等名人訪問者」，原來他買了一套「美國名人傳說大全」，他給這些名人寫信，請他們談談自己成為名人有趣的事情，於是他收到了許多名人的信。他深深懂得「一些大人物喜歡善聽者勝於善談者」。

（三）學會說話

要善於表達自己的情感與想法；注意在不同場合講話的分寸；不講不該說的話；在講話中注意幽默感，則能增加人際吸引，克服尷尬場面；在談話中，注意談起對方感興趣的事情和最為珍視的東西，使之高興，你也不難與之接近了。

（四）拋棄嫉妒心

妒忌別人，實際上是企圖剝奪別人已經得到的物質和精神的需要，這種心理極易引起別人反感。同時要克服猜疑、苛求、孤獨、自卑與自滿等不良心理狀態。

（五）慎交友，交益友

並非人人都想交朋友，也並非人人都能成為你的朋友。要選擇交友，在人際交往中，完善自我，尋找快樂，擺脫憂愁，有益於身心健康。

四、人際交往的吸引力

在人與人之間，有的一見如故，有的「雞犬之聲相聞，老死不相往來」，這中間有個吸引力的程度強弱問題。造成人際吸引的原因有以下幾種因素：

（一）長相因素

真正的人生成功者，首先要有良好的氣質，這是一種視覺上的標識。這種氣質並非就是說男性英俊瀟灑，女性美麗動人。你的外表不一定很好看，但是具有成功氣質的人，無論做什麼或者說什麼，往往能夠吸引別人的注意。現實生活中，每個人都可能有這樣的經驗，在某次宴會上，某個人外貌儘管不是很出色，可是不管他站在哪裡，身邊總是吸引著一堆人圍繞著他。

一位長相極其普通的中年男子，甚至他的長相不怎麼討人喜歡，他身體偏胖，且頭頂微禿，但他從來不認為自己魅力欠佳，相反，他認為自己有一種獨特的吸引力，能夠讓所有與他交往過的人留下深刻的印象。或許正是因為他這樣的想，他好像真的有了一種特殊的親和力和吸引力，他的言談舉止確實給每一個與他生意上有過往來的人，留下了深刻的印象。大家都覺得他為人熱情，有自信，是個生意場上值得信賴的人。他的成功就在於他首先有了一個成功的自我形象。

但是本身外貌就長得出色的人，在人際交往上有著先天的優勢，因為他們更能輕易地吸引住別人的注意。人們總是傾向於喜歡長相有魅力的人，甚至連成人也是更喜歡長相好看的兒童。人們會自然覺得長相漂亮的人更可愛。但如果不懂得自我經營，不善於發現和利用自己的長處，那麼出色的外表對周圍的人也會失去吸引力。公司裡一個年輕的女同事，身材嬌好，相貌出眾，但是她自己從來沒有意識到這一點。她總是表情木然地從人們的身邊走過，從不主動跟別人打招呼。最不可讓人理解的是，她還有著嚴重的自卑感，認為自己有著許多的缺點，所以有時她都不敢正眼看人。這樣時間一久，周圍的人對她的外貌沒有多大的反應了，而且也認為她有著很多的缺點。但是如果她有一個成功的自我形象的話，那麼她有可能被周圍的人視為一個極具魅力的佳人。

（二）能力因素

人們都比較喜歡聰明能幹的人，覺得與能力強的人結交是一種幸福並

感到自豪。為此，不少人願意與有某種特殊才能的人結為良師益友。能力強的人之所以能吸引別人，就在於他們能完成常人無法完成的事情，能忍受常人無法忍受的痛苦，在他們的身上，有著人自身最寶貴的個性和不怕困難的拼搏精神。一九六〇年，羅馬夏季奧運會上，一位美國姑娘給人留下了深刻的印象，她一連奪得一百公尺、二百公尺及四百公尺接力賽三枚金牌，在世界田徑史上永遠留下了自己的名字。她就是威爾瑪。但她的人格魅力比起她的體育成績來，更能讓人感動和驚歎。威爾瑪幼年曾患肺炎，小兒麻痺又使得她的左腿變得彎曲，腳步內彎，她的幼年都是伴隨著矯正器過日子的。艱難的六年努力，使她終於拿掉了矯正器，隨後通過自己的努力積極參加體育訓練，到最後在奧運會上拿下了三枚金牌。對於她來說，這樣的成功需要付出多少的鮮血和汗水啊。她身上超乎尋常的意志力使我們震撼，這種超強的能力折射出的迷人光輝，不能不令人心嚮往之。

（三）相近因素

　　鄰近性不僅指居住上的接近，還包括在一些學習和工作場合上的接近，如同桌同學、同辦公室、同工廠的同事等等，較易結成親密的人際關係。因為生活空間的鄰近，便於瞭解。俗話說「遠親不如近鄰」，在突然的災難和巨大的困難來臨時，最先在你身邊幫助你的人，是你的鄰居、同事。現代生活，隨著人們工作、學習等一切外在的因素與他人的交往面擴大的趨勢，自己真正的家庭生活卻陷進了一個孤立的環境裡。人們不再與自己的鄰居談天說地，更不會去鄰居家串門聊天，很多人可能永遠沒有興趣去知道自己鄰居的名字和職業。曾經有一幅漫畫：鄰居兩個，緊鎖著彼此的大門，但卻在網上熱烈地聊天。他們都需要交流，但卻因為各種各樣的因素，不願考慮自己周圍的人，而寧願相信網路另一端的陌生人。

（四）相似因素

　　人們傾向於喜歡在某方面或多方面與自己相似的人。「物以類聚，人

以群分」，它言簡意賅地表明人際吸引中的相似性的作用。相似因素包括民族、年齡、學歷、社會地位、職業、興趣、觀點、修養等方面。相似的人更容易找到交流的共同平臺，無論是去做什麼事，或者談論什麼問題，他們總能找到一致點。任何兩個人開始交往，都是從雙方擁有共同點開始的，正是因為這種共同點，雙方就很自然地成為了朋友。這種情況在日常生活中經常看見，比如男性有自己的棋友、球友，甚至酒友、侃友等等；而女性有自己購物時的搭檔，也有自己一起做美容的朋友，不管是什麼種類的朋友，他們都是對某件事或者某項體育活動，有著相似觀點的人。

（五）相補因素

在人際關係中，還會發現人們往往還重視雖與自己不同，但能與自己互補的朋友。因為彼此可以取長補短、各得其所。性格不同的人，在交往中可能彼此吸引，因為根據人有追求完美性的趨勢，他們更加清楚地知道自己的短處和長處，所以在交往中，會注意與自己不同的人。相補因素在婚姻關係上更為突出，膽汁質的人很可能與抑鬱質的人互補；性格恬靜的人很可能與活潑好動的人互相吸引。而性格互補型的婚姻更堅固。一個性格暴躁的丈夫與一個同樣性格暴躁的妻子，他們的婚姻可想而知，必然天天吵吵鬧鬧。而相反，一個性格暴躁的丈夫和一個性格溫和的妻子在一起，吵鬧幾乎沒有，因為溫和的妻子總能在丈夫心情不好時，溫柔地相勸或者默默地躲開，這樣的環境，丈夫生氣也持續不了多長的時間。

第二節　各種性格的人在人際交往中的表現特徵

人際交往雖說存在一定的技巧，但最擅長交際的人都做不到「不得罪任何一個人」。很多人認為人際交往能力與性格有關，外向者善於交際，

內向者不善交際。這樣的說法雖然有欠周密，比如性格內向者也有許多好朋友，性格外向者沒有知心朋友的例子，在現實生活中也不在少數。但是性格的確是影響人際交往最關鍵的因素。通常情況下，性格外向的人比性格內向的人勇於交際，善解人意的人比霸道無理的人，更容易交到朋友。

一、性格熱忱的人：最佳夥伴

性格熱忱的人不論從事哪種職業，只要充分發揮其性格，便能得到肯定與讚賞。這種性格的人最適合具有挑戰性的職業，工作積極又有效率，是典型先鋒性格。富創意、喜愛看到事情的光明面是他們的優點，並且是活在掌聲下的人，喜歡受他人肯定。這種人還會體貼他人的難處、讓他人在工作上更有衝勁，所以有著很好的人緣。不論是上司、同事還是朋友，一旦瞭解他們，都會被他們的熱情所打動，願意成為他們的朋友。但是性格熱忱的人由於自主性過高、喜愛表現自己，故容易和別人在合作上產生衝突，不利於建立良好的人際關係。這種類型的人不論是在工作、學習和娛樂中，參與感、掌聲與讚美，都是他們不可或缺的原動力。

二、性格細膩的人：潛在競爭對手

性格細膩的人很重視團體合作，不喜歡搶風頭，這是他們的優點。因此他們通常都有著很好的同事關係。在同事的眼中，他們是溫和和善良的，不會耍計謀、陷害人的，因此同事都願意與他們相處，並且很容易把他們當作自己的知心朋友。但他們有時那慢工出細活的行事作風，不免讓性急的同事看不過去，但不會引起同事的厭惡。個性溫和的他們常扮演著沈默的角色，沒有太多意見及野心，任勞任怨的個性常得到上司的賞識，是一個潛在的競爭對手。溫和的他們也不是宰相肚裡能撐船的人，細膩性格使得他們對傷害過自己的人，往往不能原諒。這種性格的人不但勤儉，也很能為老闆精打細算，有著精細的省錢之道。

三、活潑性格的人：博而不精

　　性格活潑的人重視整體人際關係，很快便能適應新環境並結交新朋友；辦事很有效率，再加上聰明及危機處理的應變能力，所以很討上司喜歡。這種類型的人天生好奇，對所有的人、事、物都抱有很大的興趣，喜歡學習各種新東西，對於新上手的工作，也能很快掌握，在公司裡扮演通天角色。他們活潑的性格，也使得他們經常是聚會和晚會上的靈魂人物，總能夠吸引大家的注意。因此周圍的同事或許會嫉妒，而與他們疏遠，但他們活潑、不記仇甚至黏人的性格，又會使得別人不好意思與他們生氣，自然，他們的人緣也不差了。

四、謹慎性格的人：心思捉摸不定

　　謹慎性格的人對工作有高度的穩定性，善於察言觀色、盡忠職守、生存力強、懂得上司與同事間的應變進退，並且善於營造和諧氣氛，與同事合作性強，是容易相處的同事，又易得到上司讚賞的忠臣下屬。這種性格的人在人際交往中是很受歡迎的，因為他們既不愛出風頭，又不會給人難堪，總是小心翼翼，讓周圍的人感覺沒有殺傷力。並且他們說話總是頭頭是道，讓你不由得不佩服他們的說服力。但是謹慎性格的人，由於不喜歡表露自己的真正情感，他們好像戴著一副假面具，捉摸不定讓人心生卻步，雖然並不會與人正面衝突，但是周圍的人也不願與他們有過多的交往，所以這種性格的人，不容易交到知心朋友。

五、急躁的性格：重量不重質

　　這種性格的人天生擁有樂觀與幽默感，人際魅力光芒四射，加上要面子，常請大家吃飯，所以在交往中也是很吸引人的。與謹慎性格的人一樣，他們也不容易交到知心好友。急躁性格的人通常都有著一種很強的氣

勢，這讓他們看起來具有領導者的風範特質。他們在工作中也並非是一位有野心的人，但是他們與同事合作起來衝勁十足、很有效率，並且在工作中會主動分擔別人的煩惱，主動學習別人的長處，所以很討同事喜歡，有著良好的人際關係。

六、冷靜性格的人：零缺點原則

冷靜性格的人做起事來一板一眼、小心翼翼，工作對他們而言是樂趣及成就感的來源，他們行事井然有序，令人佩服，但有時卻又少了點變通的彈性，給人個性內向、拘謹的感覺。通常這種性格的人不懂得表達自己的個性，讓人有不易相處的印象。加上要求又特別多，令人無所適從。所以在周圍的人看來，他們是嚴格和沒有幽默感的，所以大家不願與他們有過多的相處。其實一旦與他們深交，就會發現他們的內心十分單純，而且也很善於交談。這種性格的人交往中的最大障礙是不善於表達自我，不懂得讓別人對自我有更多的瞭解。

七、好交際性格的人：公關人員

這種類型的人有極佳的公關手腕，所到之處都能很快與人打成一片，主動是其人際關係的第一步，在諸多性格中可說是獨佔鰲頭，好交際的性格更能博得上司的好印象與賞識。在社交場所中，這種人左右逢源，如魚得水，通常都是焦點人物。但是他們喜歡輕鬆節奏、舒適生活、害怕過度出賣勞動力的工作，故常常做事缺乏計畫、想比做的多，散漫、金錢觀淡薄、企圖心不強，又是「遲到一族」，這些均是造成他們晉升的絆腳石，也是讓人不喜歡他們的理由。

八、沈穩性格的人：情報局幹員

　　穩定、內斂、不多言是沈穩性格給人的第一印象，但他們有著對人、事、物敏銳的觀察力，緘默時的他們正處於「打量評估期」，所以這種性格的人總能很清楚地對周圍的情況，做出準確的判斷，在任何事情上，都像旁觀者一樣的冷靜和客觀。這樣的性格使得他們對周圍的人，總能提供一些客觀有效的建議，因此在他們身邊，總是有一群追隨者。他們對工作有著自發性的精神，並能承受很大的壓力，挑戰高難度且完全投入與面面俱到、果斷，令上司極為讚賞。有著情報局幹員的本能與精神，能輕易打探各方線索、內幕消息、公司百態等等。這種性格的人在哪裡都是很有能力的人，他們天生就是讓別人傾慕的。所以他們的人際關係很廣，並且很值得信賴。

九、浪漫性格的人：沒耐心毅力

　　浪漫性格的人欠缺耐心，一成不變的工作態度可能會抹殺他們的創意細胞。生性愛熱鬧，熱心、慷慨不計較金錢及隨和的個性，使他們的人緣不俗，感覺敏銳且洞察力強，常以開玩笑方式說出對事情的見解，不容易感到像謹慎性格的人一樣具有心機，反倒讓人覺得平易近人、容易相處。做事勇於突破傳統，有魄力，但一遇到挫折會很快打退堂鼓，缺乏愚公移山的恒心與毅力。

十、固執性格的人：永遠不會錯

　　固執性格的人是盡忠職守把分內工作做好的人。他們在專長與技術領域中不斷求進步，沒有一步登天的投機心理，持有「一分耕耘、一分收穫」的態度。具有主見及領導能力，對事物有相當的野心，是標準的工作狂熱分子，在諸多性格中，躍居「最負責任感」之冠；而堅忍不屈的毅力

是其成功之處。可是他們優柔寡斷、固執己見的缺點，可在其知錯不改、明知故犯中一覽無餘。這種性格的人很難接受別人的意見，除非別人比他們優秀。這樣的性格特徵，使得他們的人緣很差，因為他們總是讓周圍的人很難堪，並且錯了也永遠不會道歉。因此他們的人際關係很糟糕，但他們的朋友都是真正理解和關心他們的摯友。

十一、脆弱性格的人：害怕失敗

脆弱性格的人有著過人的智慧，工作上能獨創見解，於計畫及設計的工作中，能完整、高效益地分析與策劃，對自己有高度的自信與優越感，卻又非高傲冷酷得令人討厭，但是他們脆弱的性格常常能引發別人的同情心，反而人緣相當不錯。冷靜、理性、客觀、實踐力強，是他們成功的關鍵，但卻缺乏堅持的能耐，常一碰到挫折就會輕易放棄，最害怕別人看到自己的失敗，在他們心中只有「我」永遠是最好的。

十二、機警性格的人：明哲保身

察言觀色是這種人的優點，明哲保身是其處世態度，他們永遠不會主動參與和自己利益有可能衝突的事情，在他們眼中，只有自己是最可貴的。這樣的人從來也不會得罪別人，甚至對每一個人，他們都一味褒揚和鼓勵，所以他們的人緣極好，並且別人對他們的評價也很高。但他們在工作上卻缺乏積極主動的個性，散漫的天性偶爾需要壓力的鞭策，但空間式的思考模式，很適合於計畫性的工作，思考周密，甚至將天馬行空的想像力加諸計畫中，使計畫內容添加不少創意。

影響人際交往的不良性格因素有哪些

　　老師對學生們上心理輔導課時，提到最多的問題是如何處理好人際關係，例如：「和不同性格的人交往應該注意什麼」、「怎樣才能融洽地融入群體，不得罪任何一個人」、「時常感到孤獨，如何改善人際關係」等。這些問題既反映了即將踏入社會的青年人，希望有一個良好的人際關係的純樸願望，同時也暴露出他們對人際交往過高的期望和實際的交際能力之間，存在著強烈的落差。熱情開朗、愛說愛笑的人，就一定能有著良好的人際關係嗎？相反的那些工作勤懇，不善於表達自我的人，是不是就一定沒有良好的社交能力呢？到底在社交場所中，什麼才是影響一個人交際能力的關鍵因素呢？通過觀察和分析，我們發現真正影響我們人際交往的是以下一些存在於各種性格中的不良因素。

一、以自我為中心

　　一切都要服從自己的意志，只關心個人的需要，強調自己的感受。任何場合都把自己作為中心，高興時海闊天空、手舞足蹈講個痛快，不高興時則不分場合地亂發脾氣，全然不顧及別人的情緒和感受。這樣的性格缺陷是不可能讓人喜歡的，這樣的人也一定不會有良好的人際關係。

二、狹隘嫉妒，不能容忍別人比自己強

　　嫉妒是對別人的成就感到不快的一種心理感受。不管你承認不承認，每個人或多或少都存在這樣的心理。不同的是，有的人因嫉妒而積極進取，鞭策自己迎頭趕上。而有的人卻因為嫉妒，對自己感到消極悲觀，失落逃避；對別人則是忌恨仇視，詆毀中傷。這就是狹隘的嫉妒心理。正如

黑格爾所說：「有忌妒心的人自己不能完成偉大事業，便盡量去低估他人的偉大，貶低他人的偉大性使之與他本人相齊。」這樣的人只能讓別人討厭，敬而遠之。兩個同時到一個公司上班的女孩，一個性格溫和，長相普通；而另外一個漂亮迷人，熱情活潑。剛開始時，大家的目光都圍著漂亮的女孩轉，人們好像忘了還有另外一個。但漂亮的女孩心胸狹隘，她從不為別人的成就祝賀，反而出言不遜，在她眼裡，別人的成就都是運氣而已。而性格溫和的女孩，總是在別人困難的時候，無私地幫助別人；在別人成功時，又送上自己的祝福。這樣時間一長，周圍的人當然願意與這個溫和的女孩親近，而不願與漂亮的女孩交朋友。不懂得尊重別人成就的人，其實也不值得別人的尊重。

三、敏感多疑

　　一個敏感多疑的人在人際交往中，總是「以己之心，度他人之腹」。常常會根據自己有某種不好的想法，而認定他人也有同樣的想法。他們總是先在主觀上設定他人對自己不滿，然後在生活中尋找證據。把無中生有的事實強加於人，甚至把別人的善意曲解為惡意。

四、過分自卑

　　適當的謙卑給人以謙虛的感覺，有其積極的一面。但過分的自卑不僅有損於自信，還給人以虛偽的印象。自卑者常常感到自己不如別人，總是擔心別人看不起自己。實際上，首先是他們自己看不起自己，瞧不起自己的性格，瞧不起自己的家庭。

五、干擾他人

　　像需要一個生活空間一樣，我們也需要有一個不受侵犯的個人心理空

間。再親密的朋友，也有個人的內心隱祕，有一個不願向他人坦露的內心世界。有的人在相處中，偏偏喜歡詢問、打聽、傳播他人的私事。這種人熱衷於探聽別人的隱私，並不一定有什麼實際目的，僅僅是以刺探別人隱私而沾沾自喜的低層次的心理滿足而已，但在客觀上干擾了別人的生活。

六、膽小羞怯

膽小羞怯是絕大多數人都或多或少存在的一種心理。這種心理使人在交際場所或大庭廣眾之下，羞於啟齒或害怕見人。說話結結巴巴，行動手足失措。一般的人際交往並不需要多少技能，膽小害羞者總是以為自己人際交往能力很差，但實際情況並非如此，他們完全知道應該怎樣與人交往，只是缺乏實際的人際交往鍛鍊，只要他們不逃避，勇於實踐，就一定能克服膽小害羞的心理。

另一方面，那些膽小害羞者常常過分嚴重地看待自己的弱點，過分追求完美和過分自卑，是他們的基本心理特徵。

七、敵視仇恨

敵視和仇恨是交際中比較嚴重的有害因素。這種人總是以仇視的目光對待別人。這種心理或許來自童年時期的家庭環境，由於受到虐待從而使他產生別人仇視我，我仇視一切人的心理。對不如自己的人以不寬容表示敵視；對比自己厲害的人用敢怒不敢言的方式表示敵視；對處境與己類似的人則用攻擊、中傷的方式表示敵視。使周圍的人隨時有遭受其傷害的危險，而不願與之往來。

敵視和仇恨是一把雙刃劍，它使自己受的傷害比別人要大得多。

八、斤斤計較，過於吝嗇

這種人過於刻板認真，精於算計，害怕吃虧。有時他們主觀上並不想佔別人的便宜，但客觀上他們的記憶好像具有選擇性，總是把自己對別人的好處牢牢記在心裡，而把別人對自己的幫助置於腦後，但絕不允許別人佔他們的便宜。這樣的人給人的印象是自私、吝嗇，難以深交。

九、情緒不穩，缺乏自控

每個人都會遇到一些不順心的事，大多數人都能比較好地控制自己的情緒，一般不會有太大的波動。但有的人情緒波動很大，缺乏自控能力，剛才還是晴空萬里，一會兒就烏雲密布，說翻臉，就翻臉，並且一發脾氣就失去理智，惡語傷人，甚至打人毀物。這樣的人很難與別人建立穩定的人際關係。

十、喜歡抱怨，不負責任

這種人總以為自己比別人聰明，成天抱怨別人這沒做好，那沒做好，喜歡扮演事後諸葛亮的角色。對什麼事都喜歡指手畫腳，但從來不願意負責任。如果別人把事情做好了，他就會出來自我吹噓一番；要是別人按他的主意把事情做壞了，他們就趕緊逃跑，溜之大吉。這種人很難贏得別人的尊重。

十一、謊話連篇，缺乏誠信

謊言是人際交往之大忌，缺乏誠信的人永遠不會有知心朋友。誠信既是一個道德問題，也是一個心理問題。俗話說，一句謊言需要十句謊言來掩飾。謊話說得越多，需要掩飾的東西也越多，心理壓力也越大。

與西方強調個性發展的文化相比，我們的文化更加注重集體的利益，人際關係問題顯得尤為重要。因此有些人熱衷於學習所謂的社交技巧，以為只要掌握足夠多的技巧，就可以不得罪任何人。其實在現實生活中，要想建立起良好的人際關係，真誠、寬容和友愛，比所有的社交技巧都重要得多，這是最高境界的社交技巧。

怎樣與不同性格的上司交往

不同的上司在工作中，總是表現出不同的個性和特質，他們各有各的領導方法和相處之道。對於剛剛步入社會的年輕人來說，怎麼才能「知己知彼」，是他們人生舞臺應該掌握的關鍵內容，也是他們開始自己職場生涯的第一步。

一、怎樣與優柔寡斷的上司相處

優柔寡斷的上司做事囉嗦，並且喜歡改變自己的主意。他們對可能出現的任何情況都要反覆地考慮，凡事都力求小心，絕不想出現任何的差池，而一旦出現了問題，又不願承擔責任。這樣的上司處理問題過於拘謹，不夠果斷，工作上也很少有創新的地方，自然，他們的工作業績平平常常。

這樣的上司不能抓住有利的時機，當然也難有讓人刮目相看的成就。古代的例子有項羽，他錯過了人生中最好的機遇，沒有在鴻門宴上殺掉劉邦，這是他一生中最愚蠢的決定，致使他最後只得拔劍自刎。與他同時代的韓信，也是個優柔寡斷的人，他同樣在自己最有利的時候，沒有做出正確的決定，而最後，他也死在了劉邦的手中。這樣的領導人永遠不能成就

偉業，只能屈居人下，或者毀滅。

在這樣的上司手下工作，我們不能直接表達自己的意願，但是我們需要完成自己的任務，還要讓上司滿意。對待這樣的上司，最主要的就是推動他做出及時的決定，在時機還沒溜走之前就做出決定。另外，還要讓上司認為這樣的決定是他自己做出的，沒有別人強迫自己。

小劉是個能力很強、也很懂得與上司相處之道的人。一次，公司要派遣合適的人到另外的城市拓展新的業務。小劉很想去，但是上司正是個優柔寡斷的人，遲遲不做出委派。他最後決定親自去做說服上司的工作。見到上司之後，他沒有急著表明自己的看法，只是幫助上司分析此時到別的城市開展業務，時間是很寶貴的，如果錯失了這個機遇，不但公司要承受損失，而且以後再開展這樣的業務就不容易了。於是上司也有點著急了，就問他應該派遣誰去。小劉認真地說，這麼重要的事情，上司當然應該自己親自去，別人恐怕完不成任務，再說，公司裡的人肯定也願意讓有能力的上司去。這時上司顯得很高興。第二天，上司就宣佈了去拓展業務的名單，是小劉。小劉準確地把握住了上司的心思，所以成功地達到了目的。

二、怎樣與冷靜的上司相處

冷靜的上司說話不多，舉止安順，他們不會把自己的想法都顯露在臉上。這樣的上司總是讓人把握不住真實的想法，他們在任何時候都始終保持常態。

如果你的上司是這種類型的人，那麼任何時候對於工作計畫，你都不要自作主張，即使出謀劃策，也要在領導授權的情況下。對於這樣的上司，你大多時候只要認真地執行他的決策就可以了，但是在執行的過程中，一定要有詳細的記錄，切不可疏忽大意，因為任何時候這樣的上司，都可能突然檢查你的工作情況。在執行的過程中如果遇到了困難，或者難以抉擇的事情，你應該自己先想解決的辦法，因為如果你心中沒有任何計畫，就向這種上司彙報，他們會認為你準備不夠，缺乏自主解決問題的能

力。同時，他們也會認為你遇事不夠冷靜，做事不夠果斷。他們大多喜歡遇事冷靜，能自主解決問題的下屬。當然，你即使可以自己解決，也不要忘記在合適的時間向他們彙報，如果你沒有向他們彙報，他們就又會認為你做事太專斷，不重視他們。這樣的上司是不太容易相處的上司。

　　大林是一家科技公司的職員，他的上司就是一個冷靜的人。有一次，上司吩咐他做一項與別的公司合作的業務。開始一切都很順利，但是突然與他們合作的公司，又提出了一些細節性的要求，當時大林的上司正好不在現場，大林考慮到這些要求不會影響整個業務，況且如果這時停下工作，很可能會影響整個專案的進程。於是他先同意了對方的這些要求。事後，他認為這件事情不是很重要，就沒有即時向自己的上司彙報。後來，他發現自己的這位上司沒有以前那樣重視他了，有什麼專案也不再讓他承接，開始他迷惑不解，後來他才明白了其中的原委，就是這一次的自作主張壞了事。所以與這樣的上司相處，一定不要粗心大意，因為他們是很嚴格、很細膩的人，一不小心，你就可能讓他們對你有誤解，而自己卻不知道。

三、怎樣與脾氣暴躁的上司相處

　　俗話說沒有沒脾氣的上司。凡是上司，總是有點脾氣的。一個容易發火的上司，可能是對自己的事業十分重視，甚至已經到了為自己製造了很大壓力的地步，但是他們對自己的下屬總是不太放心，認為自己的下屬無論怎樣都不能達到自己要求的結果，但是情況是上司自己不能任何事都親自出馬，這樣就形成了矛盾的局面。這種脾氣暴躁的上司，對自己的下屬總是咆哮或者大聲地斥責，但實際上，他們並不是對自己的下屬有什麼惡意，更不是覺得下屬個個都很沒用，他們只是認為如果自己大聲地把自己的要求說出來，下屬有可能會更明白一點，更能把握自己的意思，更好地完成自己交代的事情。

　　很多職員認為這樣脾氣暴躁的上司不好相處，不可理喻，所以總是在

他們面前小心翼翼，但是這樣反而更讓自己的上司生氣，令自己的地位更加尷尬。其實職員只要明白，脾氣暴躁的上司不是對你有意見，也不是對你的一切都不滿意，只是擔心工作不能如期妥善完成，而且由於一時的擔心而失去心理平衡，才向自己的下屬發火。只要明白這樣的關鍵點，那麼你在處理與這樣上司的關係時，自己心裡就有了一定的準備，再處理與上司關係時，就會覺得十分輕鬆自然了。

與這樣的上司相處，你首先要懂得察言觀色。當發現今天情況不妙，上司的臉色不太好看，有可能會有暴雨將至時，這時如果你正好應該去跟他彙報工作，或是請示事情，那麼你只要學會控制住自己就行了。此時你面對的是易燃物品，只要沒有火源，它就不可能燃燒。所以你凡事不要頂撞，要認真、迅速地完成上司交代的任務，在與他講話時，也不要太嗆，不妨順著上司的意思行事。能避免上司發脾氣的情況，就一定要努力避免這種情況。其次，如果實在避免不了，上司已經開始罵人了，那你就忍著吧，千萬不要對著幹，那樣只能火上澆油，讓火勢越燃越烈。最後，也是最關鍵的，當上司發火有了一定時間後，你就要適時說話，給上司鋪一個臺階讓他走下來，他生氣也累了，你要「曉之以理，動之以情」，讓上司知道自己的脾氣不利於與下屬們開展工作，請上司盡量克制一下自己的火爆脾氣。

熟悉《簡‧愛》這部名著的人可能都記得，簡‧愛開始認識她的終生伴侶羅徹斯特時，她的身分只是一個受雇的家庭教師，但是對於自己的老闆，簡‧愛從來都是冷靜地講道理，最後說服脾氣暴躁的老闆。她第一次與羅徹斯特先生見面時，對方的心情很糟糕，因此說話很粗暴尖刻，他說：「誰說的禮物？你盼望過禮物嗎？你喜歡禮物嗎？愛小姐？」簡‧愛冷靜地回答，「我對禮物沒有經驗，先生。人們一般認為禮物是個可愛的東西。」羅徹斯特認為她在裝腔作勢，更生氣了，說話也更加刻薄了，「別拐彎抹角了，愛小姐。你不如你的學生坦率，她要禮物可不像你。」簡‧愛繼續說：「因為我不像她那樣自信自己配得到禮物，從熟識這個角度，她有權提出要求，從習慣這個角度，她能夠向你開口，因為她說你習

慣送禮物給她。而我只是一個陌生人，又沒有什麼使我有資格要求禮
物。」這一番柔中帶剛、又很有道理的話，說得她的雇主心服口服。

四、怎樣與「雞蛋裡挑骨頭」的上司相處

對於這樣的上司，你很可能極度厭煩，因為他們時時刻刻在挑你的毛
病，你做的任何事情，在他們眼裡都是有缺陷的。無論你說什麼話，有著
怎樣的作為，在他們那裡都是不可取的。這樣的上司猶如惡魔，天天出現
在你的夢裡，讓你每時每刻都處在水深火熱裡，工作時即使是小心翼翼，
也恐怕觸了霉頭。

這樣的上司可以分兩種來對待，其一，這種上司絕對優秀，他的能力
很強，任何事情都做得盡善盡美。這樣的上司有資格對你挑三揀四，因為
在他們看來，你的工作確實有需要改進的地方。他們總是要求自己的下屬
做得和自己一樣好，用自己的水準衡量自己的下屬，難免會覺得不滿意，
因此也就經常挑下屬的毛病。其二，這種上司能力不高，但是嫉妒心很
重，他們看著下屬完美的工作，自己感到壓力很大，所以總是情緒不好，
這樣就容易對自己下屬的工作挑來揀去，動不動就不滿意，讓你重做。其
實他們自己也做不好。但無論是上述的哪一種，只要你對他們的心態有了
一定的瞭解，那麼與他們相處起來也就可以得心應手了。

在這樣的上司面前，你一定要絕對服從他們的領導，無論他們吩咐你
做什麼事情，有著怎樣的要求，你都一定要嚴格地遵從，迅速地展開行
動。讓他們感覺到你對他們的領導很忠心，對他們的話語很重視。同時，
有這樣的上司，你一定要養成多彙報的習慣，對於有才能的上司來說，你
多彙報，他可以給你即時準確的指導，使你的工作開展得更為順利；而對
於才能欠佳的上司來講，你多次的彙報，會讓他們感到自己被你所需要，
在你的眼中，他們也很重要。同時，多彙報還能讓這樣的上司感覺到你的
工作成就中，有他們的心血和功勞，這樣在決策的時候，他們便不會否定
你，而盡可能的表揚和肯定你了。

五、怎樣與城府深的上司相處

　　城府深的上司，你永遠摸不透他們的心思，在他們的面前，你永遠處於劣勢。這種人的顯著特點是喜怒不形於色，你很難判斷此時他們是高興還是生氣。這樣的上司最可怕的就在於即使你得罪了他們，你自己都沒有察覺，但他們卻很容易記恨，一定要找個機會報復你。和這樣的上司在一起工作，難免有古代伴君如伴虎的感覺。一不小心，你可能就丟了工作。

　　小趙任職於一家大型公司，他平時的愛好是打網球，而他自己的上司也是個網球愛好者，這樣小趙就有了每個星期天陪上司打網球的義務。小趙的上司是個表面上很和藹的人，他對於任何事情都輕易不發表自己的看法，但小趙明白對於這樣城府深的上司，自己絕不能得罪。第一次交鋒，小趙就知道自己的上司絕不是自己的對手，但是他又不能表現得那麼輕鬆就戰勝自己的上司，這樣不但上司心裡不高興，恐怕自己在工作中也會受到影響。所以第一次他讓上司覺得自己贏了，純粹是僥倖。這樣一來，上司必然不服氣，第二次再交鋒時，他就輸給自己的上司，這樣上司就很有面子，覺得自己的水準不錯。而接下來的一次，小趙輕鬆取勝，但是上司會覺得是他自己疏忽，小趙才贏的，這樣你來我往，上司一面覺得小趙的水準不錯，但同時也認為自己的水準與他不相上下，這樣心裡很高興，同時覺得自己有一個不錯的玩伴。對於小趙來說，上司高興，他的工作會越來越順利，同時才可能有晉升的機會。

六、怎樣與年輕有為的上司相處

　　現在社會，只要有才能，就能提升得很快，年齡已不是很重要的問題，熬資歷更是很落伍的事情，所以公司裡的上司一般也很年輕，並且頗有能力。這樣的上司對下屬來說，也是個很強的挑戰。在工作能力和水準上，自己不能顯得比上司差；在人際關係上，也不能因為上司的年輕就不尊重人家，而實際情況是一般的下屬對這樣年輕有為的上司不知道該怎麼

相處，既不能當作自己的同齡人，也不能把他們當作自己的前輩一樣尊重。美國很紅的情景劇《老友記》裡有一段這樣的故事：錢德勒開始是個普通的職員，他與自己的同事的關係都很好，但是他被升職了，他突然一下子不知道該怎樣與自己的下屬相處了。他的每句話，下屬都當成了命令，他開的玩笑，下屬也會當真，他自己一下子覺得很孤獨。後來還是他的好友菲比幫他解開了困惑，她說：與一個決定自己是否能繼續工作的上司在一起，怎麼可能不感到害怕，因為想的都是萬一沒有了工作，就沒有了生活來源。

　　與這樣的上司相處，一定要積極努力地工作，因為這種有能力的上司，前途都很光明，他們絕不可能在一個位置上待得太久，隨時都有升遷的可能。而一旦他們升遷，那麼他空出來的位置就有可能是你的。當然在他升遷前的這一段時間，你拼命工作一定會很勞累，而且沒有直接的物質利益，但是做為一項長遠投資，就變得很值得了。

七、怎樣與私慾特強的上司相處

　　這種上司任何時候都以利益為重，對他們來說，沒有永恒的朋友，只有永恒的利益是他們的座右銘。儘管他們的嘴上可能說得華麗動人，但他們為了自己的一點點私利，可能會犧牲下屬的重大利益。但是對於他們的下屬來說，人在屋簷下，怎能不低頭，即使知道上司的自私行為，為了顧全大局，也只有忍耐。

　　這樣的上司最擅長的就是把下屬的勞動成果據為己有，作為自己升遷的籌碼。他們往往對自己上級卑躬屈膝，阿諛奉承；而對於自己的下級就頤指氣使，斥責漫罵，一切全憑自己高興。對於這樣的上司，最重要的是不要走兩個極端：一個是一味頂撞，一個是盲目順從。一味頂撞，吃虧的肯定是自己，如果你還不想丟掉這份工作的話，你就必須改掉自己的這種態度。但是你也不可以盲目地順從，這樣你的一切工作成就可能都被他們所佔有，而你自己在這樣的公司工作，就完全沒有了價值和意義。對於這

樣品質惡劣的上司，你切不可示弱，如果牽扯到一些有關重大利益，比如升遷或調派的可能等機會時，你就要據理力爭，即使鬧到更上一級，也不要害怕，因為有可能勝利的是你，或許你就可以取代他的位置。這樣的上司多是吃軟怕硬的人物，所以你到了忍無可忍之時，就不要再忍耐下去了。

美國電影《辣媽辣妹》中，有這樣一個情節：女兒的一個老師，上課時總是找機會讓她難堪，即使她的問題回答得無懈可擊，也照樣給她最低的分數。後來，這個女兒終於發現了其中的奧妙，原來這位老師曾經追求過她的媽媽沒有成功，因而把她當作了自己的報復對象。此時的女兒抓住到對方的缺點，就狠命地還擊，終於把不可一世而且小肚雞腸的老師徹底擊敗了。所以對於經常找機會欺侮自己的人，最好的辦法就是等待時機，尋找對方的薄弱點，時機成熟時才給對方以致命的還擊。

八、怎樣與不負責任的上司相處

這樣的上司一般沒有很強的能力，他們在工作上沒有很大的建樹，同時為人也不是很善良厚道。相反，他們大多膽小怕事，不願承擔責任，總是擔心自己受到連累，這樣的上司對於自己的下屬來說，是不值得依靠和信賴的，他們無法給予自己的下屬以安全感。但是這樣的上司因為自己的普通，反而能給予自己的下屬自由的發展空間，在他們的手下，下屬能按照自己的計畫從事工作，比較容易有成果。這樣的上司在自己的下屬面前大多沒有脾氣，不愛發火，並且能夠聽取下屬的意見。與這樣的上司相處，職員們會感覺輕鬆，沒有過大的壓力。

這樣的上司可能給你以脾氣溫和、待人親切的假象，如果因此就感覺他們值得信賴是不正確的。這樣的上司更容易臨陣脫逃，或者為了自己的利益，把你推到火藥口。李和是個剛到公司不久的新職員，他的上司給他的印象是待人親切，脾氣溫和。他很高興有這樣一個好相處的上司。但是後來的一件事，把他對上司的所有好感都破壞了，同時也為他上了一堂生

動的社會實驗課。一次，他與上司共同負責一項業務，在統計資料時，他發現了一個錯誤，就向自己的上司請示，當時上司認真看了，也認為確實錯了，但考慮到不是什麼大錯誤，並且這份資料已經使用了很久，沒有什麼大問題，就指示不用改了。但是與他們公司合作的另一家公司，也發現了這個錯誤，並且斥責他們為什麼不早提出來。公司的總經理認為這是關係整個公司信譽的問題，應該認真對待。但此時，李和的上司卻把所有的責任推到了李和一個人頭上，說自己並不知道這件事，沒有人跟他彙報過。李和當時就有一種被人出賣的感覺。公司考慮到李和是個新人，再加上這件事也沒有造成具體的物質損失，就沒有辭退他。李和雖然保住了工作，但他的心裡卻永遠留下了一道傷口，後來，他主動調到了其他部門，與自己的上司完全斷絕了聯繫。

九、怎樣與高傲自大的上司相處

　　高傲自大的上司往往都自恃功高，不把別人放在眼裡。他們通常以為自己有著一流的頭腦、廣泛的交際網、良好的人際關係，所以說話、行事很趾高氣揚，聽不進別人的意見，尤其認為自己的下屬沒有資格對自己進行評論，更談不上吸收他們的建議了。這種上司最愛聽的是奉承話，批評他們的人通常沒有好下場。

　　與這樣的上司相處，首先要學會的就是恭維他們，對他們曾有的功績要不厭其煩地免費宣傳，但是對其過度的恭維，也會讓他們對你產生不良的印象，認為你是個一無是處、沒有才能的人，只會跟著別人的步調走。所以在這樣的上司面前，你也要找尋合適的機會表現自己，展現自己的才華，讓他對你另眼相看。傲慢的人一般都認為自己有著別人沒有的才能，但一般情況下，傲慢的人確實也是有著別人所沒有的某方面的才華，所以說，傲慢的人有著傲慢的資本。與這樣的上司相處，切不可表現得太過懦弱，這樣只能讓他們對你產生厭惡的情緒，所以有時你也要表現得很有性格，這樣上司才會對你惺惺相惜。

十、怎樣與豪爽的上司相處

現實生活中，有很多這種類型的上司，他們聲音洪亮，笑聲爽朗，做事乾脆，行事果斷。這樣的上司給人正直、豪爽的感覺。他們最見不得扭扭捏捏，他們欣賞和他們一樣性格直率、做事乾脆的人。

豪爽是一個好上司的一種必備的素質，所以如果你的上司是一個豪爽的人，那麼你值得慶幸。這種類型的上司通常喜歡有才能的人，他們從不在乎別人對自己的態度，即使你與他們針鋒相對，出言頂撞，只要你說的合乎情理，有根有據，就不要擔心他們會記恨或者報復。這樣的上司對有真才實學的人，從來都是很珍惜的，他們或許會對你頂撞他們的態度生氣，但他們從不把它放到心上，甚至有可能因為你的敢說敢做，而讓他們對你印象深刻，讓你有晉升的機會。在這樣的上司手下任職，自己如果有能力，就一定要積極表現，因為他們看不起整天拿不出成績的人，他們欣賞那些高能力、高水準的下屬。而如果你沒有真本事，而靠阿諛奉承混日子，那麼你可要小心了，這樣的上司一般都很鐵面無私，他們對待品質惡劣的人，從來都不會心慈手軟。這樣的上司在工作上一般都衝在最前線，與自己的職員同甘苦，共患難。

第五節 怎樣與不同性格的同事交往

與不同性格的上司相處需要技巧，與不同性格的同事相處更需要技巧。對大多數在公司任職的人來說，平時與自己相處最多的人，就是自己的同事，很多工作都是與同事合作完成的。在共同工作的過程中，每一個人都有著自己對工作的不同看法，怎麼處理、怎麼合作，處理得合適與否，對每個人都會有影響。所以有一個和睦的同事關係，對每一個職員來說都是很關鍵的事情。

現代社會中，快節奏、高效率已經成為處理所有事情必備的標準。每個企業在機遇面前，都是潛在的競爭對手，而企業的每個部門，部門的每個人之間是合作關係，更是競爭關係，這樣的狀況就決定了部門同事之間，表面上和和氣氣，稱兄道弟，而內心裡，各自打著自己的小算盤，各自有著自己的心計，甚至有時為了自己的利益，不惜損害自己最親密同事的關係。俗話說「人心隔肚皮」，這是個事實。同事間還有著利益紛爭的關係。在一個部門工作，低頭不見抬頭見，彼此之間會有各種各樣雞毛蒜皮的小事發生。天天在一起，個人的性格特徵、優缺點都會很明顯地暴露出來。不同性格的人湊在一起，當然就會引發各種各樣的衝突和紛爭。這些衝突有些是公開的唇槍舌戰，有些是私下裡的冷戰，不管怎樣，種種的矛盾都會影響彼此的心情和情緒。所以同事之間又是最容易起紛爭的關係。

一、同事相處的原則

（一）同事之間不可交心

在與同事相處時，首先要學會的一句話是「同事之間，永遠沒有知心的朋友」。無論與同事的關係多麼的溫馨和和睦，也不要隨便把自己最隱祕的東西告訴同事，因為不知道在什麼時候，也不知道因為什麼，你們可能會變成對立的一方，而你的這些隱祕的東西，就會變成他攻擊你的武器，讓你沒有招架的餘地。

同事小風是個很寡言的人，她從不喜歡在公眾場合像大家那樣開心地亂聊，這樣就讓大家對她的一切很好奇，而她自然在大家的眼裡是個很神祕的人。最近幾天，小風的情緒越發的消沈，常常無故的發呆。一個公司裡的女同事，出於同情的目的，常常勸慰她。一次下班後，兩人一起去喝酒解悶。在喝得神智不清的時候，小風向她吐露了心事。原來小風喜歡上了她們臨近部門的上司，她不知道應不應該表白。第二天上班，小風發現公司裡的同事都以異樣的眼光看著自己，甚至有的還嘲笑地講著「癩蛤蟆

吃天鵝肉的故事」，此時，小風才明白自己做了多麼愚蠢的事情。她後悔莫及，為了自己以後不活在這種壓力之下，她遞交了辭呈，離開了這家公司。

同事之間有時候容易產生知心朋友的錯覺，特別是女同事。但大家一定要記住，當涉及到自己利益的時候，友誼是不值錢的，你會成為你朋友的犧牲品。

（二）不要在同事面前批評別的同事或者自己的上司

有的人受了別的同事的氣，或者被上司罵了之後，喜歡向自己身邊的同事傾訴，這其實是很不明智的做法。無論多麼值得信賴的同事，當升職的機會擺在你們的面前時，當你成為他最大的競爭對手時，你曾有的一切不利於晉升的話語、行動，都將成為他升職的籌碼。所以這時候你對其他同事或者自己上司的不滿，第二天就能傳遍整個公司，你也就變成了整個公司最不受歡迎的人。所以剛剛走上工作崗位的人，一定要懂得惜言如金，不要逞一時的口舌之快，而丟掉了自己辛苦得來的工作機會。

（三）以退為進，以守為攻

這種策略可以用於以下兩種情況：其一，當你和一個同事最有希望競爭某個職位時，千萬不可鋒芒畢露，因為這時你們的一舉一動，都會成為大家的焦點。如果你過於顯露自己，那麼大家就會認為你對這個職位已經蓄謀了好久，現在已經迫不及待了，而且很可能會成功。很自然，大家心裡會產生對你的厭惡和妒忌情緒，如果此時正好提拔你們的上司，想聽聽大家對你們兩個人的意見，那麼大家自然會把你當作潛在的敵人，而說些對你不利的話。那麼很自然的，你晉升的機會就可能失去了，而你的競爭對手因為比你沈得住氣，成為了勝利者。

另外的一種情況就是兩個同時到同一個公司、同一個部門的新人，剛進入公司時，也要學會適度地保留自己，切不可太過於表現自己。A和B兩位小姐同時到一個公司上班，剛開始，A做事很積極，任何事情都搶著

做，什麼事都力求表現自己；而B正好相反，她做事不太積極，只做好別人交代和要求的事情，從不搶出頭。兩個月後，上司對她們做了一次調查和評估。結果出來後，A很是驚奇，因為同事對B的評價都很好，認為她是一個誠實可靠、值得信賴的人。而對於A，大家則認為她有一定的才能，但是性格浮躁，不太值得信賴。但從此以後，B卻慢慢地開始表現自己了，她會適當地改變一下計畫的細節，讓工作的效率有所提升，同事聚會上，她也表現得很活躍。而此時的A，因為受到先前的打擊，而變得情緒低落，工作上也不再積極表現自我了。同事們自然會感覺A在退步，而B則在進步，很有發展前途。兩個資歷、水準很相似的人，因為處世之道的差異，而有了不同的遭遇。B就是個很懂得以退為進、以守為攻的人。她的成功也說明了處理同事間微妙的關係時，也要有一定的策略才行。

（四）瞭解公司的內部形勢

公司越大，內部的組織也就越大，而人際關係也就越複雜。上司希望有自己最信任的下屬，而下屬也希望有可以做靠山的上司。對於剛進入公司的新人來說，很可能會摸不著邊際，做出得罪人的事情來。所以對於他們來說，最重要的就是察言觀色，對自己周圍的情況做出客觀理性的分析，讓自己早點有一定的心理準備。

面對著這樣的情況，最好的辦法就是冷眼旁觀，不捲入任何派別的紛爭。如果你過於急切地成為了某個派別的忠心分子，那麼一旦出了什麼不利的情況，你就成為了最佳的犧牲品。所以一定要把握好自己的方向，不要糊裡糊塗地成了受害者。

二、怎樣對付不同性格的同事

（一）對付尖酸刻薄的同事

尖酸刻薄的同事是公司最不受人歡迎的人，這種性格的人與別人爭吵時，最容易把別人的薄弱點和隱私暴露在眾人的面前，同時冷嘲熱諷不

斷，讓對方的自尊心深受傷害。與這樣的人相處，最重要的是不要去招惹他們，平時更不要輕易地把他們當作自己的知心好友，把自己的隱私告訴對方。如果你不幸惹上了他們，那麼千萬不要與他們起正面的衝突，對於他們的冷嘲熱諷也要充耳不聞，當作沒有聽見，免得招惹麻煩。

（二）對付挑撥離間的同事

挑撥離間的人不管走到哪裡，都是惹人討厭的，他們是一個公司潛在的破壞因素，只要有他們的地方，就有不愉快和衝突發生。如果你的同事當中有這樣的人，那麼你一定要注意自己的言行舉止，在他們面前，不要輕易講對上司和其他同事不滿的話，因為這些話不知什麼時候就可能成為你晉升路上的最大障礙。同時，你還要注意與別的同事建立良好的人際關係，把挑撥離間的同事隔離開來，讓他們形成孤立的局面，這樣即使產生了誤會，你的同事也會相信你，而不是一味地相信那些從中作梗的人了。

（三）對付翻臉無情的同事

在現實的生活中，每個人都是別人的跳板，而自己又在尋求著自己的跳板。在競爭激烈的大公司裡，有很多這種過河拆橋、翻臉無情的同事，他們在需要你的時候，與你稱兄道弟；而一旦不需要你了，馬上把你一腳踢開，全不理會與你的深厚交情。應付這樣的同事，你最好是認清楚他們的真面目，不要盲目地相信他們對你的友誼，更不要投入過多的精力來珍惜這份感情。你在被他們利用的同時，最好也讓他們幫你做許多對你有利的事情，因為「禮尚往來」，此時你對他們還有用處，他們一定不會拒絕；再說他們與你相交並不誠心，你不妨也好好地利用他們一把。

沒有溝通，世界將成為一片荒涼的沙漠。人們置身於現代社會，每天都不可避免地與他人交往，每天也可能遇到社交的難題。好的人緣給人帶來幸福和歡樂，出眾的交際能力並不是天生就擁有，每一個善於交際的人，無不經過無數次的生活磨練。所以你只要學會一些有用的方法，就一定能嫻熟得體地處理工作場所發生的衝突，和睦地與別人相處。

在組織管理中運用
性格的神奇力量

我們生活在一個大變革的年代，其具體表現為：令人驚愕的技術進步，更替頻繁的政治、文化結構，激烈競爭的各種行業。這種不斷創新與完善的關鍵因素是什麼？很多人會說是科學技術，是的，科學技術在其中起了巨大的作用，但是最關鍵的因素則是人，是人的創造力和敬業精神，以及各個行業各個部門上下盡心竭力的努力，才創造了一個又一個的輝煌成果。

人們經常說：「一個單位或企業做得好不好，主要關鍵在於領導。」在現實生活中，我們的企業最缺少的或者說最需要的不是資金、不是產品，而是好的帶頭的人、好的領導。無數管理實踐證明，成功企業的背後，一定有一個出類拔萃的領導。做為一個好領導必備的因素，就是具備統御各種下屬的能力，能夠收放自如地指揮屬下完成工作任務。

不同性格的上司及其管理方式

不同的人有不同的性格，不同的上司、下屬也有不同的工作性格。每一個人在世界上都是唯一的，雖然不能把每一個人的性格特徵和工作方式絕對化，但是在日常生活中，總能在某些上司者中間，找到他們的性格共同點。瞭解自己的性格類型，有助於上司者正確地審視自己的工作成績和自身工作的特點，挖掘自身的工作潛力，推動自己工作的進一步發展。

一、性格冷靜的上司及其管理方式

冷靜型的人會從比較實際、客觀的角度，來看待自己的工作與自己周圍發生的事情。這種類型的人總是把每天的工作和生活規畫得井井有序，他們從不做計畫外的事情，處世風格相當的嚴格和冷酷，所以讓自己的下

屬覺得他們冷漠、孤立、不好相處。這種性格的上司從不裝模做樣，也不愛別人對自己阿諛奉承。在工作上，他們很有能力，做事果斷，而且往往成效甚高。他們通常做事態度冷靜穩重，對自己說的話負責，但是行事風格固定化，不願做出改變。但是他們又非常地注重實效，一旦讓他們感覺到新方法確實卓有成效，他們會馬上做出調整，這樣的性格特徵，讓他們總能抓住有利的機遇。

冷靜型性格的上司對自己的下屬要求很嚴格，他們欣賞那些有能力、做事乾脆有成效的人，討厭那些油嘴滑舌、不努力工作的下屬。這樣的性格給了許多認真工作的下屬以自由發展的空間，也讓那些無心工作的人沒有空可鑽。但是他們在嚴格要求下屬的同時，卻往往忽略下屬的感受和待遇。雖然他們的領導方式可以提高工作效率，但卻給下屬造成了很大的壓力。所以這樣的上司一般讓下屬感到畏懼，不願親近。

肯尼思・布雷徹是威廉・佩恩基金會的前任主席，一個典型的冷靜型領導者。他從不在工作上小心翼翼，不敢或者不情願去做那些有著種種障礙的工作，正相反他勇敢地去面對這一切。在他的工作中有很多這樣的故事。在費城有一個住宅建築工程，它的位置正好臨近著肯尼思當時想要投資興建的一座新劇院。當時所有的人都反對將劇院建在那裡，因為他們認為那個地方到處是槍支、暴力，是很危險的地方。肯尼思當時沒有一再堅持自己的理由，而是問了一個這樣的問題，他們當中有誰去過那裡，沒有人回答，因為所有的人都沒有去過，他們只是聽說而已。肯尼思此時充分發揮了自己冷靜型領導者的性格優勢，他沒有盲目聽從大家的建議，而是冷靜地思考，最後決定親自去那個地方探察一下。他說，當他步行往那個地方走時，非常的緊張，心臟開始急劇地跳動，但是結果是他看到了一幅很溫馨的畫面：孩子們嬉戲，母親在準備晚餐。沒有持槍的暴力分子，只有在艱難、惡劣環境下努力生活著的人們。他最後決定在那個地方建造劇院，因為與其相信不確實的話語，不如相信自己的眼睛。

冷靜型的領導者還具有很強的完成任務的能力，與妥善安排事務的智慧，他們天生是公司裡的領導者。

二、包容心強的上司及其管理方式

這種類型的上司會將為別人服務放在自我之前，他們通常做事很小心，喜歡一個人默默工作，很務實，重視現存的工作環境。他們能客觀地分析周圍的形勢，能根據實際情況來處理一些人際關係問題，他們和冷靜性格的管理者一樣，喜歡井然有序、按部就班的生活。在工作上，他們勤勤懇懇，有很強的耐心來完成自己的工作，甚至加班也沒關係。當然有時他們也會抱怨自己的工作，但他們小心行事的作風，讓他們通常把自己的抱怨放在心底，不輕易向外人傾吐。這種類型的上司還有很強的責任心，他們可以為了公司的利益而犧牲自我，並且在犧牲的過程中，感到一種自我的滿足。

包容心強的上司通常無法妥善地處理衝突問題，所以當他們面臨著自己的下屬之間的衝突時，通常的做法都是睜一隻眼、閉一隻眼，裝作沒看見。這種人視規矩為生命，原則性很強，他們做任何事都採取墨守成規的態度，嚴格地遵循既有的條例來辦事。這樣的性格決定了他們要求自己的下屬，也能夠按照慣例來辦事。

包容心強的上司通常很重感情，他們對自己的同事和下屬很負責，一旦對方有任何困難，他們總是竭盡全力幫助對方，甚至忽略自己的事情。

西澤‧奧迪歐是美國邁阿密的市政執行官，他的領導方式最讓人著迷的地方，就在於他超強的包容心。邁阿密是美國具有最多民族的城市之一，那裡百分之六十三的居民是西班牙人，百分之二十五的居民是黑人，還有百分之十二的白人。這樣的城市環境，決定了西澤必須對這種多樣化的居民採取包容態度，並且設法讓這麼多民族齊心協力地推動整個城市的發展。他不像他的前任那樣，把這個城市只看成一個整體，他把它看成許多個體，並且決定對每個社區逐個進行研究，來滿足各社區的要求。他首先採取的行動就是在不同的社區，建立他們自己的警察機構，並且在每一個機構裡，又設置了社區監督辦公室，這種做法不僅明確了責任，而且消除了社區和市政之間的不信任。通過他的一系列努力，終於使邁阿密市舊貌換新顏。

三、平易近人的上司及其管理方式

　　平易近人的上司是最值得信賴的上司。他們通常都很樂觀，認為生活裡充滿了無限的發展潛力，對未來總是做出很多的憧憬。這種性格的上司在工作上總是把自己看做是和下屬一樣普通的職員，他們總會熱情地參與工作，積極地聽取別人的建議，努力地和別人共同完成工作的任務。同時，一旦工作的過程中有了困難，他們又會馬上意識到自己的上司身分，積極地為大家解決問題。他們性格有一種為大家服務的特質，所以在為大家服務的過程中，也不會抱怨，而感覺自己正是在履行自己的上司義務。

　　這種上司平時沒有上司的架子，在自己的下屬有困難的時候，會熱心地幫助，所以下屬都很信賴和支持這樣的上司，他們一般和下屬的關係都很親密。同時，平易近人的上司和包容心強的上司一樣，不善於處理辦公室的衝突事件，他們在衝突面前大多保持沈默，寧願採取被動的處理方式，讓事件自己平息下去。

　　這樣的上司在現實生活中也經常可以看到，艾倫‧R‧穆拉利是波音飛機公司的副總裁，他的管理方式就是時刻提醒自己，他和波音所有的職員有著同一個使命，為同一個計畫努力，任何事情都是共同參與，並且共同承擔責任。他這樣評論自己：「我不妄自尊大。我不知謙卑這個字眼對我是否合適，但相對而言我知之甚少，關於這一點我心裡有數。」他把創建一個能夠使員工充分展示才能的環境，當作他的基本職責。他說：「每個人都瞭解工程進展情況，每個人都清楚該做什麼。」在困難出現的時候，他從來沒想過把自己置身事外，在他看來，與職員共同承擔責任是美妙的選擇。當777飛機出現廁所馬桶的蓋子放下時聲音過大的問題時，他和所有的研究人員一樣，想盡一切辦法，做各種各樣的實驗來解決這個問題。他們一起不知花費了多少心血，終於找到了解決問題的方法。最後，大家面對著改進的馬桶，感覺到他們做出了多麼有意義的貢獻。他說：「我想實現的最重要的一個願望，就是創建一個讓所有人都能充分施展才能的機構。對我來說，這還要靠完成一項任務，達到一個目標，實施一項

計畫來實現。計畫中安排的目標越多，而規定的實現目標的方法越少，其效果就越好。規定和結果幾乎是對立的。這樣能促使我們每一個人發揮創造性，千方百計地找到完成計畫的辦法。我的職責就是保證這一過程順利展開。」

四、活潑型的上司及其管理方式

活潑型的上司大多熱情、好動，對工作和生活充滿了熱忱。這樣的上司是把工作和歡笑結合在一起的人，他們不但熱愛新奇的事，自己本身更是生活裡的新奇。性格活潑的人，由於他們蓬勃的生命力，待人熱情的態度以及喜歡歡聲笑語的生活態度，使得他們不管在什麼樣的環境裡都懷著愉悅的心情。在工作上，這種性格的上司注重工作的氣氛，他們喜歡用輕鬆的態度處理事情。他們熱情的個性，使得他們能夠促使計畫迅速實施，不論面對怎樣的突發情況，他們都能夠欣然接受並加以處理，他們對工作很少抱怨，因為忙碌和複雜的工作，可以更加充實他們的生活。活潑型的上司從來不懼怕挑戰，在他們看來，生活一成不變才是最不可忍受的事情，他們渴望變化，希望自己的工作富有挑戰性。

活潑型的上司都有著歡樂的細胞，他們通常很容易與人相交，喜歡過集體生活。所以他們很受下屬的歡迎，因為和他們在一起，總是有快樂的事情發生。他們對下屬的要求不太嚴格，也不喜歡用條條框框去約束下屬，更喜歡輕鬆歡樂的辦公室氣氛。這種性格的上司一般很欣賞有創造力、精力旺盛的下屬，尤其喜歡能給他們帶來快樂，同時工作能力又很強的人才。

張女士就是這樣一個活潑型的人物，她經營著好幾家美容院，她從不把自己當作老闆，在美容院裡，她是個任何人都可以使喚的人，理髮師要她「把那本書遞過來」，或者「幫我拿著梳子」等等，而這些都是別人的工作。她在美容院裡，從來不會安靜地待上一會兒，不是去看美容師理髮，就是去與顧客聊天，或者走來走去。但是去過她美容院的人，都成了

她的好朋友和她生意的回頭客，同時她的所有員工都很喜歡她，他們就像是一家人。她還說想雇用一些和她一樣性格的美容師，因為只有這樣的美容師，才能一天輕鬆地應付那麼多的顧客，而也只有這種性格的美容師，才能在眾多挑剔的顧客面前照樣熱情高漲。

五、勤奮型的上司及其管理方式

勤奮型的上司大多不愛說話，他們讓人很難琢磨且不喜歡表露自己的真實情感，他們習慣以客觀的方式來做決定。他們通常寧願單獨做事，也不願浪費時間在團體合作上面。這種人把團體討論看作是最沒意義的事情。在他們看來，坐在一起討論是浪費時間，不如自己去積極地展開活動更為有效率。這種上司的獨立工作能力很強，甚至有時不需要下屬的配合。這種人總能即時地完成自己的工作，他們擅長適應各種各樣的突發情況，並且能夠根據不同的環境及時更改自己的工作計畫，一般工作任務都完成得相當出色。

這種類型的上司對待下屬很嚴格，他們通常以自己的做事方式要求下屬，在他們看來，不努力工作的人是沒有資格留在公司裡的，對待混日子的職員，他們從來不心慈手軟；相反的，對待工作勤懇、認真的職員，他們卻很寬容，即使對方沒有按時完成任務，或者在工作的過程中出現了某種錯誤，這種類型的上司一般都能包容。

大陸伊利集團的領軍人物鄭俊懷就是個異常勤奮的上司者，他胸懷開闊，顧全大局，團結周圍的人，對自己實行高標準嚴要求，有時甚至苛刻。他習慣於給自己設置一個別人看來無法實現的目標，然後增加壓力，自找難題，拼命去實現，做常人所不能做的事，而也正是這種「知其不可為而為之」的拼搏精神，成了他個人，也成了伊利集團競爭勝利的法寶。鄭俊懷常說，做事先要做人，正人先要正己。他從不抱怨自己的工作辛苦，也從不自恃功高，就不把別人放在眼裡。每時每刻，他都在默默地工作著，對他而言，只有工作，才能把他的全部精力調動起來，也才能充實他的生活。

六、知人善任的上司及其管理方式

知人善任的上司大多資質平庸，但他們周圍卻聚集了一群各有所長的人才，並且心甘情願地服從他們的領導。這種類型的上司大多很謙虛，對別人的意見從來都是虛心接受，他們自己雖然沒有能力完成工作，但是他們卻懂得應該讓誰來完成這項工作。俗話說：「他們不善知事，但卻善知人。」在工作上，這樣的上司沒有獨立完成工作的能力，但是他們懂得怎樣調動整個合作團體的積極性，怎樣讓整個團體的人和諧有序地工作，所以他所領導的部門，工作效率很高，並且工作氛圍很和睦。在工作態度上，他們不是那種勤奮努力、事事以身作則的好上司，但他們絕對是虛心聽取下屬意見，給下屬自由發揮舞臺的好上司。

這種類型的上司能根據下屬的不同習慣，妥善地安排各個工作崗位，他們對下屬也不是很嚴格，但卻能把每個人的積極性調動起來，讓每個人發光發熱。

米歇爾・亨特是美國聯邦政府職能研究所主任，她認為工作中最重要的是調動員工的積極性，讓員工有一定的自主權。她說：「我並不把自己當作領導者，只是把自己當作觸發因素。我不要求員工該如何如何，因為我相信別人改變不了他們。我的目標是讓員工自己設計一個遠景規畫，並成為為了集體的共同目標而奮鬥的一分子。」她認為要想做到機構精簡的唯一方法，就是發揮員工的創造性，使員工獲得解放，這樣他們才能更快捷、更出色地工作。絕不能採取欺騙和命令的手段，必須要他們主動去做才行。

七、情緒型的上司及其管理方式

情緒型的上司通常為了芝麻綠豆大的小事就感情用事，具體表現為：輕易地發怒；在很小的事情上，喜怒哀樂的表情便輕易地浮現在臉上；自我主張，不願傾聽別人的意見；性格衝動，經常不分青紅皂白地訓斥下屬

等等。這種性格的上司雖然衝動，但他們大多數都很正直，也賞罰分明，對於勤奮工作、努力上進的下屬，他們會找機會提拔；但對於那些只說不練的下屬，他們一般不會重用，而且會很反感。

　　情緒型的上司在日常生活中也很常見。他們在工作上很下力氣，從來不會把所有的事交給自己的下屬，而自己在一邊給出建議。對他們來說，能跟自己的下屬一起工作，是他們最開心快樂的事情。但這種類型的上司很重視事情的成敗，工作順利，他們開心。相反的，如果工作不順利，或者在工作中出現了挫折，他們的情緒就會很受影響，意志消沈一段時間。

　　情緒型的上司與自己的下屬關係很友好，他們很容易訓斥下屬，但是又很容易跟對方道歉，所以在下屬面前，這樣的上司沒有什麼威嚴，與自己下屬的關係很親近。

第二節 對待不同性格的下屬應採用的管理方式

　　日本著名的企業家堤義明曾經說過這樣的一段話：「我並不是要天才人物為我做事，天才，不會為職業盡責的。我要用的就是有責任感的誠懇的人，他們會在自己的工作崗位上感到滿足，從職業中取得快樂，這樣的人才是企業裡最需要的人才。」世界上的人形形色色，公司裡的職員也魚龍混雜。一個成功的上司面對著各種各樣的下屬，不應該是束手無策，讓下屬搞得團團轉，而是左右逢源，掌握各種各樣下屬的特點，並使他們所有人的才能得到充分發揮，做到人盡其才，物盡其用。

一、對待誇誇其談的下屬

　　任何公司、企業都有這一類型的人，所有的上司對這種類型的下屬都

不陌生。喜歡虛誇的人，通常一開始能給人留下不錯的印象，讓上司對他們刮目相看，寄予厚望，認為他們富有積極性，並且有發展前途。但是這種人很快就會露出馬腳。所以領導者在聘用自己的職員時，一定不要被他們的外表所迷惑，要認真觀察他們的言行舉止。領導者不需要用嘴巴做事的人，需要的是有能力、能解決問題的人。任何一個冷靜慎重的上司，都不願任用這種類型的職員。當然有些特殊的職位需要任用好口才的人，但是領導者在考慮口才的同時，也要考慮一下職員的雙手。

　　一個汽車公司新招聘了一批年輕的員工，在面試的過程中，所有參與的上司都對其中一個年輕的小夥子留下了深刻的印象，他在整個過程中，口若懸河，講任何事情都頭頭是道，其他的人和他相比，一個個顯得很沈默。可是在試用期結束的時候，所有的上司對他都很失望，因為他對所有別人安排給他的工作，都不屑於動手做，認為都是一些小事情，對他來說，是大材小用。部門經理每天晚上都要給各經理人發出通告，有一次讓這個年輕人幫他封信封。「我不封，」這個年輕人反抗說，「公司不是請我來封信封的」。他的態度讓部門經理很生氣，「如果你覺得這事太卑下的話，你就不用在這做事了」。這個年輕人沒有辦法，只得選擇離開。而與他一起來的人，經過勤奮的工作，都有了不錯的成績。

二、對待常有非分要求的下屬

　　做為公司部門的上司或者企業的經理，一定經常有自己的下屬向自己提出各種各樣的要求。對於那些合情合理的，而自己又有能力做到的要求，應該給予支持。但是也有很多下屬喜歡提一些不太合理，或者自己沒有資格提出的要求。這時做為上司的你，是應該答應還是應該嚴詞拒絕？答應了，會不會讓其他的下屬有意見？而不答應，會不會影響下屬的積極性？這些都是上司不得不考慮的問題。

　　很多經理人常聽到這樣的話：「我以前在另一家公司，他們答應……而他們也做到了……」、「我有點失望，經理似乎並不看重……」面對這

樣的情況，許多上司都覺得束手無策。其實面對這樣的下屬，如果他確實
很有能力，而且他提的要求也可以做到，那麼上司不如滿足了別人，自己
也做回好人。如果他提出的要求在你的能力範圍以外，你應該把情況如實
地告訴他，把選擇的權力放到下屬自己的手中，讓他選擇離開或是留下。
在這種情況下，下屬一般都會理解，並且他們會感受到你的誠意，從而不
會有離開的念頭。如果是那些能力不高的人，並且他提出的要求也有點過
分，那麼你就可以毫不猶豫地拒絕他了。

三、對待只報喜不報憂的下屬

這種類型的人在公司、企業更是常見，他們為了突出自己的工作成
績，通常彙報工作時，總是揀好聽的方面說，而壞的方面則隱瞞不說。這
樣他們的職位可以得到提升，但是實際上時間一長，這樣的下屬會留下無
數工作上的隱患。比如說一個部門經理讓下屬舉辦一個新產品上市的說明
會，事情過去後，這位下屬來向經理彙報工作。「王經理，昨天的說明會
開得很成功，許多公司對我們的產品很感興趣，都希望做進一步的瞭
解⋯⋯」如果到此為止，那麼經理會真的認為很成功，這位下屬很有能
力。但是這個經理做事很認真，他後來又找了另外一個下屬瞭解情況，而
事實是說明會來的人很少，而且中間有幾次冷場的局面。

做為經理，一定要警惕這樣的下屬，特別是對於那些很重要的工作，
一定要多方面瞭解，不要輕信一個人的話，這樣容易被蒙蔽，從而不利於
工作的進展。

四、對待有後臺的下屬

社會是一個錯綜複雜的關係網路，做為一顆網路中的紐扣，每個人都
不能逃脫這個大的關係網。在一個公司或者企業裡，經理人手下經常有一
些有後臺的下屬，面對這樣的下屬，經理都感到束手無策，怕一不小心招

惹上了麻煩。對待這樣的下屬，如果他們是很有能力的人，那麼應該重用他們，如果有機會，就要提拔他們。這樣有能力有後臺的下屬，晉升的機會很多，很可能有朝一日成為你的上司，所以對這樣的人要很客氣，也會給對方留下良好的印象。如果這樣的下屬是個能力很普通的人，但是他們工作勤勤懇懇，那麼經理只要讓他們安心工作就行。如果有後臺的下屬，既沒有能力，又很趾高氣揚，不把你放在眼裡，那麼你就盡量與對方隔開距離，最好敬而遠之。如果他實在是很過分，那麼你也就沒必要對他客氣，因為你畢竟是他的上司，上司的威信還是要有的。

五、對待愛告密的下屬

在我們的現實生活中，總是有很多喜歡向上司打報告的下屬。對於這樣的下屬，做為上司的你一定要慎重對待。這樣的下屬喜歡誇大其詞，小題大做，他們的話一定要選擇性地聽取，也一定要打折性地聽取。生活中，有許多上司喜歡偏愛這種人，把他們當作自己必不可少的得力助手，甚至做為公司的中流砥柱，大有心中愛將的感覺。但是上司卻沒有意識到自己對其他下屬的瞭解，都是通過他們這些愛告密的人的傳達，很可能加入了他們自己的主觀見解，所以未必是真實的。同時，公司其他的下屬已經和自己的上司之間有了一道鴻溝，他們認為上司不重視他們的意見，而是喜歡聽那些愛告密的人的謠言。

精明的上司對於這樣的下屬，是要有保留的任用。他們通過這樣的方式對其他下屬起了監督的作用，但是又注重向其他的下屬瞭解情況，這樣，就可以全面瞭解整個公司或者部門的情況。

六、對待凡事愛拖延的下屬

很多上司都有這樣的經驗，對自己的某個下屬，你明明已經說過很多次，告訴他該什麼時候完成自己的工作，但是他還是不能及時地完成。即

使你催促了他好多次，卻沒有什麼效果，拖延的情況沒有任何改善。原因
到底在哪裡？管理者最常犯的錯誤，便是錯把表面的行為舉止視為問題所
在。事實上，外在的行為反映的是內心深層的焦慮或恐懼，如果沒有深入
瞭解下屬的內心，解決心理層面的問題，而不斷地去糾正他們的行為，反
而會適得其反，讓問題更為嚴重。面對這種類型的員工，最好的方式就是
讓他們直接面對混亂或不確定的恐懼。你可以讓他擔任某個專案或是工會
小組的召集人，學習如何為別人承擔責任、顧慮到他人的需求，如何接受
不在預期範圍內、來自其他人的要求，讓他們變得更有彈性。

　　還有一個方法就是你可以鼓勵他們在完成工作之前，盡量找其他的同
事討論，或是隨時隨地做進度報告，請主管或是其他人給予一些改進的建
議。這樣做有兩個目的：一方面透過頻繁的討論，讓他們學會接受別人的
意見，避免產生採取抗拒的心理；另一方面，也可以讓他及早做出調整，
以免等到最後完成時，結果發現不符合你所要求的，反而挫折感更大。

　　面對慣性拖延的下屬，最好的方式就是消除他們擔心做不好的恐懼。
上司應該事先溝通準時完成工作的重要性，並提醒他們哪些地方因為時間
的關係，而無法做到最好，可以事後再調整，這樣的做法可以減輕他們的
心理負擔。時間運用不當，其實只是表面的徵狀，而非真正的問題所在。
事實上，在面對下屬的任何問題時，都不應只看外在的行為，而是深入瞭
解心理層面的因素，才能對症下藥，解決問題。

七、對待辦公時間化妝的女下屬

　　在煩躁不安、做任何事都提不起勁時，人都需要轉換自己的情緒。男
性通常會抽煙、喝酒甚至賭博，而女性則一般沒有這樣的壞習慣。但是在
公司裡，會發現有許多女性職員通過到洗手間補妝，或者聊天來鬆弛自己
緊繃的神經。化妝對於女性來說，是一種情緒的自然表現。對於大多數女
性來說，心情好的時候，她們喜歡化妝，這樣自己可以更有心情。而心情
不好的時候，她們更依賴面上的妝容，因為它們可以隱藏真實的自己。對

於女性職員來說，化妝就是生活的一部分，並且是不能缺少的一部分。

但是對於喜歡上班時間到洗手間化妝，或者補妝的女性下屬，領導者應該分情況對待。對於那些只是利用化妝的時間放鬆自己神經，並且佔用的時間並不很長，不會影響整個工作的進展，那麼經理不妨支持。因為通過補妝，自己的女下屬不但容光煥發，而且工作更有效率，經理何苦吃力不討好地管制她們呢？但是對於那些上班時間經常去補妝，嚴重影響了工作進展和效率的女下屬，經理根本沒有必要姑息她們，應該及時地制止這種現象，因為不及時地制止，很可能導致別的女性下屬效仿，而造成工作上的損失。

八、對待愛遲到的下屬

遲到是日常生活中最重要的事情，無論是在機構還是在公司，遲到都是無法避免的事情。但是做為一個上司，在面對著一個又一個的遲到者時，總不免要生氣，特別是對於那些習慣遲到的下屬。正確對待這樣的局面，不僅對於整頓公司的紀律有很重要的作用，並且也決定了上司能否與自己的下屬建立良好的關係。

有的人經常遲到，而有的人一年當中可能就遲到了這麼一次，所以上司對於這些遲到者，必須因人、因事而異。不過所有的上司都會先聽聽下屬遲到的理由，以此來對他們的遲到做出處罰或者是原諒的決定。有的下屬坦白地說明了自己的遲到原因，如果說得合情合理，並且也值得原諒，那麼上司當然沒有難為他們的理由。而如果下屬的理由很牽強，而且又沒有邏輯性，那麼上司對這樣的下屬就應該提出批評，並且也要注意他們以後的行為，看是不是經常犯這樣的錯誤。還有一種情況，上司通過他們遲到的理由，能發現更嚴重的問題。比如有的下屬解釋自己的遲到是因為晚上睡不著，身體感到不舒服，早上到醫院去了。那麼上司就應該重視，問清楚這樣的下屬病情是否很嚴重，能不能堅持工作，如果病情嚴重的話，就應該讓他們回家休息，不要讓病情有進一步的惡化。上司如果處理得合

情合理，那麼下屬自然會心服口服，會很感激上司對自己的關心，工作也會更加努力。這樣的上司也會建立良好的上下級關係。

好上司必備的五大性格特徵

　　用人正確與否，關乎企業的命運。做為現代企業的經理，最困難的不是如何選擇人才，而是在選擇人才之後，怎樣才能用好人才，充分發揮人才的最大潛能。能讓自己的下屬在和諧的氛圍裡辛勤工作的上司，就是成功的上司；相反的，則是失敗的上司。對於一個成功的上司來說，以下的性格特徵則是不能少的。

一、責任心強

　　對任何人來說，犯錯誤時都不要試圖做過多解釋。因為錯誤已經造成了，你需要的只是用最短的時間改正和彌補它，其他解釋只是多餘。對於領導者來說，更是如此。他們中的許多人都認同一個觀點：我可以原諒各種錯誤，但絕不允許找藉口。在日常生活中，我們常會說：「我以為……」但當你在說這句話的時候，其實你已經在為自己辯解了。

　　在日本企業裡，找上司彙報錯誤時的第一句話都是：「老闆，我犯了一個錯誤。」然後才會再往下說。顯然，這是一種文化的養成，是一種抱著解決問題而非推卸責任的態度來面對失誤。如果你是一位副總經理，當總經理問你情況時，你卻一個勁兒地說「這都是李經理的錯……」、「這都是趙經理的錯……」，那麼總經理會反過來問你：「那副總經理，我白請你了！如果都是他們的錯，你又在做什麼？」

　　對於一個成功的領導者來說，他們永遠不會給自己找任何開脫的藉

口。現實生活當中有兩種人：一種人是永遠在不停地表現，另一種人永遠在為自己辯解。因此在發生錯誤時，領導者首先應該想的就是要負起責任。無論是在上司面前，還是在下屬面前，都要勇於承擔起責任。每個人都要抱有「問題到這裡結束」的態度，永遠不把問題傳遞給別人。

美國公司的員工就很少去請教上司，他們追求給自己一些想像的空間。他們常說：「Let me try（讓我試一試）！」日本企業的員工也很少請教上司，因為他怕上司說他無能，只有不得已時才會去請教上司：「非常抱歉，我出了一個問題，想破了頭，也想不出來，想請教您一下，看看能不能給我點兒意見……」

我們的經理人卻常常「癡迷」於被下屬請教，覺得這樣才有權威和被需要。甚至如果工作了一天都沒有人來請教他，便會鬱悶地想：「自己怎麼這麼不重要呢？竟然都沒有人想起我……」

經理人需要一種負起責任的信念。當有下屬出現問題找你請教時，你可以先問他：「你有沒有負起你的責任？你解決到了什麼地步？是否非進我的門不可？」如果答案是肯定的，那麼就請坐下，我們來談談這個問題。如果從高層到普通一員，每一個人都能這樣負起責任，企業又怎能不蒸蒸日上呢？

二、富有創造性，可以隨時、隨地啟發下屬

人們常常以為對於人才的「選、用、留、育」是人力資源部門的事情，但實際上做為經理人，你對下屬負有百分之七十的教育責任。因為人力資源部只是通常的教育，而員工的直接上司才是在對他進行最專業的教育的人。如果你只是在等人力資源部培訓你的下屬，那麼你這個上司是肯定沒有盡到責任的。優秀企業的老闆，往往是花了二十來年的時間來教育他的員工，無論是在企業的規章制度上、企業文化上、乃至思想觀念上，都無不滲透著啟發式教育。

啟發是一種需要「隨時、隨地、隨人」進行教育的方式。啟發下屬是

對任何事情都要啟發，就連看到一個人不對都要啟發。但現實生活中，我們的上司總是保持沈默。一個公司經理，有一次他在公司看到一個秘書在寫信封，發現對方寫錯了，於是他叫所有人全部過來，講信封應該怎麼寫。因為寫信封是有禮儀講究的，它是公司素質的體現，這正好是一個機會教育。很多事情都是需要隨時發現、隨時教育的，教育的機會無處不在。花時間去教育下屬，其實是很辛苦的，但是這是辛苦在前，受益在後。很明顯，這個經理是富有創造性和善於啟發自己的下屬的，他抓住了有利的時機，對所有的下屬都進行了啟發式教育。

　　有一次我的朋友在比利時的一間小咖啡店喝咖啡，咖啡店老闆走過來告訴他：「咖啡不是這樣泡的。」於是他給我的朋友演示了一遍，而我的朋友正要喝時，他說：「不行，你最好自己重新泡一杯。」當我的這位朋友泡好時，問他對嗎？他笑著點點頭。而他端起來喝的時候，這個老闆說：「慢點兒喝，慢點兒喝。咖啡進口後，不要馬上嚥下去，要用舌頭去攪拌它，再讓香氣從鼻孔裡散發出來，然後才嚥下去。」他照做了，那的確是最美味的咖啡。這位老闆看出我的朋友是中國人，就讓他看咖啡店門上的數字。上面寫著「一八四六」，這是它成立的時間。它的牆上還有很多照片，都是皇室貴族和許多國家首相來此的照片。他們能把一個小小咖啡店的品味做成這樣，能保持這種傳統，就連一個客人喝咖啡的樣子不對，都要馬上過來教育，這也就是為什麼它可以持續經營一百多年的原因了。

　　經理人不要忘了：你自己具有豐富的創造性，並且啟發自己的下屬，是自己成功的一個關鍵因素。

三、善於思考

　　每個人都是先有想法，再由這種想法產生一種衝動，有了衝動之後變成一種行為，這種行為久了就會變成一種習慣，習慣天長日久了，就形成了一種文化。有句名言說：「許多許多的歷史才可以培養一點點傳統，許

多許多的傳統才可以培養一點點文化。」

　　一個經常到世界各地的朋友，講到企業遵守時間的重要性時，舉了兩個例子。一次，他在日本住店，由於他的班機很早，要很早用早餐。他問服務生：「五點鐘有早餐嗎？」「四點鐘就有。」於是他故意提早去餐廳門口守候。不到四點鐘，所有的準備工作就已經就緒，四點鐘，門準時打開，服務生和店長整齊地站在門口向他問早安。這就是做事情的習慣。還有一次，他應邀出席一個德國朋友的晚宴。請柬上寫的時間是十二點零三分。他很好奇，德國人可以把時間精確到分。他特意十一點五十分就到了，就是要看看他們的表現。十二點鐘時，服務生就都已經開始把盤子托在手上了，十二點零三分音樂響起，宴會準時開始了。所以他說越是世界強國，通常越遵守時間，這是一種思想、一種行為、一種習慣。

　　在企業裡，很多經理人喜歡說「不要告訴我過程，只要告訴我結果」，這句話看起來很有道理。可是經理們是在和自己的下屬一起工作，不是叫下屬們去做無謂的犧牲。如果不去扭轉和教育他們的思想，他們做事的思路和方法不對，結果不可能會好的。

　　因此做為一個上司，一定要善於思考，使自己從思想上得以改變和昇華。如果你都沒有一個好的思想，你就應該好好檢討一下了。同時，對待下屬應該像對待自己的子女一樣，教育和培養他們。他們在思想上沒有進步，你就沒法指望他們可以在行動上有什麼好的結果。

四、懂得取捨

　　有句話說：性格左右命運，氣度影響格局。一個人的命運好壞，其實看他的性格和氣度就知道了。做為主管，要注意目標，而不要只關注小事情。無論是張藝謀在太廟上演的《杜蘭朵》，還是貝聿銘設計的法國羅浮宮入口，無不是大格局的作品，只有把握好大格局和總體風格，在大背景下的細節精妙之處才能體現出來。

　　有兩個經歷讓一個部門經理深有體會。有一次董事長對他說：「十二

點一塊兒去吃飯。」此時，已是十一點五十五分。他到了辦公室，忙了一會兒才下來，董事長的車已經發動好等他了。他表示歉意後，董事長馬上罵他說：「連吃飯都趕不上，還能幹什麼？要記住：你沒有那麼偉大，要學會放下。」還有一次，他岳父讓他回家吃飯，但回去時已經晚了一個小時。他解釋說公司很忙，他岳父說：「不要以為你有什麼了不起，即使你離開公司也照樣有人做。」

通過這幾件事，他就開始學會了放下，時間一到該放下的就放下。做為上司，眼睛要看到很遠的地方，就像游泳一樣，一邊游一邊抬起頭看目標，如果只顧著游，不看目標，不撞牆才怪。有的上司一天到晚很忙，但忙得不正確。如果是用百分之九十的時間去做對生產力只有百分之十影響的工作，豈不是事倍功半？所以說，一個成功的經理人一定要懂得有所取捨，只有捨，才能有更好的得。

經理人的工作，就是要做最重要和最緊急的事情。這些事做完了，其他的事就要放下，因為一個人永遠不可能做完所有的事。你只要可以在每天下班時，做到問心無愧地說，「我今天最重要和最緊急的事情已經做完了」，就可以坦然地提著包包回家了。因此企業經理人要多花心思和時間在企業的目標上。如果一個上司習慣於將眼光放在小問題上，也會喪失創造力。

五、適度冷漠，和自己的下屬保持必要的距離

美國有軍官俱樂部、士官俱樂部和士兵俱樂部這三個等級的俱樂部，為什麼要將俱樂部分為三個級別呢？再比如日本企業在有類似活動時，也分為三個層級，部長級的活動由總經理、副總帶開，經理級的由主任、科長帶開，業務員活動由業務代表帶開。原因是什麼？東西方企業都有一點共識，就是做為企業的領導者，必須要有個領導的樣子。你不可以整天和下屬稱兄道弟地打成一片，不可以和下屬肆無忌憚地開玩笑，不能讓自己沒有威嚴。當你的威嚴漸漸失去時，也是你縱容下屬的開始。慢慢你會發

現，它將成為你的包袱。要記住：和下屬在一起，永遠是工作關係。

如果企業要辦一個郊遊活動，對於員工來說，這是娛樂，他們可以上車就睡覺，只管享受。但對於上司來說，這就是業務，你要時刻關注此行的目的是什麼？要花多少錢？大家行程是否妥善？最後的總結會怎麼開等等。

要保持上司的威嚴，一定要和下屬保持距離。這也很像傳統的「倫理」意識，老闆永遠是老闆，是威嚴和權力的象徵。這可以使你在需要對下屬下達任務、批評錯誤、甚至是裁員的情況發生時，做出客觀的評價而不帶有個人的感情色彩，並且可以由於你的行事態度，更好地在下屬中樹立起威信。

女性上司性格中的不利因素

女人是感性的，男人是理性的。這話雖然有些絕對，但也不無道理。大多數的女人無論是在職場還是在情場中，感性總是多於理性的。有時，就是因為女人的感性，所以獲得了與男人不一樣的靈感和收穫。然而當女人不合時宜地表現出過分的感性時，亦會造成不可避免的損失。這時，是到了我們該好好管理一下自己性格的時候了。

一、情緒容易激動

劉影是一家大型企業的部門副理，她的能力是有目共睹的，無論是工作能力，還是文字水準，均是單位一流的人才，這一點上司也是充分肯定的。平時她熱情大方，率真自然，是比較受人歡迎的。但是，成也蕭何，敗也蕭何。她的率直和不加掩飾，在職場中有時可是個大忌。

　　前不久，單位提拔了一個無論是資歷還是能力和業績都不如她的女同事做部門經理。她很是生氣，平時上司就對這位女同事特別關照，什麼升職、加薪等好機會都想著她，好事幾乎都讓她全包了，眼看著處處不如自己的同事，一年之內竟然被「破格」提拔了三次，但自己的業績明明高出她好幾倍，而上司好像視而不見，只是一個勁地讓她好好工作，好機會總沒她的份。這次她真的惱了，她義憤填膺地跑到上司的辦公室去「質問」，並義正言詞地與上司「理論」起來，但上司那兒早已準備了一些冠冕堂皇的理由，儘管這樣，上司還是被她搞得非常狼狽。

　　從這以後，劉影的情緒一度受到影響，還因此備受冷落，同事也不敢輕易和她說話了。她很難受，又氣又急又窩火，自己怎麼也想不通工作做了一大堆，上司安排的工作也能高標準地完成，但為什麼總是吃力不討好呢？看看那位女同事，也沒做出什麼出色的成績，人家卻不慌不忙的總是好事不斷。經過分析，雖然原因是多方面的，但最主要的一條就是她犯了職場中的大忌，太情緒化了。碰到事情和問題很少多想個為什麼，只憑著感覺和情緒辦事，只想做好工作，用業績說話，在為人處世上太缺乏技巧了，常常吃力不討好。她也想讓自己「老練」和「成熟」起來，然而一碰到讓人惱火的事情，她就是控制不住自己的情緒，儘管事後覺得不值，但當時就是不能冷靜下來。

建議

1️⃣ 遇到事情和問題先別急，要冷靜思考，上司之所以信任和提拔這位同事，她一定有讓上司認可的能力。

2️⃣ 碰到惱人的事情，先不要發火，盡量讓自己安靜下來，然後再做決定。

3️⃣ 一定要學會制怒，有些事情一旦爆發，事後是無法彌補的。

4️⃣ 不要苛求什麼，學會緩解和釋放壓力，調整好心態，心平氣和地做人做事。

二、虛榮，太在意別人

　　工作中，許美路認真負責，反應迅速，有毅力，有思路，這都是職業女性必備的要素。她的工作成績突出，業績驕人，上司和同事是有目共睹的。然而她有個最大的弱點，就是太看重別人的看法和反映，在考慮問題時不夠理智客觀，顧慮太多，考慮別人太多，如果看到別人臉色不好看時，無論是上司還是下屬，她都能夠迅速做出反應，解釋為什麼要這樣做，把自己清清楚楚地暴露給別人。其實有些事情是無需解釋的，這樣，反將本來挺簡單的事情辦得複雜了。後來單位調整了幾次幹部，提拔了幾名職員，也都沒有許美路。理由是她太看重別人的看法了，缺乏主見，一個連自己性格都管理不好的人，如何去管理下屬呢？

建議

1. 無論做什麼事，都不要急於表態，某些時候沈默依然是金。
2. 考慮事情要從大局出發，對上不卑不亢，對下恩威並重，並敢於有技巧地說不。
3. 培養自信心和綜合能力，努力提高處理各種複雜問題的能力。

三、容易有優越感

　　小雲可以說是幸運的寵兒，美麗聰明的她，一直是異性追逐的對象。也許是從小就被寵壞的原因，她天生就有一種優越感。的確，無論在相貌上還是業務上，她都是佼佼者。但她卻很少有朋友，特別在單位裡，同事們表面上對她笑臉相迎，但實際上都敬而遠之。因為她的光環太耀眼，別人和她在一起，會感到一種壓力和不自在。偏偏小雲也自恃自己有才有貌，一股從內心裡透出來的優越感，使她說話時都會有種盛氣凌人的樣

子，而且還習慣以自我為中心，讓和她相處的人感到格外地不舒服。本來
她的優勢就很讓人嫉妒了，但她不懂得如何保護好自己，還是我行我素、
獨來獨往，像個孤家寡人，顯得挺沒人緣的。後來她也意識到這點，就主
動靠近大家，然而她多年養成的習慣很難改變，做得總是那麼不自然，反
而適得其反。小雲也是很苦惱，但就是找不到解決的辦法。

1 努力溝通。應該說溝通是女人的天性，在碰
　到問題時，一定要想法進行交流，不然問題
　會越積越深。

2 修煉自己的性格，性格除了天生之外，後天
　的培養也很重要，修煉好性格會帶來好運
　氣。

3 多學習多讀書，溝通和相處是需要技巧的，
　只有掌握更多的知識，才能運用不同方式、
　方法與不同的人進行溝通交流。

四、工作中容易混淆私人情感

　　A是個聰慧的氣質型女子，然而聰明的女子在感情的問題上，有時也
會犯很「低級」的錯誤。她也不知道怎麼就愛上了上司，這並不是她的本
意，儘管她發現上司有這種傾向時，也多了幾分戒備和警惕，但就是不知
道為什麼就按照他的思路去做了。當她發現自己真的愛上上司時，便不斷
地提醒自己保持頭腦清醒，像以前一樣工作，包括與他相處。但她沒想到
女人一旦愛上誰，智商會如此低下，連自己都嚇了一跳。

　　過去A處理問題理智冷靜，很難讓人找出破綻。但自從與上司有了曖
昧感覺後，她碰到不如意的事情，很難再用理智和智慧處理問題，總是用
比較直接的方式或憑心情辦事。不高興時，對上司也是橫眉冷對。那次公

司裡有個出國的機會，她覺得這個名額上司一定會想到她的，結果卻出乎意料，這個名額給了公關部的小玉。她一得到消息，當時就火冒三丈，也沒讓自己冷靜下來就去問上司。上司聽明來意，也不耐煩了：「出國名額不是哪個人決定的，而是公司研究決定的，希望你在工作中不要這樣情緒化。」上司一板臉，A頓覺自己受了委屈，更加氣惱了。上司開始對她越來越疏遠，這時她才如夢初醒。

建議

1 溫柔是女人的生存原則，在辦公室要溫和，但不要情緒化。

2 職場是個把自己的才智貢獻出去，讓別人信任和依靠的場所，融合與被融合是最重要的。

3 職場中有種看不見的「收入」，比如升職、加薪、出國等。收入的決定權往往掌握在男上司的手裡，這種實力加寵愛的收入，往往會落到那些睿智的優秀女職員手中。

4 「慧中」之後的「秀外」才能長久，才能真正讓人賞心悅目。女管理者要管好自己的性格。

ch 8
在職業發展中運用性格的
神奇力量

第一節 職業發展的一般常識

一、什麼是職業？

職業是指從業人員為獲得主要生活來源，而從事的社會性工作類別。職業必須同時具有以下特徵：

(1)**目的性**：職業以獲得現金或實物等報酬為目的。

(2)**社會性**：職業是從業人員在特定社會生活環境中，所從事的一種與其他社會成員相互關聯、相互服務的社會活動。

(3)**穩定性**：職業在一定的時期內形成，具有較長的生命週期。

(4)**規範性**：職業必須符合國家法律和社會道德規範。

(5)**群體性**：職業必須具有一定的從業人數。

二、什麼是職業定位？

美國麻省理工學院人才教授認為，根據職業定位，人可以分為以下五類：

創造型：這類人有強烈的慾望創造完全屬於自己的東西，包括以自己名字命名的產品或工藝，或是自己的公司，或是能反映個人成就的私人財產。他們認為只有這些實實在在的物質，才能體現自己的才幹。

管理型：這類人有強烈的管理願望，假如經驗也告訴他們自己有這個管理和領導能力，他們往往將職業目標定為有相當大職責的管理崗位。成為高層管理人員需要三個方面的能力：1.溝通能力：影響、監督、領導、應對與控制各級人員的能力；2.判斷能力：在資訊不充分或情況不確定時，判斷、分析、解決問題的能力；3.自控能力：在面對危急情況時，不慌張、

不沮喪、不氣餒，能夠很好地控制自己的情緒，有能力承擔重大的責任。

　　技術型：以此為職業定位的人，由於自身性格所決定以及愛好考慮，往往並不喜歡從事管理工作，而是願意在自己所處的專業技術領域發展。

　　自由獨立型：有些人喜歡獨立做些事情，不喜歡在大公司裡身受束縛。很多有相當高的技術型職業定位的人，也屬於此種類型，但是他們又不同於那些簡單技術型定位的人，因為他們往往並不願意在組織中發展，而是寧願獨立從業，或是與他人合夥開業，或是做一名諮詢人員。很多自由獨立型的人會成為自由職業人，或是開一家小的零售店。

　　安全型：有些人最在乎的是職業能否長期穩定。這些人會在安定的工作、可觀的收入、優越的福利與養老制度等上面付出很大努力。隨著社會的進步，選擇這種職業定位的人將越來越少。

　　為了更好地明確自己的職業定位，可以嘗試以下方法：首先仔細思考以下問題，拿出一張紙，將你的回答要點記錄在紙上，然後根據上面五類職業定位的解釋，確定你的主導職業定位。

　　1.你在中學、大學時投入最多精力的分別是哪些方面？

　　2.你畢業後第一個工作是什麼，你希望從中獲取什麼？

　　3.你開始工作時的長期目標是什麼，有無改變，為什麼？

　　4.你後來換過工作沒有，為什麼？

　　5.工作中哪些情況下你最喜歡，最不喜歡？

　　6.你是否回絕過調動或提升，為什麼？

　　以上的五種職業定位分類並沒有好壞之分，之所以將其提出，是為了幫助大家更好地認識自己，並據此重新思考自己的職業生涯，設定切實可行的目標。

三、什麼是職業規畫十要素？

　　1. 要有責任心。

　　無論你現在或將來從事什麼職業，一定要記住對職業要負責。就像一

名牙科醫生對他醫治的患者要負責那樣，你一定要有一顆敬業心，恪守職業道德，兢兢業業，勿怕重負。

2.切記和諧融洽的人際關係非常重要。實踐證明與同事間人事關係融洽，將使工作效率倍增。

3.要優化你的交際技能。優良的交際技能，可為你謀職就業提高成功機率。如美國矽谷科園區的許多高技術公司，在聘人時不僅考察技術，同時還考察受聘者的交際技能，成功受聘者的做法是在聽對方說話時，要認真努力去理解對方話語含義，此後再解釋自己的有關見解。

4.要善於發現變化並適應變化。不管周圍環境及你人生某一階段出現怎樣的變化，你都應該善於發現其中的各種機遇並駕馭這些機遇。例如在互聯網上經營商務，這是一種時代變化，同時對你也可能是一種機遇，不管你從不從事網路商務，面對此時代新生事物，你都應該認同它是當今世界上最有功效的事物，且具有變化的未來趨勢，不管這種變化是好還是壞，你都要認真審視、認真預測，因為你目前或將來從事的職業可能與此密切相關，各種機遇可能正包含在其中。

5.要靈活。未來時代的工作者們，可能必須要經常轉換職業角色，這就是說你要善於靈活地從一個角色迅速轉換到另一個角色，方能適應時代環境的變化。

這些像做父母的人一樣，他（她）必須善於在啟蒙子女、撫育子女、教育子女等各階段充當各種不同角色，而這種角色的一一變更，確實需要做父母的具有極高靈活性相助才行。因為你所要充當的一個個不同的角色，既需要一一相續地接連轉換，又缺少有「指路地圖」為你「指點迷津」。做父母的人操作此過程，往往靠的是一種直覺相助，而在你未來人生職業角色的屢屢轉換中欲取得成功，則必須要學會學好「靈活」才行，非如此不可。

6.要善於學用新技術。或許你想當一名作家，但在當今時代作家欲獲成功，也必須不斷學用並掌握新技能才行，比如作家必須同時成為一名電腦文字處理員，才能獲得成功。

7.要捨得花錢、花時間學習各種指南性知識簡介。目前各大學、社會研究機構、其他組織開辦了各式各樣的實用性半日、一日或二日即可學完的知識簡介科目，這些科目你可試學，若試學後覺得自我感覺良好，學後大有實用價值，那麼不妨再深入學下去⋯⋯

這類指南性知識簡介科目的試學，可能是預探新領域內「深度」的最簡便易行之方法。

8.摒棄各種錯誤觀念。當你考慮某新職業或新產業時，觀念一定要更新，以防被錯誤思維誤導。

例如現今考慮醫療保健行業時，應清楚認識到它已走向了市場化、價值化，這與五年前的醫療保健截然不同。

9.選擇就業單位時事前應多做摸底研究。當你欲加盟一家公司前，多下點力氣去研究這家公司的「風格」和「行為」，堪稱十分必要和重要，你不妨事先多去幾次這家的門廳接待處和有關招待人員周旋，目的是側面瞭解該公司的規範、行為、準則等事項；你也可閱讀有關該公司的公開財務報表；你還可到鄰近該公司的飯店，向飯店服務人員側面瞭解一些有關該公司職員們的情況（如這些職員屬哪種性格、類型的人）。

10.要不斷開拓進取、不斷開發新技能。一個複合的社會將不僅需要專業化知識，同時還需要通用化及靈活式技能。一名專業工作者若能藉助於專業知識及通用技能綜合武裝自己，才更能適應未來年代的挑戰和競爭。

換句話說，為你未來職業考慮，你絕不應只「低頭拉車」專心研究某一種專業知識，你還應同時「抬頭看路」，看看這種專業知識在未來社會是否還將為人們所需求。一般說來，以長遠眼光看問題，多掌握幾種技能，要比只精通一門狹窄專業知識更有前景。

運用性格的力量在職業競爭中取勝

　　人與人之間有著很大的區別，有人樂意做事務性的工作，而有的人對資訊加工與處理非常擅長，還有的人熱衷於人與人之間的溝通和交流。這就是人的性格偏好所起的作用。因此性格能讓你在一種職業環境中獲得成功，但在另一種職業環境中卻大受挫折。

　　性格是一個複雜、動態的混合體，由遺傳、後天累積的經驗、與周圍環境的相互作用，以及有意識和潛意識構成。不少人認為自己是一個多種類型混合成的矛盾體，但是專家認為「萬變不離其宗」，你一定是以「自我」為核心的，也就是每個人的個性中一直保留著恒定的偏好，無論時間如何流動，它們都保持著本質的穩定。

　　性格偏好，意味著你以某種方式做事的天生愛好。就像你的左右手。你每天都要使用自己的兩隻手，但出於本能，你一定偏好使用其中的一個，因為它能更加自如、更充分地發揮和協調它的功能。當然你也可以用不很擅長書寫的那隻手寫字，但你會感到彆扭、費力，而且寫出來的字也不如另外一隻手。

　　如果你發現自己處在不適宜的管理職位上，或者認為某個職業不適合自己，通常是因為職業角色的要求和你的個性偏好不相匹配。為了有效行使職能或做好這份工作，你常常會改變自己已定型的性格定位，這便帶來焦慮和緊張。舉例說，一個內向的人需要在一個大型演講會上發表演說，或者一個急脾氣的人要扮演員工關係協調者的角色，這都會讓他們感到緊張或將工作搞砸。由於性格偏好與職業角色的要求不協調，個人潛能便不能有效發揮，工作表現自然不如意。

　　由此看來，性格與職業的選擇、成功有著密切的關係。如果你能辨別自己的性格偏好，並力圖使之和職業角色的要求相互匹配起來，那麼你一定會在工作中保持和加強你的優勢，控制和減少你的劣勢，職業表現肯定

強於別人！如果你想取得職業的成功，首先要理解、認清自己的性格偏好；其次是明確在哪種環境下工作，你能最大程度地發揮自己的個性優勢；從事什麼類型的工作，能讓你的「自我」個性與職業個性融為一體……

　　假設你是位出色的銷售經理，具有隨和、易與人交往、工作努力等特點。由於工作表現出眾，被公司提升為高級營銷經理，每天面對的工作也從原來的銷售隊伍管理、客戶拜訪轉變為區域資料分析、市場調研計畫和廣告促銷活動策劃等。同事和朋友很羨慕你的新職位，但你卻可能感到新工作非常枯燥，寧願走訪客戶。出現這種情況，顯然是公司和你都沒能弄清銷售人員和營銷人員是兩種截然不同的職業，角色的要求存在著很大的差異。

　　從專業角度而言，營銷經理的任務是從公司長遠的營銷戰略出發，尋找、確定市場機會，制訂營銷策略、規畫和組織新產品或服務上市，確保銷售活動達到預定的目標；而銷售人員則是負責實施新產品進入市場和促進、維持銷售活動。因此營銷人員大多具有以資料為導向的個性偏好，擅長規畫遠景藍圖，善於洞悉客戶需求與行為間的關係，但銷售人員的缺點是短期行為多，無整體戰略性和缺乏整體分析能力。儘管相當部分的營銷人員來自於銷售隊伍，但不是所有的銷售人員都能勝任營銷人員的職業角色。

　　其實在不少領域裡，你我往往缺少天分，毫無才幹及能力，連勉強完成某項任務都不容易，這時你就應該避免選擇這些領域內的工作。對於無能為力的領域，還是不再徒耗心力為好，畢竟從「毫無能力」進步到「馬馬虎虎」，要耗費的時間與精力，遠比從「表現突出」到「卓越境界」所需的多得多！

　　性格外向的人樂於與人交往，喜歡與其他人互相交流，他們善談，在職業中能夠充分利用其人際交往的能力；另外，他們以行動為導向，樂於在公眾場合表現自我。如果讓他們花時間獨處，或者獨自完成工作，很快會變得疲憊不堪、煩躁不安和精神沮喪；而內向的人則沈靜、保守，喜歡

獨自工作，一次只能關注一件事。因此性格外向的人可以勝任銷售經理、客戶服務、公共關係、演員等工作，而內向型人群則很難滿足這類職業角色的基本要求。

總之，性格與職業成敗有著密切的關係。理解、認清自己的性格偏好，找出自身的優點、缺點，並且學會在工作中揚長避短，才能促使自己在職業競爭中表現卓越。

判斷自己的職業性格

性格活潑的人，適合有挑戰性的工作；性格內向的人，適合穩定的工作；有的人適合與物打交道；有的則擅長與人打交道。造物者給了人類千千萬萬種性格，其中也含有一定的共性。按照這種共性分類分析，你能找到你最合適的工作。

判斷自己的職業性格，才能正確選擇職業生涯的大方向，這可以說是應聘的第一步，也是最關鍵的開頭。如果不清楚自己的職業性格而導致找到一份不合適、不喜歡的工作，那將影響你的職業道路的進程；而如果等到你發現目前的工作不適合、不喜歡，再圖跳槽大計，那就走了一大段彎路。如果你永遠不以自己的職業性格做為選擇職業的準繩，那勢必永遠在跳槽、再跳槽中惡性循環……這將對你的職業生涯發展起負面影響。

對於性格來說，它做為人的一種心理特性具有一定的穩定性，但又不是一成不變的，客觀環境的變化和個人的主觀調節，都會使性格發生改變，所以性格與職業生涯的順應也並非絕對，而是具有一定彈性的。

一、測試一：你的性格適合哪些工作範圍內的職業

下面一系列問題有助於你分析自己的性格，請按自己當前工作的真實

情況，在「是」或「否」相對的字母上畫圈，每題只能畫一個圈，不能多圈，也不能漏圈。

● **第一類：人**

選擇「是」或者「否」　　是　否

1. 你在做出決定前常常考慮別人的意見　　ⓐ　　ⓒ

2. 你願意處理統計資料　　ⓒ　　ⓐ

3. 你總是毫不猶豫地幫助別人解決問題　　ⓐ　　ⓒ

4. 你常常忘記東西放在哪兒　　ⓑ　　ⓒ

5. 你很少能通過討論說服別人　　ⓒ　　ⓑ

6. 大多數人認為你可以忍辱負重　　ⓒ　　ⓐ

7. 在陌生人中你常感到不安　　ⓒ　　ⓑ

8. 你很少吹噓自己的成就　　ⓐ　　ⓒ

9. 你對世事感到厭倦　　ⓑ　　ⓒ

10. 你參加一項活動的主要目的是取勝　　ⓒ　　ⓐ

11. 你容易被大多數人所動搖　　ⓒ　　ⓑ

12. 你做出選擇後就會按照你的辦法去做　　ⓒ　　ⓐ

13. 你的工作成功對你很重要　　ⓑ　　ⓒ

14. 你喜歡既需要大量體力又需要腦力的工作　　ⓑ　　ⓒ

15.. 你常問自己真正的感受如何　　ⓐ　　ⓒ

16. 你相信那些使你心煩意亂的人他們心裡有數　　ⓒ　　ⓑ

計數（不計算答案C），每選擇一個得1分。

A得分(　)，照顧人；

B得分(　)，影響於人；

A和B總分(　)。

●第二類：程式與系統

選擇「是」或者「否」　是 否

1. .你喜歡清潔　ⓐ　ⓒ

2. .你對大多數事情都能迅速做出結論　ⓒ　ⓐ

3. .經過檢核和運用過的決議最值得遵循　ⓐ　ⓒ

4. .你對別人的問題不感興趣　ⓑ　ⓒ

5. .你很少對別人的話提出疑問　ⓒ　ⓑ

6. .你並不總是能遵守時間　ⓒ　ⓐ

7. .你在各種社交場合下都感到坦然　ⓒ　ⓑ

8. .你做事總願意先考慮後果　ⓐ　ⓒ

9. .你覺得在限定的時間內迅速地完成一件事很有趣　ⓑ　ⓒ

10. 你喜歡接受緊張的新任務　ⓒ　ⓐ

11. .你的論點通常可信　ⓒ　ⓑ

12. 你不善於查對細節　ⓒ　ⓐ

13. 明確、獨到的見解對你是很重要的　ⓑ　ⓒ

14. 人多的話會約束你的自我表達　ⓑ　ⓒ

15. 你總是努力完成開始的事情　ⓐ　ⓒ

16. 大自然的美常使你震驚　ⓒ　ⓑ

計數（不計算答案C），每選擇一個得1分。

A得分(　)，語言；

B得分(　)，財政金融／資料處理；

A和B總分(　)。

●第三類：交際與藝術

選擇「是」或者「否」　是 否

1. 你喜歡在電視節目中扮演角色　　ⓐ　　ⓒ

2. 你有時難以表達自己的意思　　ⓒ　　ⓐ

3. 你覺得你能寫短篇故事　　ⓐ　　ⓒ

4. 你能為新的設計提供藍圖　　ⓑ　　ⓒ

5. 關於藝術你所知甚少　　ⓒ　　ⓑ

6. 你願意做實際工作，而不願讀書或寫作　　ⓒ　　ⓐ

7. 很少留意服裝設計　　ⓒ　　ⓑ

8. 你喜歡和別人談他們的見解　　ⓐ　　ⓒ

9. 你滿腦子獨創思想　　ⓑ　　ⓒ

10. 你發現大多數小說很無聊　　ⓒ　　ⓐ

11. 你特別不具備創造力　　ⓒ　　ⓑ

12. 你是個實實在在的人　　ⓒ　　ⓐ

13. 你願意將你的照片、圖畫拿給別人看　　ⓑ　　ⓒ

14. 你能設計有直觀效果的東西　　ⓑ　　ⓒ

15. 你喜歡翻譯外文　　ⓐ　　ⓒ

16. 不落俗套的人使你感到很不舒適　　ⓒ　　ⓑ

計數（不包括答案C），每選擇一個得1分。

A得分(　　)，文學、語言、傳播；

B得分(　　)，可見藝術與設計；

A和B總分(　　)。

●第四類：科學與工程

選擇「是」或者「否」　　是 否

1. 辯論中，你善於抓別人的弱點　　ⓐ　　ⓒ

2. 你幾乎總是自由地做出決定　　ⓒ　　ⓐ

3..想個新主意對你來說不成問題　　ⓐ　　ⓒ

4..你不善於令別人相信　　ⓑ　　ⓒ

5..你喜歡事前將事情準備好　　ⓒ　　ⓑ

6..抽象地想像有助於解決問題　　ⓒ　　ⓐ

7..你不善於修補　　ⓒ　　ⓑ

8..你喜歡談不可能發生的事　　ⓐ　　ⓒ

9..別人對你的談論不會使你難受　　ⓑ　　ⓒ

1.0.你主要靠直覺和個人感情解決問題　　ⓒ　　ⓐ

1.1.你辦事有時會半途而廢　　ⓐ　　ⓒ

1.2.你不隱藏自己的情緒　　ⓒ　　ⓐ

1.3.你發現解決實際問題很容易　　ⓑ　　ⓒ

1.4.傳統方法通常是最好的　　ⓑ　　ⓒ

1.5.你珍惜你的獨立　　ⓐ　　ⓒ

1.6.你喜歡讀古典文學　　ⓒ　　ⓑ

計數（不計算答案C），每選擇一個得1分。

A得分(　　)，研究；

B得分(　　)，實際；

A和B總分(　　)。

請計算出各部分的A得分、B得分與A和B的總分。

總分在0～4分：表明這一工作不能滿足你的性格所求；

5～10分：表明一般；

10分以上，表明這一類型的工作最適合你，能滿足你的性格需求。

最後根據A和B的得分多少，來確定工作範圍內的具體職業。

第一類：人

在這一大類中：

如果A得分高於B，則說明你更善於照顧人，應該在醫務工作、福利事業或教育事業中尋找職業，如醫生、健康顧問、社會工作者、教師等。

如果B得分高於A，則表明你更能影響他人，對軍事、商業或者管理方面會感到得心應手，例如警察、軍人、安全警衛、市場經理、貿易代理、市場研究者等。

第二類：程式與系統

在這一大類中：

如果A得分高於B，表明你適合做行政管理、法律等與言語有關的工作，例如辦公室主任、人事管理、公司秘書、律師、圖書館員、檔案員、書記員等。

如果B得分高於A，那麼你更適合做金融和資料處理工作，包括會計、銀行、出納、金融、保險、電腦程式和系統分析方面的工作。

第三類：交際與藝術

在這一大類中，如果A得分高於B，表明你適合做新聞、文學和語言工作，如記者、翻譯、電臺或電視臺工作人員、公共事業管理員。

如果B得分高於A，表明你更適宜於從事設計和藝術工作，如圖案設計員、製圖員、建築師、室內裝修設計師、劇場設計、時裝設計、攝影師等。

第四類：科學與工程

這一大類的工作可分為研究與實際工作。如果A得分高，則適於從事前類工作，如生物學家、物理學家、化學家等。

如果B得分高，則適於從事後類工作，如機械工程師和土木工程師等。A和B不能絕對分開。

每個人的性格都有積極和消極兩個方面，通過測量、分析，有利於克服消極的性格品質，發揚積極的性格品質。例如有的人在工作中積極熱情、樂於助人、好出頭露面，但做事持久性不長，常表現得虎頭蛇尾，這種人就應該注意培養自己克服困難的決心和信心，鍛鍊自己的堅持性和持久性的品格意志；又如有的人辦事熱情高、拼勁足、速度快，但有時馬馬虎虎，甚至遇事就著急，性情暴烈，這種人就應該在發揚其性格長處的同時，注意培養認真細緻的精神，防止急躁情緒，要隨時「制怒」；有的人做事深沈、認真、嚴謹，但有時優柔寡斷、辦事拖拉，這種人必須經常提醒自己「今天的事今天完成」，並逐步養成當機立斷的性格。

二、你的職業性格類型是否符合你的性格特點

在職業心理中，性格影響著一個人對職業的適應性，一定的性格適於從事一定的職業；同時，不同的職業對人有不同的性格要求。因此在考慮或選擇時，不光要考慮自己的職業興趣，還要考慮自己的職業性格特點。下面的測驗根據人的職業性格特點，和職業對人的性格要求兩方面來劃分類型，每一種職業都與其中的幾種性格類型相關。

根據自己的實際情況，對下面的問題做出回答，並在括弧中填寫回答「是」的次數。

第一組
(1)喜歡內容經常變化的活動或工作情景。
(2)喜歡參加新穎的活動。
(3)喜歡提出新的活動並付諸行動。
(4)不喜歡預先對活動或工作做出明確而細緻的計畫。
(5)討厭需要耐心、細緻的工作。
(6)能夠很快適應新環境。
第一組總計次數(　)

第二組

(1)當注意力集中於一件事時，別的事很難使我分心。

(2)在做事情的時候，不喜歡受到出乎意料的干擾。

(3)生活有規律，很少違反作息制度。

(4)按照一個設好的工作模式來做事情。

(5)能夠長時間做枯燥、單調的工作。

第二組總計次數(　)

第三組

(1)喜歡按照別人的批示辦事，需要負責任。

(2)在按別人指示做事時，自己不考慮為什麼要做這些事，只是完成任務就算。

(3)喜歡讓別人來檢查工作。

(4)在工作上聽從指揮，不喜歡自己做出決定。

(5)工作時喜歡別人把任務的要求講得明確而細緻。

(6)喜歡一絲不苟按計畫做事情，直到得到一個圓滿的結果。

第三組總計次數(　)

第四組

(1)喜歡對自己的工作獨立做出計畫。

(2)能處理和安排突然發生的事情。

(3)能對將要發生的事情負起責任。

(4)喜歡在緊急情況下果斷做出決定。

(5)善於動腦筋、出主意、想辦法。

(6)通常情況下對學習、活動有信心。

第四組總計次數(　)

第五組

(1)喜歡與新朋友相識和一起工作。

(2)喜歡在幾乎沒有個人秘密的場所工作。

(3)試圖忠實於別人且與別人友好。

(4)喜歡與人互通資訊，交流思想。

(5)喜歡參加集體活動，努力完成所分給的任務。

第五組總計次數(　)

第六組

(1)理解問題總比別人快。

(2)試圖使別人相信你的觀點。

(3)善於通過談話或書信來說服別人。

(4)善於使別人按你的想法來做事情。

(5)試圖讓一些自信心差的同事振作起來。

(6)試圖在一場爭論中獲勝。

第六組總計次數(　)

第七組

(1)你能做到臨危不懼嗎？

(2)你能做到臨場不慌嗎？

(3)你能做到知難而退嗎？

(4)你能冷靜處理好突然發生的事故嗎？

(5)遇到偶然事故可能傷及他人時，你能果斷採取措施嗎？

(6)你是一個機智靈活、反應敏捷的人嗎？

第七組總計次數(　)

第八組

(1)喜歡表達自己的觀點和感情。

(2)做一件事情時，很少考慮它的利弊得失。

(3)喜歡討論對一部電影或一本書的感情。

(4)在陌生場合不感到拘謹和緊張。

(5)相信自己的判斷，不喜歡模仿別人。

(6)很喜歡參加公司的各種活動。

第八組總計次數(　　)

第九組

(1)工作細緻而努力，試圖將事情完成得盡善盡美。

(2)對學習和工作抱認真嚴謹、始終一貫的態度。

(3)喜歡花很長時間集中於一件事情的細小問題。

(4)善於觀察事物的細節。

(5)無論填什麼表格，態度都非常認真。

(6)做事情力求穩妥，不做無把握的事情。

第九組總計次數(　　)

統計和確定你的職業性格類型：

根據每組回答「是」的總次數，填入下表：

組	回答「是」的次數	相應的職業性格
第一組	(　　)	變化型
第二組	(　　)	重複型
第三組	(　　)	服從型
第四組	(　　)	獨立型
第五組	(　　)	協作型
第六組	(　　)	勸服型
第七組	(　　)	機智型
第八組	(　　)	好表現型
第九組	(　　)	嚴謹型

選擇「是」次數越多，則相應的職業性格類型越接近你的性格特點；選擇「否」的次數越多，則相應的職業性格類型越不符合你的性格特點。

各類職業的性格特點

1.變化型：這些人在新的和意外的活動或工作環境中感到愉快。喜歡經常變化職務的工作。他們追求多樣化的活動，善於轉移注意力和工作環境。適合從事的職業類型有：記者、推銷員、演員等。

2.重複型：這些人喜歡連續不停地從事同樣的工作，喜歡按照機械的或別人安排好的計畫或進度辦事，喜歡重複的、有規則的、有標準的職業。適合從事的職業類型有：印刷工、紡織工、機床工、電影放映員等。

3.服從型：這些人喜歡按別人的指示辦事，不願自己獨立做出決策，而喜歡讓他人對自己的工作負責。適合從事的職業有：辦公室職員、秘書、翻譯等。

4.獨立型：這些人喜歡計畫自己的活動和指導別人的活動。在獨立的和負有職責的工作環境中感到愉快，喜歡對將要發生的事情做決定。適合從事的職業類型有：管理人員、律師、警察、偵察員等。

5.協作型：這些人在與人協同工作時感到愉快，想得到同事們的喜歡。適合從事的職業類型有：社會工作者、諮詢人員等。

6.勸服型：這些人喜歡設法使別人同意他們的觀點，這一般通過談話或寫作來達到目的。對於別人的反應有較強的判斷力，且善於影響他人的態度、觀點和判斷。適合從事的職業類型有：輔導人員、行政人員、宣傳工作者、作家等。

7.機智型：這些人在緊張和危險的情境下能很好地執行任務，在危險的狀況下能自我控制和鎮定自如，能出色地完成任務。適合從事的職業類型有：駕駛員、飛行員、保全員、消防員、救生員等。

8.好表現型：這些人喜歡能夠表現自己的愛好和個性的工作環境。適合從事的職業類型有：演員、詩人、音樂家、畫家等。

9.嚴謹型：這些人喜歡注重細節，按一套規則和步驟將工作盡可能做

得完美。傾向於嚴格、努力地工作，以便能看到自己付出努力後完成的工作效果。適合從事的職業類型有：會計、出納員、統計員、校對員、圖書檔案管理員、打字員等。

選擇適合自己的職業

在現今的職場中，因「性格與職業」的選擇發生錯位而導致職業的失敗，已逐漸成為職場人士面臨的越來越嚴峻的問題。性格並無好壞之分，但性格類型與職業類型的匹配度，卻決定了事業的成功與否。究竟怎樣才能讓你的「個性」為你的職業發展，做一個最佳的導航者？首先就要正確測定自己的個性，瞭解「性格與職業定位」之間，究竟有怎樣的關聯。

一、瞭解自己的性格

性格決定著職業發展的長遠。職業發展規畫是與職業氣質、能力、興趣、潛力、價值觀、理念等因素相關聯的，性格若能與工作相匹配，工作中更能得心應手、輕鬆愉快、富有成就。反之，則會不適應、困難重重，給個人的發展和組織造成影響。另外，若要想勝任工作，還需要更專業的知識、技能、興趣、價值觀以及理念等因素加以支撐，因此先藉助科學手段瞭解自己的性格類型，更有利於進行準確的職業定位。

二、做好前期規畫

職場中，還有很多人邊工作邊抱怨「現在的工作不是自己喜歡的」，從而懷疑自己選錯了職業入錯了行。這主要是因為在工作初期未做好職業

規畫，因此不要太急於轉行或轉換職業。只有當性格與職業相匹配，並有能力相支撐時，才能實現自身價值最大化。建議大家在面對這樣的情況時，先進行一個自我審視評估、性格測評，瞭解自己的職業氣質、能力，分析自己的優劣勢，結合自己的教育背景、工作經驗，在職業諮詢師的諮詢指導下，進行職業生涯的發展規畫。或者知道「自己要做什麼？」、「自己能做什麼？」，結合自己的價值觀和理念，進行一個職業目標的設定以及策劃，並進行反饋評估，不斷調整自己的方法，完善自己的職業生涯規畫。

三、內向外向性格與職業選擇

（一）內向型人與職業選擇

內向型人，適合以物（書類、機器類、動植物、自然等）為對象，紮紮實實從事的職業。一個人做的職業是最適合的，如果有好幾個人，但相互間沒有交叉關係，而是平行作業的職種的話，也相當適合。

特別是對於需要耐心的工作，這一類型的人更能發揮特長。外向型的人很快就厭煩、放棄的工作，他們卻能做得很好。要求周密、細緻的工作、規則的工作、單純反覆的工作，都適合內向型的人。具體來說，適合內向型的工作，有學者、研究者、技師、書記、會計、電腦操作者、文書和管理員等等。

以複雜的人際關係為主，或是和世間煩雜有相當關聯的職業，不適合這類型的人。譬如說他們適合做個優秀的經濟學者，但不適合擔任公司經營者，也不適合做服務業。

但是內向型的人由於具備了誠實、嚴謹、忠厚、有耐心等優點，有時在人際關係複雜的工作上，也能出奇致勝。

性格內向的人在找工作中尤其是面試的時候，應該注意什麼呢？任何工作都免不了與人溝通，內向型性格的人同樣不可避免。關鍵是要選擇一份適合自己的工作，而且在面試時要表現出能夠做好這份工作的信心和實

力。需要注意的是一定要提前瞭解一下所應聘公司的企業文化，以便讓自己在言談舉止各個方面，更好地接近這種文化。

做為內向型的職業人，有必要刻意鍛鍊一下自己的交際能力嗎？首先從職業發展的角度看，性格與職業「匹配」是最佳選擇。但目前隨著社會開放度的日益加大，完全悶頭幹活的工作已越來越少，適當鍛鍊一下自己的性格，會對自己未來的職業發展有很大幫助。俗話說「人在職場身不由己」，所以無論什麼工作，有更好的溝通技巧，工作起來就會更容易。當然，內向的人如要堅持鍛鍊自己的待人接物能力，還需付出比一般人更多的努力。

（二）外向型人與職業選擇

在求職中，外向性格是不是比內向性格略勝一籌？這要按個人的求職目標而定，如果那個職位需要的求職者是安靜、謹慎、細緻的，那麼性格內向的人勝算就更大一點；而如果職位要求外向、善於與人打交道、具有上司能力等，那外向型人的勝算自然要大一些。性格本身並無好壞，而是要看與職位的契合度究竟怎樣。

一般而言，外向型的人適合集體工作的職業。公務員、公司職員等等，廣義的薪水階級生活，大致都適合於外向型的人。

不過，說是「薪水階級」也未免失之廣泛。裡面也包括了不必和人接觸、關在辦公室裡辦公的職業，這種工作就不太適合外向型的人從事。另外記錄、記帳、資料整理、機器類操作、實驗、觀察等等，較枯燥又必須從事的工作，也是不適合的。總之，外向型的人比較適合和周圍的人一同協力的工作，最適合對人接觸頻繁的工作。薪水階級工作中，以及和交涉、談判有關的工作，服務部門的工作、銷售部門的工作最合適。傑出的公關人員，大多都是這種類型的人。

除了做一般薪水階級工作之外，外向型人也適合做宣傳人員和教育者。如果有卓越領導能力的話，也適合指揮、監督、領導別人的上司，其中也不乏成功的實業家及政治家。

　　一般來說，開朗的人適合的工作很多，可以說在什麼地方都能找到樂趣。基本從銷售、市場策劃到管理，都需要開朗的人來主持。開朗做為人的一種處世心態，對職業有很大幫助。而且開朗不代表沒心機，一個人完全可以生性開朗，卻還有很高的洞察力和高明的謀略。

　　實際工作中，很多性格開朗的人，也未必就一定喜歡自己所從事的工作。性格與行業從宏觀角度講，聯繫並不密切，而性格與職業卻有著根本性的聯繫。但人在性格基礎上接受的教育不同，人生觀亦不同，所以基於性格的興趣、愛好也就不同，或多或少會受環境的影響。生性開朗的人也未必就一定會喜歡自己所從事的工作。如果在同行業內換個環境或職業類型，那麼也許會慢慢喜歡上這份工作。但如果一時沒有滿意的工作，也可以嘗試其他行業。

四、職業選擇錯誤時如何補救

　　人是在學習和工作中不斷成熟的，而性格與職業有著密切和根本性的聯繫。人的成熟從心理性格角度，表現在適應社會、有著良好的人際關係等等。在適應社會過程中，遇到性格對職業選擇錯誤的問題時，也是非常普遍和正常的。關鍵是自己如何針對自身的弱點，努力彌補不足，從而學會控制自己的情緒。當然這裡的「控制」不是「壓抑」自己的個性，而是「壓制」那些衝動的、不理智的和盲目的情緒。不可盲目跳槽，一定先要根據性格、興趣和能力等，找對自己的職業定位，做好職業規畫。在此基礎上，還要在現有工作過程中，有意識地加強某些能力的訓練，以便為跳槽後的新職業，做好充分的準備。

　　個人的能力素質、性格等，可以適應不同的工作環境和職業內容，關鍵是必須找到最優組合，找到最適合的工作。對個人優勢進行整合分析，集中力量辦大事。職業發展要以個人核心競爭力為主軸，要用自己最「長」的一塊板和別人競爭，還要不斷增長自己的優勢「板」。

在婚姻家庭中運用性格的
神奇力量

　　夫妻或者戀人之間的關係，是人世間最微妙的關係，如果當事人善於經營，那麼它就是最美麗的花朵，最後還會結出豐碩的果實；相反地，處理不好，那麼它就會成為人世間最荒蕪的墳塋。

　　愛情、婚姻、家庭，千百年來一直被人們視為追求幸福的三步曲，然而在現實生活中，有的人從婚姻中汲取了力量，在和諧美滿的家庭生活中，他們獲得了事業上的成功；而有的人遭遇則截然不同，婚姻束縛了他們的自由，是他們最重大的負擔，同時，失敗的婚姻又摧毀了他們的意志，使他們失去了奮鬥的動力，因此事業上也是一事無成。錢鍾書先生在其最具影響力的著作《圍城》中，通過主角的嘴，發表了自己對婚姻的看法，他把婚姻比作是一座圍城，說城外的人想進去，而城裡的人卻又極力想出來。婚姻的城堡，確實是一個不能輕易涉足的危險境地。

　　在當今社會，那些害怕因結了婚而失去自由的白領越來越多，他們寧願過單身逍遙的日子，也不願過早地踏入婚姻的城堡，但他們卻又少不了愛情，這又是一個兩難的處境，愛情的結局必然是走向婚姻，不可能只開花不結果，雖然現在開放的戀愛觀，允許他們的情人走馬看花地來回換，但他們總有一天要走入婚姻的領域，承擔起丈夫或妻子的責任。有人說「婚姻是愛情的墳墓」，它讓彼此神祕的雙方在各自的眼中，沒有絲毫祕密可言，讓從前新奇的生活變成了一種慣例，讓曾經一日不見如隔三秋的親密戀人，變成了彼此眼中的隱形人，再也引不起各自的注意。但是這只是婚姻悲觀論者的看法。而在那些熱切地盼望著開始婚姻生活的人看來，結婚就是要跟生活背景不同、性格不同的人開始共同生活，如果我們懂得彼此珍惜、彼此觀察、彼此細心品味，那麼我們就會發現很多新奇而有趣的現象，在婚後接踵而來，這種發現又會給那些對婚姻抱有積極心態的人，帶來許多意想不到的驚喜與挑戰，讓他們的人生趨於完美。與其說「婚姻是愛情的墳墓」，不如說「婚姻是更好的起點」為好。

不同性格的人在戀愛中的表現

　　詩人拜倫說：「婚姻是男人生活的一部分，卻是女人生活的全部。」一句話道出了男人與女人對待婚姻的不同態度。大部分的女人一旦結婚，她的全部精力和心思，往往會與自己的男人聯繫在一起。我們在日常生活中經常聽到的一句話是「一個成功男人的背後，總有一個偉大的女人」，儘管男人的事業主要取決於他本身的才智、勤奮與運氣，但一個任勞任怨、善良賢慧的女人，則往往對男人的事業有著巨大的支持作用。我們看到過許多這樣的例子，一個成功的男人在回憶或者在談話中，總會把自己的成就和光榮，歸功於自己背後的女人。但這些並不表示男人對女人的事業就沒有幫助，更不表示所有的女人都是在男人的背後默默地奉獻，而沒有自己成功的事業。無論是成功的男人還是成功的女人，他們都需要有幸福的婚姻、美滿的家庭做後盾。沒有和諧的婚姻，對於男人或是女人來說，都是一種缺陷，是一種遺憾，是一種不完美。

　　愛情是人世間最美麗的花朵，自從人類誕生以來，它就是詩人、音樂家眼中永恆的主題，他們為它寫下了多少不朽的名作。面對令人心馳神往、陶醉不已的愛情，有的人勇於追求，得到了自己的幸福生活；有的人喜歡期待，生性羞怯，讓愛情從自己的手中溜走，成了以後生命中一段永難忘卻的遺憾。但由於對性格的無知和對愛情、婚姻的恐懼，很多人即使找到了自己喜歡的另一半，對與對方以後的相處也仍然猶豫不定。他們內心深處往往會這樣不停地問自己：「難道我要和這個人交往，並在以後過一生嗎？他或她是我無數次在心底盼望的人嗎？」這些問題需要你自己用一雙慧眼去判斷。所以瞭解你自己的性格與對方的性格，就是非常重要的事情。

一、魯莽型

　　魯莽型性格的人對於愛情的內涵往往不假思索，盲目追求。他們一旦發現自己的意中人後，就會勇敢地出擊。這種性格的人熱情有餘但理智不足，他們對於自己的愛情往往靠感覺，對於對方的一切都不詳加考察，而是激情地投入自己的感情中。但他們多半是一廂情願，表達心意時常常單刀直入，開門見山；一旦進入戀愛階段，則情感會顯著形於色。他們通常沒有耐性，不善於持續觀察對方，急於定結論，下決心。一見鍾情的情況在這種人身上很容易出現，他們經常很快地就墜入情網，過早把感情託付於對方，或過早向對方採取親暱的舉動。但他們也很容易受到傷害，一旦被對方拒絕，往往要意志消沈，心灰意懶一段日子，但痛苦的時間不會很長，他們很快就又能投入另一段感情生活中了。

二、熱情型

　　熱情型的人易於獲得對方好感，因為他們天性熱情，活潑好動，善於交際，並能很快適應新環境。他們這種人機智敏銳，能很準確地捕捉到對方的心靈變化，他們善於分析對方給自己的暗示，能從對方的言行中，感覺出對方對自己的看法，他們不會衝動地追求，他們一般是在確知彼此的心意後採取行動。一旦這種性格的人遭遇到了真正的愛情，他們往往容易醉心於自己的情感中；但一旦遭遇到了挫折，他們也不會窮追不捨，會適宜地轉移目標。熱情型的人獨立性差，易受他人及環境的影響，情感不堅定，也是這種類型的人最顯著的特徵，情緒起伏波動大。

三、謹慎型

　　謹慎型性格的人善於用自己的理智支配自己的行為。他們情緒成熟，沈著穩重，對待愛情從容不迫，嚴肅認真。他們含蓄、謙恭、說話得體，

感情適度，態度持重，不過早流露熱情，更不輕易海誓山盟。謹慎型的人能夠克制自己，他們即使心中有著熾熱的愛情，也不會把它完全展露在對方的面前，他們往往把自己的深情，隱藏在對對方所做的事及付出的行動中。他們對於失戀也不會有偏激的做法，因為他們明白愛情並不是生活的全部，人生中還有著許多值得期待和努力的事。

四、堅韌型

　　對自己喜歡的人堅定不移、矢志不渝地追求，是典型的堅韌型。這種性格的人相信「精誠所至，金石為開」，他們往往為自己所愛的人默默地付出一切，而不求任何的回報，在他們看來，付出本身就是個開心的過程，能讓自己所愛的人感到開心，是他們追求的目標。這種性格的人情感體驗穩定、深刻、持久，對愛情很專一。他們往往具有頑強的意志和巨大的忍耐力，他們可以使自己承受常人所不能忍受的痛苦，用自己不折不撓的毅力，勇敢地面對困難，不達目的，誓不罷休。

第二節　戀愛雙方的性格決定了他們的戀愛模式

　　有多少對戀人就有多少對戀愛的模式，他們之間的表現總是絢麗多彩的，他們不同的性格，決定了他們之間不同的相處模式。女人活在這個世界上，最怕孤單，最渴望有個和自己相知、相愛的男人陪在自己身邊，永遠圍著自己轉，時時牽掛著自己，讓自己明白在這個世界上，無論有什麼樣的事情發生，自己都不是孤單的，因為還有一個人關心愛護著自己。愛一個人，被一個人所愛，是一個並不矛盾的過程，並且還是擁有一個充實、完滿人生的重要部分。而對於男人們來說，善變、愛撒嬌的女人常常

弄得他們六神無主，他們覺得徬徨、迷茫、不知所措，但是他們又是那樣地愛著自己所愛的女人，那樣地呵護著她們，為了她們甘願付出自己的一切。但是愛情的道路上從來都不是一帆風順的，因為戀愛中的人也是兩個獨立的個人，他們有著彼此完全不同的個性，因此他們之間必然有摩擦、有衝突。所以戀愛中的雙方，應該先瞭解自己有著怎樣的戀愛模式。

一、父母——兒童型戀愛模式

這種類型的模式，顧名思義，必然是戀愛的一方承擔著父母的角色，而另一方則是孩童的角色。承擔父母角色的人必然要付出得多一些，他們要照顧任性、依賴的一方。由於在傳統的觀念中，女性總是處於柔弱和依賴的地位，所以在這種類型中，孩童式的角色一般由女人來扮演。但是在現在競爭激烈的社會中，也有很多天性懦弱、容易依賴別人的男人，那麼他們在家庭內，很有可能扮演孩童的角色，他們在妻子的身上同時也找到了母親的感覺。這就像是弗洛依德所談到的「戀父」和「戀母」情節。女性從出生到成長結婚，受到母親的影響是最大的。很多女性在選擇未來的丈夫時，總是以父親的形象來衡量對方，如果在她們眼中父親是偉大的，可以依賴的，那麼在選擇對象時，總是容易尋求與自己父親有相同性格或是類似性格的人；但如果父親在自己的心目中有著很多的缺點，那麼她們在擇偶時，最先排除的就是和父親有類似特點的男人。而對於大多數男人來說，從小就受到自己母親無微不至的照顧，在他們中，母親是對自己最好的人，她們是家裡的天使，讓整個家乾淨、整潔，在他們眼中，自己的母親簡直是有魔法，讓自己永遠那麼幸福。因此大多數男人在選擇對象時，總是選擇與自己母親有相同品質的女性。他們希望自己的女友像自己的母親一樣照顧自己。有時在日常生活中，我們還可以看到許多年輕的男性，喜歡年齡比自己大的女性，因為在她們身上，可以感覺到更多的母愛和溫暖。相對應的，許多年輕的女性也選擇比自己大很多的男性，因為在他們身邊，自己會更有安全感。這些都是這種類型的典型範例。

二、兒童——兒童型戀愛模式

　　這種類型聽名字即知，與中學生的初戀有很多的共同性，不停地吵鬧，再和好，三分鐘後又開始吵鬧，然後又和好。戀愛雙方經常為小事相互嘔氣，發生誤會，但過不久就煙消雲散而和好如初。這種類型的戀愛模式，雙方不會安靜的待上一會兒，要不就高興得像孩童一樣彼此尋求新奇，要不就是鬥氣、冷戰。但無論怎樣的吵鬧，都影響不了雙方的感情，他們不管怎樣的吵鬧，怎樣的鬥氣，但是雙方明白彼此的生活都不能離開對方，自己才是最適合對方的。有很多初涉愛河的男女，都屬於這種類型，當然也有很多雙方性格都很活潑、很開朗的人，他們的相處之道就一直如同孩童般純真和浪漫。這種類型的戀愛模式在外人看來，那麼的不保險，隨時有倒塌的可能，但是當事人卻樂在其中，有著很多旁人不知道的樂趣。

三、成人——成人型戀愛模式

　　這種類型與上述的「兒童——兒童型」正好相反，這是典型的成人之間相處的模式。在這種類型中，戀愛雙方因為有著共同的目標和追求走在了一起，又因為有著共同的興趣和愛好，以及對事情的態度而最終結合。同時，他們彼此雙方都很重視自己在對方眼中的形象。女性為了增加自己的魅力，有時愛撒嬌、賭氣，但大多時候她們都很理智，對自己和對方有較深的理解。而男性則表現得很溫柔、體貼，對女性很包容。有時他們也會發火、生氣，甚至動手，但這就像六月的雨，來得猛，去得快，不會影響雙方的感情。

四、混亂型

前面三種類型雙方都很能取長補短，和諧相處，但是還有一種情況，則是雙方其實並不合適，只是偶爾某個時刻，雙方都感覺到了心動，但是這或許是一時的錯覺，或許是愛神的捉弄，他們其實在很多方面都不能達到共識，彼此沒有交流的共同平臺。隨著雙方的進一步發展，彼此都覺得是一種負擔，不能再在感情的道路上繼續前進，但由於心中還有很多的疑惑，或者說還有不捨，這樣即使雙方沒有感情，但仍然在交往。這種模式是不協調的，是混亂的，當事人應該果斷地停止交往，以便全力迎接下一段新的感情。

 **第三節 家庭和婚姻中男性期望的女性性格**

男人和女人因為彼此生理結構的不同，在為人處世和婚姻生活中，有著不同的角色分工，因此也造成了不同性格的女性在婚姻生活中有著不同的表現。俗話說得好：蘿蔔青菜，各有所愛。不同性格的女性都有著各自的優點和缺陷，她們本身的差異，反映到婚姻生活中，當然也有其不同。對男人來說，他們不一定非要找個天姿國色的老婆，但是他們一定需要找個最適合自己、最理解自己的親密伴侶。在他們心裡，他們希望自己的伴侶就像母親一樣對他們付出無私的愛；也希望自己的伴侶能像朋友一樣清楚地理解他們的喜好，和自己有著共同的話語；同時又希望自己的伴侶與自己不一樣，有著女性該有的溫柔和嫵媚。總而言之，不同的男人對自己的伴侶，都有著最適合自己的需求，對他們而言，適合的就是最好的。

一、細心的女人是丈夫最得力的助手

　　擁有好的記憶力，做事細緻入微，是一個好妻子不可缺少的好性格。心細的女人在各個方面都能為男人招來好運氣。對於心細的女人來說，丈夫不用多費口舌，她們能清楚地記得丈夫喜愛什麼、不喜愛什麼；知道丈夫需要什麼、不需要什麼。她們不僅在家庭生活中，把自己的丈夫照顧得無微不至，即使在職場上，她們也能給予丈夫及時的幫助。因為她們的好記憶力，她們能準確地記住丈夫的上司、同事，都有著什麼樣的喜好，這樣在需要陪同丈夫出席的場合，她們也能嫻熟地應付，並且給其他的人留下好印象。

　　美國第四任總統詹姆士‧麥迪遜的夫人，就是這樣一個心細的女人。她擁有令人驚歎的記憶力，對於丈夫的工作日程安排，跟她說一遍，她就不會忘記，這種特殊能力給予了她的總統丈夫很大的幫助。另外，對於總統部下的名字、容貌，她也能記得清清楚楚，這對於麥迪遜來說，也有很好的幫助作用。

　　許廣平與魯迅，雙方在婚戀史上都有著苦難的經歷，由於一段師生關係，兩顆傷痕累累的心靈終於碰撞到一起，迸發出愛情的火花，最後結合在了一起。許廣平對魯迅來說，是個得力的助手，她能幫助他進行一些稿子上的校對並向他提供一些建議。而在生活中，許廣平的細心更是給予了魯迅先生最體貼入微的照顧。在魯迅逝世後，又是她細心地為魯迅先生整理遺稿，使得許多珍貴的文稿，得以保存下來。

　　細心的女人往往在最關鍵的時刻，顯現出她的獨到之處，平時並不張揚，顯得深藏不露。比如細心的女人在家庭開支上精打細算，在家庭出現危機的時候，能把平日裡積攢下來的錢，拿出來幫助家庭和丈夫渡過危機。有些人在生意失敗時，是要靠妻子平日裡積攢的私房錢東山再起的。俗語說細微處看真情，細心的妻子是丈夫最大的靠山和最堅強的後盾。相反的，一個平日裡粗心大意，要靠丈夫照顧的女人，是不能給丈夫多大幫助的，這樣的女人怎麼能跟自己的丈夫一起渡過人生的低谷呢？她們連自

己都照顧不了,怎麼去幫助自己的丈夫呢?

二、善解人意的女人是丈夫的緩壓劑

在傳統觀念中,雖然男性被賦予了堅強、剛毅、勇敢等等的性格特徵,但是男人有時是比女人更加脆弱和敏感的動物,他們在人生的關鍵處也會迷茫、徬徨甚至誤入歧途。但是他們固有的形象不允許他們在人前哭喊、吵鬧,甚至顯露自己的脆弱和痛苦。現實生活中,激烈而殘酷的競爭,使得男人同樣在工作中備受煎熬,他們也有很多不如意的事和不開心的情況,這時就需要有一位善解人意、溫柔體貼的妻子來安慰和鼓勵他們。男人是永遠不會把自己的痛苦外露的,他們習慣給自己帶上堅強的面具,但是過重的壓力,有時也會讓他們崩潰,所以一個與他們有共同語言,能不時開導他們的好妻子,對於他們來說就是緩壓劑,能在言談間讓他們放鬆心情,重新展露笑顏。

現代繁忙的都市生活,使得夫妻雙方忙於工作,而減少了彼此交流的時間,長此下去,婚姻自然就會出現問題。壓力過大的丈夫在勞累了一天之後,內心積壓了許多要說的話,但是回到家裡,妻子很有可能已經睡覺或者有自己的事情要做,這樣就使得他們找不到傾訴的對象,所以許多男人選擇了夜生活,這是一條不歸路,也是一種無奈的結局。許多婚姻走向破碎的家庭,起因都是夫妻雙方長時間沒有在一起聊過天,彼此心中在想些什麼都不知道,這樣的日子怎麼繼續下去呢?其實,很多男人有時內心也很孤獨,他們多麼希望自己的妻子能像戀愛時那樣對自己關懷備至呀!他們在脆弱的時候,更希望自己的妻子能對自己說一聲:「你永遠是最棒的,我很需要你。」或者在他們苦悶的時候,能跟他們聊聊天,在空閒的時候,能陪著自己放鬆一下心情,而不是讓自己陪著去人聲嘈雜的商場裡轉圈。

三、寬容大度的女人是家庭生活的和平鴿

　　如果讓男人選擇終生伴侶時，大部分男人可能會選擇寬容大度的女人。寬容大度的女人不喜歡和別人斤斤計較，在和丈夫發生爭吵時，不容易記恨且總是先退讓，向對方道歉。這樣的女人其實很懂得生活。俗話說「夫妻沒有隔夜仇」，又說「清官難斷家務事」，這些都說明夫妻之間的事很難說明白誰對誰錯，因為本來就是糊塗帳。寬容大度的女人，懂得什麼時候退讓，她們有眼光，知道把握分寸，也能理解男人愛顏面的特點。在夫妻生活中，越是固執己見、不肯退讓的女人，越是讓人心煩，她們這樣的做法只會讓丈夫更加煩惱，更加不願回家。寬容大度的女人既不讓丈夫忽略自己的存在，又不讓丈夫難堪，在大家都開心的情況下解決了問題，使家庭越來越和諧、美滿。

　　現實中有很多這樣的例子，本來是一件很小的事，本來也不是要吵架，只是各自發表自己的看法，可是到了後來，越說越凶，最後非要爭個誰對誰錯不可。輸了的一方心裡不痛快，贏了的一方也覺得乏味。但是兩個偏偏都是硬脾氣，誰也不搭理誰，本來沒事，現在卻有事了。如果這時妻子是個寬容大度的人，她只要輕輕地說句「我錯了」，或者說句「我不該爭」這樣的話，那麼丈夫必定是說更多的「對不起」或是其他道歉的話，因為他其實並不想吵架，他只是在等一個臺階下，有了臺階，他自然會很高興地走下來。如果認為先道歉就等於被輕視或沒面子，那就是真正小心眼的想法了。聰明的妻子都是寬容大度的女人，適當的時候讓讓自己的丈夫，讓他們顯顯男性自尊心也無傷大雅。他高興了，你也沒有損失，家庭和諧了，有什麼不好呢？但是對於那些經常固執己見、漠視自己妻子的感覺的男人，聰明的妻子也是不會一再忍讓的。如果想有一個和諧、美滿的家庭，最好找一個個性寬容大度的人，因為她們是家庭的和平鴿。

四、撒嬌的女人是丈夫可愛的寶貝

　　處於戀愛期的男女總是喜歡聚在一起卿卿我我，躲在無人處說一些情話，無論話的內容是什麼，只要兩個人在一起，就很快樂。戀愛中的女人喜歡向男人撒嬌，在她們看來，能被一個有著陽剛之氣的男人愛著，是值得自豪的事情。看著高大的男人為自己做這做那，內心覺得暖洋洋的。而對於男人來說，有一個嬌小、美麗的小女人在自己身邊依偎，也是件很享受的事情，而能當美麗女人的護花使者，更是值得誇耀的事。撒嬌是戀愛中不可缺少的調味料，它讓女人變得更加嬌媚，同時也激起了男人的保護慾，增強了他們的自尊心。現實生活中，有很多男人是因為自己的愛人有一副嬌滴滴的聲音而迷戀上對方的。進入婚姻生活以後，夫妻雙方雖然沒有了神祕感，但在男人看來，妻子仍然是嬌小和需要保護的，所以很多男人對於婚後妻子變得堅強和不需要自己感到迷惑，他們會覺得婚前妻子的嬌弱形象是一種假象，而自己也有一種上當受騙的情緒。針對這種情況，妻子應該懂得適時地向丈夫撒一下嬌，這樣丈夫就會有戀愛時的感覺，而夫妻雙方也會感到初戀的溫馨又回到了心田，煩悶的家庭生活又會煥發不一樣的光彩。

　　在現實生活中，男人每天面對著殘酷的競爭，肩上還揹負著整個家庭的責任，這時常會讓他們身心俱疲、心灰意懶。而這時，如果自己的女友或是妻子在適當的條件下，對他們撒一下嬌，就會讓他們重新感覺到自己的重要性，因為對女友或是妻子來說，他們是獨一無二的，是她們的支撐。所以很多男人喜歡小鳥依人的伴侶，因為在對方面前自己是強壯的，是充滿信心的。日本電影明星小野浩二的夫人，就是個很懂得撒嬌的女人。在他們剛結婚時，小野還是個默默無聞的人，他們的生活異常清貧，但是為了讓自己的丈夫感到自己對他的依賴和愛意，她在自己丈夫的手心寫了一個愛字，這是無聲的撒嬌，也是讓人感動的情誼。後來小野成名了，但在他的心底，他永遠忘不了自己的妻子對他的幫助和鼓勵。有句話說「我們容易忘記和自己一起笑過的人，卻很難忘記和自己一起哭過的

人」，是的，許多功成名就的人在追憶過去的事情時，總是難以忘記患難時和自己攜手走過風雨的人。一個男人無論成功或是失敗，在他身邊有一個依賴他、全心愛他的女人，是他一輩子最大的財富。

愛撒嬌的女人是丈夫努力的動力，她們用自己嬌柔的聲音撫慰著疲憊的男人，這種悅耳的聲音能使男人雀躍舒暢，而又絕不是一種負擔。女人的柔弱能使男人迅速地成長，激發他們的男人本色，使他們更像個男人。而不懂向自己丈夫撒嬌或者認為撒嬌是一種矯飾行為的女人，是無法體會到撒嬌帶給她們婚姻生活的潤滑作用的。另一方面，不會撒嬌的女人會讓自己的丈夫有真正的壓力，因為在這些丈夫看來，自己的妻子很堅強，不需要他們，甚至他們會覺得自卑，感到沒有男人的尊嚴，而為了找尋自己的自信心，他們會轉向另外的女人，而使得自己的婚姻生活走向滅亡。

五、擅長烹飪的女人給予男人最貼心的關懷

俗話說：「要想拴住男人的心，最先拴住男人的胃。」對於男人來說，口腹之慾是他們最難以割捨的情懷。好太太必備的因素之一，就是有著一手好廚藝。許多男人在勞累了一天之後，看到自己家裡的溫暖燈光，就會感到胸中有一股暖流經過，這是因為他們知道在那燈光裡，有著自己愛的家人和一頓根據自己口味做的可口的飯菜。男人其實很容易滿足。

廚房之於女人是一種陪襯，也是她們才藝展現的舞臺。通過烹飪可以看出一個女人的很多品質。擅長烹飪的女人必然是聰慧、靈敏、富有情調的人。她們熟知菜式的搭配，必然也熟知各種蔬菜、瓜果的習性，由此推演出去，她們肯定對大自然的花花草草有著濃厚的興趣，而如此熱愛自然景物的女人，怎麼可能是生活沒有情調的女人呢？這種類型的女人一定很會佈置家居生活，她們會隨著季節的變換，而適時地變化家中窗簾、沙發的顏色，讓自己的丈夫在炎熱的夏季，一推門就能感到一股清涼；而在寒冷的冬季，一推門又會覺得溫暖。擅長烹飪的女人就是丈夫最貼心的保溫袋，她們深知自己男人的脾性，總能在自己丈夫需要的時候，給予他們最

真切的關懷，像可口的飯菜一樣，讓自己的丈夫感到舒適和滿足。

　　一對結婚多年的夫妻，有一次妻子突然問自己的丈夫，為什麼當年捨棄比自己容貌好的追求者，而選擇了平凡的自己。丈夫笑著說：「其實不是因為你，而是因為你的母親。」妻子不解，問為什麼。丈夫說：「有一次到你家做客，吃到了你母親做的飯菜，覺得跟我死去的母親做的一樣，這讓我感到了久違的母愛。而當時對你還沒有什麼特別的感覺，但是我想母親的廚藝會傳給女兒，所以開始與你交往，後來我又在你的身上發現了許多優點，我們終於走在了一起。」妻子聽完很驚訝，她沒有想到自己母親的一頓飯，原來是自己婚姻的紅娘。許多情況下，戀愛的雙方都是因為很偶然的因素而走在一起的。正像一首歌所唱的：「你我素不相識，愛從偶爾心動開始。」

　　對於一個男人來說，有一位擅長烹飪的妻子也是件很自豪的事情。朋友在一起，那個喊著到自己家裡吃飯的男人，肯定有一位擅長烹飪的妻子。台灣人講究吃，也講究吃的氛圍。雖然現在流行到餐廳裡請人吃飯，但對大多數台灣人來說，在餐廳裡請的都是陌生的客人，而對於真正自己在乎和自己親近的客人，他們都喜歡邀請對方到自己的家裡來吃飯。而這時有一個擅長烹飪的妻子，就會成為丈夫顏面上最光彩的事。如果一幫哥兒們突然來訪，而自己的妻子在廚房裡待了半個小時了，還沒一個像樣的菜端出來，這對於丈夫來說，又是多麼尷尬的事情呀！

六、善於言辭的女人是丈夫最好的安慰劑

　　俗話說「一個女人等於五百隻鴨子」，女人的嘮叨是男人最頭疼的事。一個男人最不能容忍的就是一個在自己心煩意亂時，還嘮叨不停的女人，這樣的女人只能讓所有的男人從自己的身邊躲開。男人看女人，總是抱有一份神祕感，在他們看來，女人們那顆小腦袋裡，不知裝有多少稀奇古怪的想法，總能給他們意想不到的驚喜。相反的，一個整天嘮嘮叨叨的女人是沒有神祕感可言的，是引不起人們的興趣的。善於言辭的女人是會

說話的女人，但卻不是愛嘮叨的女人，她們懂得什麼時候該說什麼話，而什麼時候又應該沈默不語。這種類型的女人能在丈夫工作勞累之時，說一段笑話給自己的丈夫解悶，讓他們能稍微地放鬆一下。當然，她們任何時候都不會掃丈夫的興致，當丈夫在晚餐的飯桌上講到什麼他感興趣的事情時，她們絕不會冷著臉來一句「吃飯時別說話」或者「小心噎著」等，因為這樣無疑是對熱情的丈夫潑了一頭冷水，讓他們索然乏味，以後再也不願與你有如此輕鬆愉快的聊天情緒了。

　　一位外交官發現自己的妻子在陪同自己出席各種宴會時，總能嫻熟地應對各種各樣的客人。在宴會中，她總能恰如其分地掌握安靜與交談的時機，安靜時，給人澄靜嬌柔之感；而交談時，又給人機警、聰慧之態；她的話語時而輕緩，時而急促，但總能讓人感到舒適。這位外交官深深地為自己妻子的氣質所震撼。他有一次終於忍不住自己的好奇心，就問她的妻子有什麼祕訣。她妻子笑著說：「我也不知道原因，只是我的母親從小就告訴我說，說話時不要只想著自己，要知道正是因為其他人的存在，才構成了交談。」這是個善於言辭的母親，她的言傳身教，也使得自己的女兒懂得了說話是要有技巧的。

七、與丈夫同甘共苦的女人是丈夫堅強的後盾

　　「風雨同舟」這個成語應該說的是與自己共患難的情況，但是每個人一生中，能真正與自己共患難的也只能是自己的伴侶，夫妻二人在複雜的人世間一起艱難地摸索，無論是順利或是不順利，都將是人生的寶貴財富。事實上，再堅強的男人都希望與自己的愛人分享成功與失敗，正像歌曲所唱的「沒人分享，再大的成功也不圓滿；沒人安慰，哭過了還是酸」，他們在成功之時，最希望的就是自己的伴侶能為自己感到驕傲；而在受到挫折後，又希望自己的伴侶能給自己幾句最真摯的話語來撫慰受傷的心靈。大千世界，我們每個人總有感到孤寂的時候，這個時候最期盼的事情，就是有人能陪自己渡過漫漫長夜，這個人不需要多麼的不平凡，只

要她能懂自己，認真地傾聽自己的低訴，那麼人生也就沒有遺憾了。

與丈夫同甘共苦的女人必定是理智的、堅強的，她們不會在丈夫失敗後惡語相向，更不會離丈夫而去，而是默默地陪在他們的身邊，給予他們無聲的鼓勵和幫助。很多人的經驗表明，對男人真愛不移、死心塌地的女人，應該是那種無條件地追隨男人，陪著他們走過成功，更重要的是陪著他們走過失敗和挫折。這種女人能成為丈夫的知己，能帶給男人無限的信心、動力和溫存。

日本著名銀行家中村俊輔年輕的時候，身無分文，並且為了生活不得不辛勤地工作，根本沒有閒暇的時間來陪伴他當時的女友，但是他的女友沒有一句怨言，並且為了幫助他紓解心中的壓力，每天晚上陪他在街上散步。這樣的女人是默默跟隨男人的女人，是會關心和支持男人的女人，能夠幫助男人成功。所以成功後的中村，總是難忘那段女友陪他一起走路的日子。

八、喜歡製造氛圍的女人是丈夫眼中的魔法精靈

談戀愛時，雙方都很喜歡到有氛圍的環境中，比如環境幽雅的餐廳或者有藝術氣息的畫廊，也或者是兩人相約去聽一場經典的音樂會，要不然就是到景色秀麗的地方去旅遊。在和諧美好的環境下，人的心情也會變得分外美好，而這樣的環境更能使沈醉於愛河中的男女雙方，發現對方更多的優點和動人之處，也促使他們的愛情道路一帆風順。結婚後，雙方由於日夜在一起，沒有了神祕感，也沒有了戀愛時的那種激情，因此夫妻雙方也越來越疏於對良好氛圍的營造。這種情況長此下去，又使得婚姻生活變得沈悶，甚至出現這樣那樣的問題。所以有一個喜歡製造氛圍的女主人，就會使整個家庭充滿活力，也使得丈夫對自己刮目相看，讓自己的婚姻生活充滿情趣。

大學時有一位老師，他的妻子就是一個很有情調的女人。她家裡有著隨季節、天氣變化而不斷更改的家具用品，天氣炎熱時用冷色調來佈置房

間，這樣讓人感覺清爽；而天氣寒冷時，則用暖色調來佈置房間，這樣人自然覺得溫暖。另外，她的家裡還有一個很具特色的裝飾，就是各種燈的搭配，有光線很亮的大燈，也有很多光線柔和的小燈。設想在溫柔的夜晚，只留一盞柔和的小燈，與丈夫輕聲地聊天，該是多麼溫馨的場面。這位師母是個很愛花花草草的人，在她家的客廳裡，一年四季都有著清香的氣息，讓人備感舒適。她愛好廣泛，經常與老師在休息的時間裡去參觀各種藝術展覽，或者去聽音樂會。在晴朗的週末，他們夫妻二人又會結伴去附近的郊區露營，或者去風景秀麗的地方旅遊。他們的生活總是有著很多新奇和浪漫的事情發生，在這樣充實和有情調的生活中，他們的婚姻生活怎麼可能不愉快呢？這種會製造氛圍的女人，就是丈夫眼中的魔法精靈，她們總能給丈夫以新鮮感受，讓自己的家庭生活隨時發生著自己丈夫意想不到的驚喜。

第四節　家庭和婚姻中男性不能容忍的女性性格

　　女人有可愛的一面，當然也有討厭的一面。在婚姻生活中，有讓男人感到幸福的賢良妻子，也會有讓男人感到痛苦與厭惡的討厭妻子。兩個志同道合，有著共同愛好、習慣的人結合在一起組成的家庭；也有兩個生活習慣、做事方式完全不同的人結合在一起組成的家庭，也正因如此，才有了婚姻生活的悲歡離合。對於夫妻雙方，最好的不一定是最適合的，而適合自己的才是最重要的。女性因其嬌柔、可愛、善良及其賢慧為男人們所喜歡，但人無完人，女人自然也有著自己難以避免的缺陷，比如心眼小、愛生氣、不夠理智、不講道理等等。這些不夠完美的性格特徵，成了她們婚姻生活中最大的絆腳石。

一、過分愛慕虛榮的女人帶給男人沈重的壓力

愛慕虛榮是一些女人固有的特性，表現出來就是愛比較。俗話說「三個女人一臺戲」，女人們湊在一起到底在嘀咕些什麼，是男人們永遠琢磨不清的問題。其實無非是在互相比較。自己的薪水有多少，別人的薪水又是多少，自己與別人比怎麼樣，要是高了，那麼就是很有面子，很能滿足自尊心的需要，相反的就覺得很沒有面子；自己的男朋友在什麼地方高就，人長得有多麼帥等等。她們喜歡把自己的婚姻生活告訴別人，就是為了讓別人羨慕自己，滿足一下自己的虛榮心。在現實生活中，有些女人拋棄深愛自己的男人而投入了別人的懷抱，就因為前者滿足不了自己的虛榮心，不能讓自己成為大家欣羨的對象。

在婚姻生活中，過分愛慕虛榮的女人，是丈夫最沈重的負擔和最大的壓力來源。為了給自己愛慕虛榮的妻子買一套昂貴的化妝品，或者一套價格不菲的服裝，這些男人不得不連續加班，而也因為自己的加班，不能早些回到家裡，他們又成了妻子嘴中不負責任和不願分擔家務的沒良心男人。這樣的妻子還喜歡與別人的妻子攀比，經常說「這個朋友的丈夫又送了朋友項鍊」，或者說「那個朋友的丈夫職務又升了」等，她們渾然不覺自己的話對丈夫造成了多大的傷害。這種女人的丈夫通常都覺得很自卑，因為他們總是滿足不了自己妻子無限制的需求。這樣的婚姻是以丈夫的無限忍讓為代價的，一旦丈夫到了不願再忍的地步，婚姻的道路也就走到了盡頭。

一位天性虛榮、愛講究生活情調的女人在與現在的丈夫結婚後，仍然不改自己的脾氣。她的丈夫很愛她，為了滿足她高昂的化妝品和服裝費用，拼命地工作，拼命地節省。他從不願為自己購置一件像樣的衣服，也不願在自己身上多花費一分錢。妻子看在眼裡，但卻不在意。直到有一天，妻子偶爾和丈夫一起去丈夫所在的公司，在路過一個賣燒餅、豆漿的小吃攤時，丈夫無意說：「我每天的早餐就是一個這兒的燒餅。」妻子奇怪地問：「你怎麼不喝豆漿？」他回答道：「公司裡有水，我不願花費這

十塊錢。」妻子的臉刷地紅了，她此時腳上穿的一雙小牛皮的鞋價值六千，可以讓丈夫喝差不多兩年的豆漿。這位妻子當時真想搧自己兩個耳光，不過好在她糾正了自己的錯誤，所以他們的婚姻還是可以幸福地走下去的。

二、嘮叨不停的女人應學會給丈夫留一些空間

愛嘮叨的女人是情感泛濫的女人，她們總覺得整個家庭少了自己，日子就無法再過下去。丈夫的一切行為在她的眼裡都是有毛病的，是讓她們不滿意的，是自己不說不行的，這樣就形成了愛嘮叨的習慣。愛嘮叨的女人其實是特愛自己丈夫的女人，她們的全部生活就是丈夫，所以丈夫的任何細小的動作和行為，在她們眼中都是大事情。但在丈夫看來，自己的妻子太喜歡小題大做了，什麼小事都能讓她們嘮叨半天。丈夫在一天的工作之後，本來就很心煩，現在加上這樣的聒噪，自然不願在家裡待著了。久而久之，夫妻雙方沒有了共同的話題，沒有了語言的交流，婚姻自然要出現問題了。

前一陣子熱播的電視劇《康熙大帝》裡有一段很有意思的情節：康熙下朝後，來到了其中一位皇妃的住處，誰知道康熙爺還沒開口，這位皇妃倒自己先向康熙埋怨了好一頓，還沒等她說完，康熙站起來，氣呼呼地出去了。這位皇妃更是氣得不行，皇上好不容易來一趟，沒說一句話就走了，怎麼回事呢？還是這位皇妃的哥哥，也就是康熙很寵幸的臣子——明珠替她解開了疑惑。皇上在朝時，已經很心煩了，回到後宮後，自然希望找個安靜的地方放鬆一會兒，但是自己的妃子又嘮嘮叨叨的，自然惹得人更加心煩了，怎麼可能在她這兒多待一分鐘呢？看來古今的男人都一樣，害怕自己的老婆嘮叨，這在他們看來是最頭疼的事情。

愛嘮叨的女人並不是不可愛的女人，相反的，她們對自己丈夫的嘮叨，正說明了自己對丈夫的信賴和依戀。有些愛嘮叨的女人是母愛很強的人，在她們看來，自己的丈夫就跟自己的孩子一樣，需要她們不斷的督促

和提醒才能有所行動，因此她們的嘮叨不但是不討厭的，而且是必須的。這種想法雖然也有一定的道理，但是男人也有煩躁的時候，也需要有自己安靜的獨處空間和時間。愛嘮叨的女人應該學會給別人留下一些空間，從而也為自己留下一方自己獨有的空間。

三、過度任性蠻橫的女人會讓丈夫吃不消

金庸的小說《射雕英雄傳》裡塑造了一個古怪靈精、任性蠻橫的俏黃蓉，她的刁蠻、任性讓很多人吃盡了苦頭，許多看過這部書或者看過這部影視作品的觀眾，都很喜歡這個聰慧的少女。女人有時刁蠻、任性一點也很討人喜歡，但是過度任性蠻橫的女人也讓人吃不消。近來韓流滾滾，韓國的許多影視作品都推向了全球市場，而目前刮得最強勁的就是女性「野蠻」之風。先有「野蠻女友」，後有「野蠻女教師」、「野蠻師姐」，不外乎都是以那種任性蠻橫、不按常理出牌的女性形象為主題，讓她們的男友吃盡苦頭。雖然這樣的作品吸引觀眾的胃口，但是放在現實生活中，讓男人們都去選擇這種女人做妻子，恐怕也得有相當的勇氣才行。

有一次，看一位很紅的演員的自傳小說，說到他的婚姻生活，也是一把辛酸淚。他雖然有著別人沒有的名氣和金錢，但是他的婚姻生活卻不盡如人意。他的妻子也是位演員，長得自然是天姿國色。他們新婚時也很幸福、快樂。但是時間一長，這位丈夫就有了自己的痛苦。他的妻子因為自己的天生麗質，也因為自己長時間被周圍的人所寵愛，脾氣自然很任性刁蠻。有一次已經深夜了，她說想吃冰淇淋，還指明說是哪家店的冰淇淋。丈夫雖然說已經很累了，但為了讓自己的妻子開心，就堅持著去買。但誰知，當他興沖沖地買回來之後，自己的妻子竟然又說不想吃了，弄得他哭笑不得。這樣的事情還有很多，而且如果丈夫稍微表露出一點不滿，她就吵鬧不休。這樣的生活開始丈夫還能忍耐，但是時間一長，難免也會生氣、發火，婚姻生活自然不能再維持下去了。

年輕的妻子偶爾耍要小脾氣，或者有時任性一點，丈夫不但不會生

氣，反而感覺又回到了初戀，對妻子也會更加愛護和關心，夫妻生活自然也會更加美滿。但如果不分場合、不管時間自顧自地吵鬧不休，或者蠻橫不講理，會讓自己的丈夫覺得不可理喻，而越來越與這樣的妻子疏遠。所以任性蠻橫的妻子應該學會察言觀色，懂得關懷自己的丈夫，更要懂得珍惜自己的婚姻。

四、過於頑固的女人會引起丈夫的不滿

頑固的女人一般都很堅強，很有主見，有自己的一套想法和做事的原則，她們更有可能成為丈夫的得力助手，並且在丈夫遭受挫折時能給予丈夫最體貼的關懷，幫助他們東山再起。但是過於頑固的女人，則會使丈夫感到厭煩，使本來美滿的家庭生活變得波折不斷。過於頑固的女人容易鑽牛角尖，她們習慣了任何事情非要弄出個對錯來。但是如果最後是自己的錯，她們又絕不會道歉，在她們的人生字典中，沒有道歉這個詞，因為她們認為那樣自己會顯得很軟弱。性格堅韌的女人在感情上大多是用情很專一的人，她們對自己的感情和事業都全心地投入，並且也懂得適時地改變自己來適應改變了的環境。但過於頑固的女人則是不知變通的女人，在她們眼中，事情只有兩種方式，要不就是肯定，要不就是否定，沒有其他的第三種。然而現實生活中的情況往往是錯綜複雜的，沒有她們想像中的那麼簡單。她們的思維運用到婚姻中，就使得她們用對錯的方式來處理夫妻這種最微妙的人際關係，自然會有失偏頗。

有一對讓人很羨慕的夫妻，丈夫是一家大公司的總經理，而妻子也是一個規模不小的公司的會計師，這樣高收入生活應該是很美滿幸福的，但是他們的婚姻卻有著許多的不和諧。妻子的獨立個性本來應該是不錯的性格特性，但是又因為她從小很強的獨立性，使得她在很多事情上都過於頑固。比如說兩個人商量好要出外旅遊，但是在交通工具上發生了分歧。丈夫認為應該坐火車或者乘飛機去，這樣節約時間又可以趁機放鬆一下緊繃的神經。而妻子卻認為應該自己開車去，雙方爭執不休，最後丈夫妥協。

而後來的事實證明丈夫是正確的，兩個人對於路線不熟，自己開車在半途迷了路，而由於日夜開車，使得兩個人都很累，到了目的地，也沒有了遊覽的興致。回家後，妻子不但不覺得是自己的過錯，還一直抱怨不停。丈夫不得不一再忍耐。這樣的事情發生得多了，丈夫也失去了耐性，雙方不得不離婚。

過於頑固的妻子總是自我感覺良好，她們一般不懂得體諒別人，是有點自私的女人。這樣的女人在婚姻生活中，必然會引起丈夫的不滿，最後導致婚姻的失敗。

家庭和婚姻中女性期望的男性性格

少女在剛開始接觸愛情時，可能會被對方英俊、帥氣的外型所吸引。但是對於那些成熟一些的女性來說，男人表面的東西永遠不能滿足女性精神內對他們最本質的尋求，也就是說，成熟的女性在選擇對方時，更加注重內在的東西，她們要求的是給自己提供一個精神的港灣，或者是一個可供休息的溫暖的心靈巢穴。

一、沈穩內斂的男人是女人最依賴的靠山

許多女性對於自己不喜歡的男人，都這樣評價「不太成熟，顯得輕浮」或者是「孩子氣，幼稚」。不沈穩的男人本身就還是一個孩子，怎麼可能去照顧別人呢？但是沈穩內斂並不是外表一味的耍酷，一副很嚴肅的臉龐。沈穩內斂更重要的是表現在為人處世、待人接物上。沈穩是內在的修養，是具有很強包容心和忍耐力的性格特徵。它需要豐富的人生閱歷和生活經驗，這種類型的男人是飽嘗了人生和事業艱辛的人，他們懂得珍惜

眼前得來不易的成果，也擁有面對將來更多坎坷和挫折的勇氣與力量。這樣的男人是女人最可信賴的靠山，就像陰雨天女人頭上那把傘，也像冬天裡女人身上的厚棉襖。

有的男人喜歡用名牌裝飾自己，把自己裝扮成成功男士的樣子，但是這樣的穿著反而讓人感覺不成熟，給人輕浮虛誇之感。深沈內斂的男人很少在衣服裝飾上下工夫，他們從來都是要求衣服簡潔、大方得體即可，普通的衣服從來就不會掩蓋住優雅的氣質。沈穩的男子在戀愛和婚姻中，從來就是極具包容心和忍耐力的，他們能容忍自己女友或者妻子的小脾氣，甚至是蠻不講理，在他們看來，對方就像是沒有得到糖果的小孩子一般的可愛和有趣，是他們嚴肅生活中最佳的調味劑。而對於大多數女性來說，沈穩內斂的男子是自己的最佳選擇，在自己迷茫徬徨時，能幫助自己發現最適合自己的道路；在自己得意忘形時，又能及時地給自己提出建議；而當自己有了錯誤變得不可理喻時，能用最大的耐心包容和遷就自己。

沈穩內斂的男人是善於引導別人的人，和他們在一起，一切事情都安排得很有規律，也很有情趣。對於大多數女性來講，更喜歡和這樣的男人約會。相反的，對於那些把選擇和決定權都交給女性處理的男人，女性會覺得他們沒有認真思考，沒有做好準備就邀請了自己，對自己不夠重視，同時這樣的男人還讓女性覺得他們優柔寡斷，不夠果斷乾脆。沈穩內斂的男子就顯得很有責任心，並且也讓人感覺可靠，值得信賴。

二、意志堅強的男人總能讓女性產生好感

意志堅強的男人總能讓女性產生好感，因為在她們看來，意志堅強的男人是真正的男人，他們給人最強的責任感和信任度。女性一般都很敏感，情緒容易受外界的影響，顯得多愁善感。她們很容易被周圍的環境所左右，本來決定好的事情到時候也會發生變化；她們通常意志不堅強，對於很多事都缺乏堅持到底的毅力。俗話說「女人心，海底針」，這句話說的是女人的心思難以琢磨，而實際上，也是說女人變化得快，前一分鐘和

後一分鐘不能同樣看待。這樣的性格特徵決定了女人們都希望自己的男友或者丈夫意志堅強，對事情有自己獨立的觀點和看法，不受環境與他人的影響。

在現實生活中，意志堅強的男性總能引起女性的注意，讓她們不知不覺地跟著自己走。在這種類型的男人身上，好像有著天然的吸引力，女人願意臣服在他們堅定的目光之下。有一個例子能很好的說明這個問題。一對戀人打算去公園看荷花，但是女人有著很多的顧慮，她問道：「如果一會兒太陽太熱了，怎麼辦？」男人說：「我們撐著傘，看嬌豔的荷花怎樣對著太陽微笑。」「要是天下雨呢？」「那我們就坐在公園的涼亭裡聽雨聲打在荷葉上的滴答聲。」「要是陰天呢？」女人還是有顧慮，「那更好了，既曬不到，又淋不到，我們就好好地欣賞美麗的荷花和碧綠的荷葉，還有水中跳來跳去的小青蛙。」終於女人沒有了任何的顧慮，她高高興興地和自己的戀人去欣賞荷花了。這個男人就是個意志堅強的人，在去看荷花的過程中，可能會有各種各樣的問題發生，但是不管怎樣，都不能動搖他去看荷花的決定。

意志堅強的男人從來不會按著別人指給自己的道路前進，他們習慣了自己闖出一片天地，在他們看來，相信自己，充滿信心地走自己選擇的路是最重要的。在愛情的道路上也是如此，一旦一個意志堅強的男人找到了自己所愛的人，他們就會全心地投入，用自己堅強的毅力和不折的耐力使對方折服。正如一個意志堅強的男人對自己的女友說：「你是逃不掉的，我選擇的目標一定是我的。」話雖然充滿了傲氣，但是也深具魅力，沒有女人能抵擋住這樣的男人，她們在這樣強有力的男人的攻勢下，最後會被對方所吸引，愛上對方的。

三、事業心強的男人通常都很受女性的歡迎

在女性看來，事業心強的男人更能使自己有安全的感覺。這種類型的男人都很理智，他們清楚地知道自己尋求的目標是什麼，他們往往都相信

邏輯、計畫和提綱能解決一切問題。他們對任何事情都能全心地投入，對工作的專注並不影響他們對愛情和婚姻生活的努力經營。在他們看來，事業和愛情是他們人生中都不可缺少的部分。這種類型的男人，常常希望找一個與自己同樣獨立和專注於工作的女人，這樣他們可以保持彼此的獨立空間，即使有時分離，也不會影響雙方的感情。他們對過分依賴自己的女人沒有好感，因為他們不希望為了照顧對方的情緒，而影響自己的工作和心情。

事業心強的男人也有其缺陷，那就是過度專注於自己的事業，而忽略了女友或是妻子的感情，使得雙方沒有交流的時間，這樣時間一長，他們的伴侶也會因無法容忍他們的漠不關心，而提出分手或是離婚。小偉和小影是一對走到哪裡都讓人羨慕的情侶，男的沈穩英俊，女的嬌媚可人。小偉從學校畢業後，就和自己的同學合開了一家公司。公司剛剛起步，小偉不得不天天以公司為家，他幾乎沒有和小影約會的時間。開始小影很支持他的工作，常常到他的公司照顧他。但是有一次，小影連續病了好幾天，小偉連一個問候的電話都沒有打來，小影雖然明白小偉是忙於事業，但人生病時異常的脆弱，她在床上躺了一星期，也流了一星期的眼淚。病好以後，她與小偉提出了分手。所以女性在選擇這種類型的男人時，一定也要做好有時被他們忽略的準備。

四、冷靜獨立的男人是所有女性心中最完美的伴侶選擇

每一個女人都希望自己的丈夫像《英雄本色》裡的小馬哥一樣，在任何情況下，都能冷靜處理並且願意用他們的生命保護自己。這樣的男人是女人心目中典型的白馬王子，是女人從十幾歲就開始夢想的理想戀人。任何人在突發情況下，都可能會驚慌失措，所以冷靜獨立的男人就顯得分外迷人了。

一位溫柔漂亮的小姐，因為對自己的未來男友要求較高，而一直沒有合適的對象。最近認識了一位在外資公司工作，有著良好修養的「理想男

性」，在兩人的幾次約會中，男方幽默的談吐、淵博的知識和優雅的舉止，都令這位小姐欣賞不已，她開始認為這就是她夢想中的伴侶。但是隨後的一次突發事件，讓這位小姐打消了與這位男士進一步交往的念頭。當時他們正在某一家餐廳用餐，突然發生了地震，餐廳內所有的人都急忙往外跑，幾秒鐘之內，整個餐廳亂成了一團。而這個過程中，這位有著優雅舉止的男士，竟然忘記了自己身邊還有一位小姐，一個人奮力地衝向了門外。幾分鐘後，事情就平息了，這只不過是一次傷害不到任何人的地震的餘波。此時的男人面紅耳赤地向小姐道歉，一再表示自己真的很害怕地震，可是這個小姐心已經涼了。地震發生時，男人本來就有保護身邊女人的責任，被地震嚇破了膽的男人，怎麼讓身邊的女人依靠，更何況是只顧自己逃命的自私男人呢？

性格獨立的男人也很有吸引力。一般時候，女人對男人的要求並不在於他們是否適應了四周的環境，而是看他們是不是能夠表達出自己的主張或意見，也就是說，女人更看中這個男人是不是有自己獨立的想法，是不是能自己獨立地完成一件事情。獨立性弱，任何時候都無法自己獨立做出決定，而依賴身邊的人的男性是不討人喜歡的。

五、敢於面對挑戰的男人最先吸引女性

敢於面對挑戰的男人，通常都對自己很有信心，任何時候他們都精神飽滿地迎接新事物的到來。他們不懼怕變化，甚至期盼變化的到來，在他們看來，一成不變、死氣沈沈的生活才是最無法容忍的事情。在這種類型的男人身上，隨時都可能有意想不到的情況出現。他們永遠不會被困難壓倒，在困難面前，他們從來都是越挫越勇，絕不會退縮不前。這樣的男人始終生活在不安定的因素中，他們身上彷彿有著用不完的精力，永不知疲倦。「生命不止，奮鬥不息」該是對這種性格的人的最好詮釋。現實生活中，這種例子也很多。年輕女性在面對事業有成、沈穩內斂的男性，和精力充沛、勇於面對挑戰的男性時，總是最先被後者所吸引。在女性看來，

後者身上有著不能忽視的熱情和青春，和這樣的男人在一起，自己的心永遠都是年輕和充滿活力的，而和前者在一起，雖然有著更多的安全感，但是生活容易走向程式化，沒有激情。

家庭和婚姻中女性討厭的男性性格

一、遊手好閒的男人是女性的惡夢

遊手好閒的男人不喜歡工作，但他們總是向別人描述自己對未來生活有著怎樣美妙的藍圖，這樣的男人從來不說自己沒有能力做什麼，而是設法地讓別人相信他們多麼不屑於做這樣的工作。遊手好閒的男人不喜歡安定的生活，他們在任何地方都待不了很長的時間，他們甚至渴望去流浪，因為那樣才能得到最徹底的自由。這種類型的男人喜歡和各種各樣的女性共同生活，但他們卻永遠都不想負自己該負的責任，到了壓力無法承擔的時候，他們不得不消失得無影無蹤。這樣的男人還很喜歡孩子，也願意給別人帶來歡聲笑語，但是他們卻永遠不會為自己孩子的將來進行打算。這樣的男人是女人的惡夢。他們輕浮、不負責任的舉止，讓所有的女人都不能信任。

二、永遠長不大的男人像個孩子

這種類型的男人長著一張成人的臉，但他們卻有著一顆童心未泯的心。他們任何時候都不能獨立地完成一件事情，隨時隨地需要別人的關心

和幫助。他們是好人，永遠學不會用陰謀詭計害人，但同時也永遠學不會保護自己和自己的親人。他們習慣於受別人的照顧和幫助，卻永遠不懂得其他的人也需要他們的關懷和體貼。這種類型的男人更不會顧慮到身邊人的情緒和反應，不是他們故意，而是他們根本就不懂。這樣的男人還是沒有長大的孩童，而每一個女人則都希望找個人來關心和保護自己，而不是想找個孩童來照顧和愛護。所以這樣的男人是女人最怕惹上的類型。

三、太死板的男人讓女性感到窒息

這種男人做任何事情都異常的認真，他們總是有板有眼，按規矩辦事。他們習慣於在使用一種新產品之前，仔細地閱讀每一條使用說明，甚至是往收音機裡放兩顆電池。約會時，他絕不能容忍對方的遲到，哪怕是遲到了兩分鐘，他們也會念叨個不停。做任何事必須按早就規定好的辦，如果你有一點的變化，他們就會擔心不已。他們的生活都有著嚴格的時間安排，一旦打亂了，他們就會一整天追悔不已。這樣的男人是最讓女人倒胃口的男人，和他們在一起，女人就會感覺自己正在窒息而死。所以大多數女人寧願選擇身無分文的活潑男人，而不願選擇功成名就的死板男人。

第七節 ••• 怎樣從男人的言行瞭解他們的性格

女人活在這個世界上，最怕的就是孤單，最渴望有個相知相愛的男人陪在自己的身旁。所以有很多女人都傾向於把自己的年齡與花朵的開放程度相比。在女人像鮮花一樣盛開的時候，她們最常問的是「在我最美麗的時候，遇見了誰」，在花將枯萎仍然沒有賞花人時，她們只能用「朝朝與暮暮，我切切地盼望」來抒發自己孤寂和熱切的情懷。對於一個女人來

說，有一個愛自己的人，和一個自己所愛的人，就是她們追求的最大幸福。但是怎麼能讓自己所愛的人也愛上自己，又怎麼能讓愛自己的人有更多的瞭解呢？在戀愛的過程中，通過觀察自己身邊男人的言行來判斷他們的性格，以致判斷他們是否適合自己，就成了一種技巧。對於正陷在愛河中的女人們來說，掌握這樣的技巧也是極其重要的，它能在你迷茫、徬徨時，幫助你做出正確的決定。

一、約會時經常變化服飾的男人

俗話說「人靠衣裝」、「三分長相，七分打扮」，人的服裝有「第二個容顏」的功用。所以通過喜歡穿什麼樣的衣服，也可以瞭解這個人的性格特徵。女人天生愛打扮，所以經常變化自己的服飾和髮型，希望能引起對方的注意，贏得對方的好感。現在很多男士也很重視自己的衣著，經常變換自己的襯衫和領帶，也希望自己能給對方留下好的印象。那麼在約會中經常變化服飾的男人，有著怎樣的性格和喜好呢？

有的男人在第一次約會時，為了想吸引對方，都會穿上比平常華麗和昂貴的衣服，而且短時間內，在和妳的每一次約會中，都會穿著不同的服裝，以此希望妳能對他產生好感，希望任何時候都有著新鮮的感覺。這種類型的男人是對妳有好感，並且渴望與妳的關係有進一步的發展和變化。他們通常在與女性的交往較深且兩人的關係穩定後，就不會再刻意地裝扮自己，而逐漸以整潔大方的衣著為主。這樣的男人一般是值得信賴的男人，他們尊重對方，通過自己的衣服表明對對方的重視，而一旦關係穩定，他們又不願太張揚自己，就以比較舒適和大方的形象出現，這種舉動也表明了他對妳已經很信賴，在妳面前，他們很放鬆，和妳在一起，他們很愉快。

還有一種男人，平時是個毫不在乎著裝和打扮的人，自從認識妳以後，他突然講究起來，對服飾也在意起來。這說明他對妳很有好感，心情很振奮，想博得妳的青睞。此時的男人是愛上了妳的男人，他們用自己的

行動向妳表示著自己的情感，所以如果妳對對方也有好感，千萬不要錯過呀！

二、經常跟妳電話聯繫的男人

電話因其方便快捷而成為人們之間最重要的交流工具，通過電話雖看不到對方的身影，但卻可以及時表達自己的情誼，所以電話也成了現代生活情侶間表達感情必不可少的手段。通過電話這種手段，對方看不到自己的表情，比較容易表達出自己對對方的感情。如果面對面交談，自己恐怕不敢表達愛意。所以經常通過電話向自己的女友表達愛意的男人，性格通常很靦腆、懦弱。他們在對方面前說不出來的話，通過電話反而能輕鬆地說出來。

如果妳的男友以前並不經常跟妳打電話，而最近卻天天跟妳電話聯繫，甚至一天打好幾次。那麼對這種情況，你應該感到開心。這說明妳的男友對妳的愛意與日俱增，希望和妳的關係更加親密或者有進一步的發展。如果妳對對方也有同樣的感覺，那麼就應該很愉快地回應，但如果他並不是妳的「真命天子」，一定要想辦法趕快把自己的心意告訴對方，別讓更大的誤會出現。

三、走路經常拉著妳的手的男人

有一個朋友經常向我抱怨，因為她的男友走路的時候喜歡拉著她的手，開始時，她覺得這是對方愛自己的表示，所以很開心，但後來一直是這樣，這位朋友很煩，但是怕傷害對方，就一直忍耐著。男人在真正喜歡上一個女人時，都有著強烈的佔有慾，他們不希望自己以外的人碰一下自己的女友，即使有時是女性朋友，他們也會很反感。男人對自己喜歡的東西向來都有著很強的獨佔性，他們一般不願把自己心愛的東西與別人分享。

　　走路喜歡拉著女友的手的男人，是率直而富有個性的人，他們很自然地表達自己的情誼，希望通過自己的舉動向對方表露自己的情誼。如果有的女性實在不喜歡這種舉動，不妨委婉地告訴他們，他們一般都會理解對方。但還有一些男人，他們喜歡拉著女友的手，是由於他們對少年時母親的手的一種留戀，這種性格的男人有時有點孩子氣，還算不上一個真正成熟有個性的人。那種有很強母性的女性，不妨試著與這種男人交往。

四、約會時喜歡聽妳安排的男人

　　很多女人不喜歡約會時聽自己安排的男人，認為這樣的男人缺乏獨立性，優柔寡斷，不值得信賴。同時她們也認為約會時讓女性做主，決定去什麼地方吃飯或者有什麼樣的約會節目的男人，是沒有誠意和不負責任的人。女性對於這樣的男人一般都是很沒有好感，或不願與他們約會的。雖然這種說法有些道理，但是女性朋友們也應該全面地觀察這些男人。如果一個男人平時做什麼事情都很有主見，也很有自己的想法，他們把自己的事情都處理得井井有條。但是這種男性在與妳約會時，突然變得沒有了主見，喜歡問妳的感受，那麼這種男人是對妳很有好感，希望他做的任何事都能讓妳開心。他因為已經很在乎妳了，所以一切事都願意以妳的興趣愛好為主。假如妳也不討厭他，不妨與他多多接觸，因為他可是一個很愛妳的人，也是一個願意與妳共渡終生的人。

　　還有一種男人，他們平時就很容易跟著別人走，沒有自己的想法，意志不夠堅定。這種男人在約會時，一切都聽對方的安排。他們經常沒有明確的目標，不知道自己真正尋求的是什麼，而且容易改變觀點，做事沒有原則，責任心也不是很強。如果妳心目中的理想伴侶不是這種男人，那麼妳還是趁早離開他們為好。如果妳的個性很強，需要一個事事都聽妳安排的男人，那麼這種男人會是妳最好的選擇。

五、在想與妳進一步親密時，徵求妳意見的男人

大學時，一個朋友和我講述她的煩惱。她的男朋友在約會時，如果想有進一步的親密動作時，總是在事前詢問自己的女友，比如說：「我可以拉妳的手嗎？」或者：「我可以吻妳一下嗎？」開始這個朋友以為這樣的行為說明這個男人比較有禮貌，值得自己信賴。可是總是這樣，這個朋友就很煩惱，不明白其中的原因。一般來說，女人都喜歡這樣的男人，感覺他們尊重自己，在乎自己的感受。而在現實生活中，許多年輕又不太有戀愛經驗的男人，他們總是很衝動，常常讓女性覺得不夠尊重自己。而事前徵詢女性意見的男性，就讓人感覺很有修養，似乎比較理解女性的感受，而事實上，這種類型的男人只是做事比較認真而已。

在行動之前向女性徵詢意見的男性，通常總是做事很認真、很講究原則的人。他們做事規規矩矩，認真仔細，一些很小的細節也會在意。這種類型的男人通常總是服裝整齊，他們的辦公用品總是擺放得整整齊齊，自己用過的東西也總是隨手放好。他們的衣櫥，家居用品更是整齊、有條理。這樣的男人乾淨整潔，很有女人緣。如果妳有「潔癖」，這種男人一定很適合妳，他們絕不會亂放東西，給妳造成不便。但如果妳是個天性無拘無束的人，那麼他們可能不太適合妳，因為這種男人無法容忍別人的隨意和邋遢，在婚後，他們很可能與妳因為鞋子沒有擺放整齊的小事，而對妳嘮叨不停。

第八節 各種血型性格人的婚姻愛情觀

不同的血型有著不同的性格，不同性格的人對待愛情和婚姻自然也有著不同的態度。人們在愛情世界裡生活，有的持久平靜，有的猛烈如火。

平靜的愛情和婚姻生活如同一彎清澈的小溪，甘甜而又沁人心脾；熾熱的愛情與婚姻生活正像那熊熊的大火，讓人神魂顛倒，欲罷不能。

一、O型性格的愛情與婚姻

O型性格男人的愛情就如同那熾熱的大火，他們一旦投入愛河，就勢必愛得轟轟烈烈，山搖地動。這種性格的人往往具有進攻性、追求性的傾向。他們一般是愛情的發動者，一旦選擇了自己理想的戀愛對象，就會以大膽、直率的方式向對方表明自己的心意。O型性格的人活潑熱情，在他們身上，一見鍾情式的愛情比較常見。同時，這種人因為其外向的性格特徵，極具語言表達力，知識淵博、幽默熱情，所以他們的戀愛一般較容易成功。O型性格的人在選擇對象時，多在意的是對方的才能和突出的個性。他們對容貌的要求不是很嚴格，他們通常容易被有顯著個性的人所吸引。

O型性格的女性在戀愛中具有浪漫傾向，她們的行為通常富有女性魅力，熱情、豐富的情感讓她們顯得更加的嫵媚動人。所以O型的女性往往使她們的戀人為自己傾心、對她們愛慕不已。

O型性格的人不太把戀愛和婚姻連在一起，在他們看來，戀愛的目的不一定是走向婚姻。他們對愛情瘋狂地投入，但這並不表明他們一定會與自己戀愛的對象走向婚姻。對他們來說，戀愛與婚姻還有很長一段距離，不能等同視之。

O型性格的丈夫是一位好丈夫和好父親。他們總希望得到自己妻子和子女的最大信任，成為他們最好的保護者。他們的生活能力很強，在家庭生活裡是妻子最得力的助手，而不是那種只動口、不動手的討厭丈夫。同時，這種性格的丈夫由於他們本身熱情的天性，他們總是很樂意幫助別人，在沈悶的家庭生活中，總是能給妻子和兒女帶來意想不到的驚喜。

O型性格的妻子婚後可能會由以前浪漫可愛的少女，變為很現實經濟的家庭婦女。她們對自己的丈夫很關心，是丈夫的賢內助。她們熱情的個

性使得她們對子女的事情很上心，是典型的「全能」母親。O型的妻子因其活潑的個性，使得她們都有著很好的人緣，家裡常常有客人拜訪。

二、A型性格的愛情和婚姻

A型的男人做事非常謹慎，但他們在感情上卻又十分的癡情。A型性格的人通常都有很好的自制能力，他們往往不善於表達自己的感情，即使在內心他們很愛對方，外表上也不易顯露出來。這種類型的男人自尊心很強，他們害怕被自己所愛的人拒絕，因此他們寧願忍受感情的折磨，也不願向對方吐露自己的心聲。所以A型的男人有時會錯失良機，當機會過去了，他們才後悔莫及。在戀愛對象的選擇上，A型的人通常選擇那些心地善良、樂觀開朗，能理解、體諒自己的女性。

A型女性的魅力則在於她們的奉獻精神。A型的女性事事為對方著想，為了對方甘願放棄自己的一切。她們樂意滿足對方的要求和慾望。在她們看來，能使對方高興是自己最開心的事。這種類型的女性和O型女性不一樣，她們不善於用直接的言語或是行動來表達自己的感情，她們常常用體貼入微的照顧和默默關懷的方式，表達自己的感情。

A型性格的人與O型性格的人的最大不同，在於前者總是把戀愛和婚姻連在一起，在他們看來，戀愛的最終目的就是婚姻，如果沒有什麼特殊的情況出現，他們一般願意和自己的戀人一起步入婚姻的殿堂。

A型的丈夫責任感最強，他們對自己的家庭非常重視，把家庭成員的幸福當作自己的幸福，盡忠盡責，為了家庭可以犧牲自己的一切。他們在自己的家庭內部一般比較放鬆，在家人面前流露出的是真正的自我。他們對於家務也願意花費心力。對於家庭的人際關係考慮得十分周全和細心。

A型的妻子多是賢妻良母，對丈夫和子女照顧得盡心竭力。她們通常把整個家庭都料理得井井有條，不需要自己的丈夫插手。但是她們一般不喜歡積蓄，對家庭的花費也不願太斤斤計較。A型妻子常常善於烹飪，能夠做出多種美味來。A型妻子要求自己丈夫絕對忠於自己，她們不能原諒

自己丈夫有半點的越軌行為。

三、B型性格的愛情和婚姻

　　B型性格的男人，一般容易對自己身邊的女性產生日久生情的傾向，所以他們的愛情常常是友誼式的延續。B型性格的男性選擇的戀愛對象，通常也是自己身邊的同學、同事。但是他們一旦投入愛情，卻往往表現得非常狂熱。一天不見對方，就會魂不守舍。在戀愛期間，他們常常變得很黏人，總是希望兩個人結伴去做什麼，這樣的性格容易讓對方厭煩，所以他們的愛情不會很順利。B型的男性在遭遇到失戀後，容易消沈，變得心灰意懶。

　　B型性格的女性往往熱情、奔放、豪爽。她們瀟灑的性格常常使男性很傾慕。同時B型的女性在戀愛中也很主動，她們積極地追求對方，因其爽朗、樂觀的個性，常常使她們的追求容易成功。這種類型的女性天性幽默，愛開玩笑，但是性情善良，不愛捉弄人。

　　B型性格的人在戀愛和婚姻的問題上，與O型的人很相似。他們也認為戀愛與婚姻關係不大，戀愛的結果不一定就是婚姻。

　　B型的丈夫對家務事一般不願插手，他們把家庭的一切事都交給自己的妻子，他們尤其厭煩家庭間的人際關係，對婚喪禮儀等雜事更不能忍受。他們不喜歡做家務，但他們卻天生是個美食家，對於烹飪能無師自通。這種類型的男人對待自己的子女很寬容，常常與自己的孩子像朋友般相處。

　　B型的妻子性格樂觀、爽朗，對丈夫的依賴性不太強，她們一般都能自得其樂。甚至到了晚年，也是很樂觀地對待眼前的一切。B型的妻子對待自己的孩子也比較寬容，不太喜歡插手自己孩子的事，容易養成對孩子放任的態度。

四、AB型性格的愛情與婚姻

AB型性格的男人與他人相處，習慣於保持距離，所以在愛情方面，他們也不會與自己不熟識的人開始戀愛，他們喜歡從自己熟識的好朋友裡選擇自己的戀愛對象。AB型的男性通常不會主動地追求女性，他們表達感情的方式也很含蓄，不喜歡直接的表達。AB型的男人常常容易被外貌姣好、氣質優雅的女性所吸引。

AB型的女性溫柔可愛、情緒善變。她們有時很天真，有時又會有驚人之舉。而正是這種多彩的個性，常常吸引異性的目光。AB型的女性喜歡剛強、健壯的男性。

AB型性格的人對待婚姻很認真，他們甚至很懼怕婚姻。所以在是否結婚的問題上，他們常常舉棋不定。

AB型的丈夫很重視自己的家庭，對整個家庭的事務也比較關心，是妻子很得力的幫手。他們通常生活能力很強，對整個家庭的活動也安排得井井有條。AB型的男性對自己的子女要求比較嚴格。他們一般很好客，但卻對繁文縟節感到厭惡。AB型的妻子對物質生活要求不高，但是她們很在意整個家庭的佈置和情調，她們往往熱衷於家居的裝飾和色彩的搭配。

ch **10**
用性格的力量幫助自己
成功

第一節 成功格言——我是最棒的

成功的人做別人不願做的事，做別人敢做的事，做別人做不到的事。

私底下的每一分的努力，都會在公眾面前表現出來。

不是不可能，只是還沒有找到方法。

沒有失敗，只有暫時沒有成功。

我是最棒的，我一定會成功。

過去不等於未來。

成功是因為態度。

人人都能成功。

我要我就能。

有志者事竟成。

人不瘋不成功。

我是一切的根源。

成功=知識+人脈。

每天進步一點點。

一室不掃何以掃天地。

成功一定有方法，失敗一定有原因。

成功的人找方法，失敗的人找藉口。

成功跟藉口是不會在同一個屋簷下的。

沒有得到我想要的，我即將得到更好的。

並非神仙才能燒瓷器，有志的人可學精手藝。

要成功就沒有藉口，要藉口就不可能會成功。

性格與成功自問

　　發揮性格優勢、走向成功之前，不妨先來想一想下面的問題，會大有裨益的。

　　1.如果你有一些不良性格，是聽之任之呢，還是想辦法克服它？

　　2.不良性格對人有什麼影響？

　　3.西方有句名言：性格即命運。人的性格是一個複雜的矛盾體，也是一把「雙刃劍」。從某種意義上說，性格是一種力量，更是一種資產。只要能揚長避短，選擇最適合自己性格特長發揮的方面，你就會發現一個嶄新的自我。有位如日中天的歌星，在接受記者的採訪時說了一句意味深遠的話：「在別人眼裡我是一個固執的人，但我說那是我性格的一方面——執著。」此時的你心中是否有一絲感覺，請你重新把你的性格各方面寫下來（包括你認為好的和不好的方面），重新思索之後，將你的新體會寫下來。

　　4.為什麼說心胸狹隘的人既容易失敗，又與創富無緣？你的胸懷怎麼樣呢？

　　5.請你設計一個豁達樂觀、心胸寬廣的自我，並用詳細的語言將他描述出來。

　　6.你是否認為只有外向性格的人，才能處理好人際關係？

　　7.如果你性格內向，你是否非常討厭它？

　　8.性格外向與成功是否有必然的關係？談談你的看法。

　　9.通過此書的訓練，你感受最深的是什麼？

　　10.找出自己性格最欠缺的方面，然後再找出彌補這些的最佳方法。

　　11.你是否具有吸引人的個性？如果沒有，你最缺乏什麼？

　　12.為什麼有些人總愛因一些小事而放不下心來？

第三節 人人都能成功

　　每個人都希望自己是一個成功者。誰願寄人籬下，誰願總是受人擺佈，誰願平庸地渡過一生，沒有。

　　每個人都希望自己是一個成功者。成功意味著贏得尊敬，成功意味著勝利，成功意味著最大限度地實現自我價值。

人人都能成功！

　　成功不是有錢人的專利，成功不是有文憑者的專利，成功也不是高官子女們的專利。只要你有強烈的成功意識，只要你態度積極、堅忍不拔，只要你信心十足，有崇高而堅定的信念，只要你能夠發揮你的性格優勢，即使你是一個小人物，你也能成功。成功並不偏愛某一特殊人群，成功對任何人都是平等的。

人人都能成功！

　　沒有文憑者也能成功。約翰‧梅傑被稱為英國的「平民首相」。這位筆峰犀利的政治家，是白手起家的一個典型。他是一位雜技師的兒子，十六歲時就離開了學校。他曾因算術不及格未能當上公共汽車售票員，飽嘗了失業之苦。但這並沒有壓垮年輕的梅傑，這位能力十足、具有堅強信心的小夥子，終於靠自己的努力擺脫了困境。歷經外交大臣、財政大臣等八個政府職務的鍛鍊，他終於當上了首相。有趣的是，他也是英國唯一領取過失業救濟金的首相。

　　你是高中生嗎？你是職校生嗎？也許你認為自己文憑太低而消沈，哀嘆生不逢時，這輩子算完了，就這麼過吧！不，你錯了！要知道大學生是人，你也是人，他有一個大腦，你也有一個大腦，只要你意志不倒，只要你不善罷甘休，你也會成功。

看看那些著名的作家們，看看那些著名的歌唱家們，看看那些體育冠軍們，有幾個是科班出身，他們的成功是他們自身奮鬥的結果。

蓋茲不願繼續讀完他的大學，他要做自己感興趣的事。他成功了，他成了世界的首富。當你打開電腦，當你感受到視窗作業系統帶給你無窮的樂趣時，你知道嗎？蓋茲是一個其貌不揚的沒讀完大學的人，但他是一個成功者。

高爾基說得好，社會是一所大學。當你融於社會，當你積極思考這個社會，當你為自己在這個社會找到座標後，你就有成功的可能。

人人都能成功！

三百六十行，行行出狀元。條條道路通羅馬，成功的路千萬條，就看你選擇哪條了。

成功對每個人都是公平的，成功並不完全是大學生、科學家、有錢人、有勢人的專利，它屬於每一個人，當技師能成功，當小學老師能成功，當一名售票員也能成功。

人人都能成功！

我們每個人都是一座金礦，每個人都有無比巨大的潛能，而一切挖掘金礦和潛能者就是你自己。人生的命運就掌握在自己的手中，人生成功與否由你自己決定。如果你明白了這個道理，你就不會因為自己是一個窮人，是一個下層人物而怨天尤人，牢騷滿腹和憤憤不平，就不會受自卑困擾，懶得行動而坐以待斃。

下定決心，奮鬥，拼搏，勇往直前，成功就屬於你。

懂得發揮性格優勢，克服弱點，是走向成功的一個關鍵因素。

每個人性格中都有優點和缺點，關鍵是這樣一個簡單易懂的道理。你平日裡喜歡強調的是你的優點還是缺點？要生存下去，你靠的是什麼？如果整天抓著你的弱點不放，那麼你將會越來越弱。如果強調你的優勢，你將會越來越自信和成功。

　　要學會接受自己。要注意不要把自我想像的缺陷當成真的缺陷。多數有自卑性格的人，總是把注意力放在自己身上，喜歡放大自己的缺點，習慣於把自己放在別人的腳下。

　　很多人把自己性格上的弱點當成自己不能成功、使自己欣慰的藉口，拒絕跳出自己編製的網，也就永遠走不出失敗的沼澤。要知道，我們每個人都能成功，都能快樂和幸福。但是你必須學會突出自己的優勢，學會將普遍意義上的缺點變成優點，加上自己的努力和智慧，成功就在你眼前。

性格即命運——一切在你手中

一、要有成功的膽量

　　人人都渴望獲得成功，每個人都在探求成功的祕密。其實成功的祕訣非常簡單，就像《天地一沙鷗》裡老海鷗所說的那樣：「偉大的成功祕訣，首先就在於去掉自以為是被封在只有有限能力的軀體內的可憐想法。」越是自認為低能的人，不管自己真正的素質怎麼樣，都會慢慢變成真正的低能兒、一事無成的失敗者。要想成就什麼東西，就必須先敢那樣去想。也就是說，人們的思想意識和心態制約著人們的行為。

　　庫爾特・理克是約翰霍普金斯大學的一名博士，他曾經做過一個實驗。有兩隻小老鼠，把其中一隻用適當的力氣攥在手裡，使牠用盡力氣也逃不出去。掙扎一段時間之後，這隻老鼠不再抵抗，乖乖地待在手心裡。過一會兒將牠放進水裡，牠很快就會沈下水底，溺死了，似乎根本就沒有逃生的意識。而將另一隻老鼠直接放進水裡，它會很快游到安全的地方。可以得出結論：第一隻老鼠在遭遇一次失敗後，便再也沒有了抗爭的意識

或想法，任從擺佈，死亡是必然的；而另外一隻老鼠抗爭意識還不曾泯滅，所以牠成功了。

　　有人曾對許多的成功人士，包括奧運會金牌得主、企業大亨、政界大老、影視明星等等，甚至還有走向太空的人，做過多年的調查研究，並得出結論：成功的關鍵是要有成功的膽量，敢想是成功的第一步。研究者還指出，在成功者和其他人之間有一條明顯的界線，不妨稱其為成功的邊緣。這個邊緣不是特殊環境或是智商差異的結果，也並非教育優劣或天賦有無的產物，更不是靠什麼天時地利來成就。跨越邊緣的關鍵是敢想敢做的態度。

　　自己瞧不起自己，覺得自己能力不行，運氣不佳，沒有走向成功的膽量和意識，不但會失去開發自己潛能的慾望，還會抵消自己的精力，降低適應環境的能力，因而成功的光環，也永遠不會籠罩在你的頭上。

二、克服心理障礙，培養堅強性格

　　可能很多人並不熟悉約拿，也不知道「約拿的失敗」。約拿是《聖經》中的一個人物，上帝給他機會去成就自己和別人，但他卻退縮了。心理軟弱的障礙使他甘居人後，迴避成功，喪失了可得的榮耀與光環。

　　我們每一個人都有成功的潛能，但並不是所有人都能夠充分地開發這個潛能。心理障礙是阻礙我們走向成功的一大頑疾。

　　心理障礙包括意識障礙、情感障礙、意志障礙和性格障礙等。

　　由於人腦歪曲地反映了外在的現實世界，從而使人腦自身的認知能力發生歪曲或減弱，阻礙了人們對客觀事物的正確認識，影響了各方面的成功，這種狀況可稱之為意識障礙。意識障礙包括自卑、自閉、厭倦、習慣型、志向模糊型、價值觀念歪曲型等多種類型。

　　人們在確定目標、執行決定、實現目標的過程中，起了阻礙作用的各種不專注、不持久、自制性差等不正常的意志心理狀態，即為意志障礙。意志障礙可分為「意志暗示性」心理障礙和「意志脆弱性」心理障礙。

　　情感障礙是指大家在自我成長和能力開發過程中，對客觀事物所持態度方面的錯誤的內心體驗。情感麻木是主要表現，其產生主要是由於長期遇到各種困難，受到各種打擊，自己不能正確對待和加以克服，以至於對外界客觀事物的內心反應門檻增高，心理態勢內向封閉。發生情感障礙的人，會喪失對外界交往的生活熱情，放棄對成功事業的追求。

　　性格障礙是指人們在自我開發過程中，表現出來的氣質障礙，比如多血質的人缺乏毅力；抑鬱質的人孤僻怪異、不善交際；黏液質的人優柔寡斷、缺少魄力；膽汁質的人辦事魯莽、武斷等等。

　　有些人成就不大不在於智力不行，而在於沒有克服自己心理上的障礙。只有不斷地向自己挑戰，下決心克服上述種種心理及性格缺陷，才能在各方面取得成功。

三、不要讓情緒控制你

　　日出日落，月圓月缺，雁來雁去，花開花謝。自然萬物都在循環反覆變化中，你也不例外。情緒會時好時壞，你心中像有一個輪子不停地轉著。由樂而悲，由悲而喜，由喜而憂，這就好比花兒的變化。今天你要學會控制情緒，你要學會這個千古的祕訣：弱者任思緒控制行為，強者讓行為控制思緒。

　　沮喪時，你要引亢高歌；

　　悲傷時，你要開懷大笑；

　　悲痛時，你要更加振作；

　　恐懼時，你要勇往直前；

　　自卑時，你要換上新裝；

　　窮困潦倒時，你要想像未來的富有；

　　力不從心時，你要回想過去的成功；

　　自輕自賤時，你要想想自己的目標；

　　縱情享樂時，你要記著挨餓的日子；

　　洋洋得意時，你要想想競爭的對手；

　　腰纏萬貫時，你要想想食不裹腹的人；

　　不可一世時，你要抬頭仰望群星。

　　只有積極主動地控制自己的情緒，才能掌握自己的命運。

四、做事要專心

　　你在人群中穿梭，流失了花樣年華；你在彩虹下遊弋，錯過了許多季節；你不停地左顧右盼，終尋不見她的倩影。多年以來，你的生活好像竹籃打水一場空。生活、幸福、財富，你仍然希望有一天可以擁有它們。猶豫不決的人，最終不會做成任何一件事情。能夠在這個世界上獨領風騷的人，必定是專心致志於某一件事的人。偉大的人從不把精力浪費在自己不擅長的領域中，也不愚蠢地分散自己的專長。與其事事平平，不如一事精通，這是一種規律，注意力不集中的人不會成功，成功也不會光顧那些分散注意力的人。一個人精通一件事，哪怕是一項微不足道的技藝，只要他做得比所有人都好，那麼也能獲得豐渥的回報。

　　要樹立自己高遠的目標，但你必須知道：千里之行，始於足下。你只要一心一意向著一個目標穩步前進，百折不撓，一定不會失敗。這就好比用玻璃聚集起太陽的光束，即使在最寒冷的冬天，也可以燃起火來。最弱小的人，只要集中力量於一點，也能得到好的結果，相反，再強大的人，如果把力量分散在許多方面，那麼也會一事無成。

五、一定要挺起胸膛

　　你或許曾經傻傻地站在路邊，看著成功的人昂首闊步，富有的人闊步而行，心裡生出許多渴慕。你不止一遍地想過，是否這些人具備一些我所沒有的天賦，比如說獨特的技能、罕見的才智、無畏的勇氣、持久的抱負以及其他一些出眾之處。不，上帝從不偏心，我們是用同樣的黏土捏成

的。今天，你要知道並非只有你的生活才充滿悲傷與挫折。即使最聰明、最成功的人也同樣會遭受一連串的打擊與失敗。這些人和你的不同之處、僅僅在於他們深深知道，沒有紛亂就沒有平靜，沒有緊張就沒有輕鬆，沒有悲傷就沒有歡樂，沒有奮鬥就沒有勝利，生存是要付出代價的。或許起初你還是心甘情願、毫不遲疑地付出這種代價，但是接二連三的失望與打擊，像滴水穿石一樣，侵蝕著你的信心，摧毀了你的勇氣。現在，你要把這所有的一切都置之度外。你要明白，耐心與時間甚至比力量與激情更重要，年復一年的挫折終將迎來收穫的季節。所有已經完成的或者將要進行的，都少不了那孜孜不倦、鍥而不捨、堅忍不拔的拼搏過程。這種過程是一點一滴的累積，步步為營的拓展，循序漸進的成功。

太陽並非時刻普照著大地，葡萄成熟之前也有青澀的時候。一個人從出生到死亡，始終離不開受苦。寶石不經磨礪就不能發光，沒有磨鍊你也不會完美。在以後的日子裡，無論你嘗試多少次，無論你在選定的事業中多麼堅忍不拔，表現出色，無論你還將付出多麼大的代價，挫折與失敗還會日復一日、年復一年地如影隨形。我們每個人，即使是最剛毅最具有英雄氣概的人，一生中的大部分時間，都是在失敗的恐懼中渡過的。在每一次的困境中，你一定要尋找成功的萌芽。逆境是一所最好的學校，每一次的失敗、每一次的打擊、每一次的損失，都孕育著成功的萌芽。這一切都教會你在下一次的表現中更為出色。無論何時，當你被可怕的失敗擊倒，在第一次的陣痛過後，你要設法將苦難變成好事。偉大的機遇就在這一刻閃現……這枯澀的根必將迎來滿園芬芳。記住，當你的靈魂受到煎熬的時候，也是你生命中最多選擇與機會的時刻。

六、立刻行動，抓住機遇

假如幻想止於幻想，幻想毫無價值，計畫渺如塵埃，一切的一切都毫無意義，除非付出行動。你現在就付出行動，不要再拖延，不要再猶豫，不要再裹足不前。行動而失敗也總比坐而待斃好。行動也許不會結出快樂

的果實，但是沒有行動，所有的果實都無法收穫。你的每一次行動，哪怕是非常之渺小，都使你在成功的路上邁出一步，都會縮小你與成功之間的距離，使你更有可能接近成功。立刻行動、立刻行動、立刻行動，你要牢牢記住，每時每刻，一遍又一遍地重覆這句話，你就像雄獅，像蒼鷹，餓即食，渴即飲，在行動中找到你真正的價值。

　　機遇之神出現時，從不佩戴財富、成功或者榮譽的標誌，你做每一件事情，都要竭盡全力，否則最好的機會就會無聲無息地從你身邊溜走。看似平常的某一天的黎明，也許你就面臨著成功的機緣，面對任何難題，無論它看上去多麼困難、多麼卑賤，你唯有勇氣和毅力，才能在機會來臨時抓住它們。過去的你，或許每天對工作抱怨不已，每見到一個人就向他喋喋不休地訴苦，今天的你要抬起頭來，眼望前方，像餓獅覓食一樣迫切地尋找機會。機遇無所不在，你必須常常懸鉤以待，否則在你最不經意的時候，大魚便溜走了。

七、不要拒絕別人的力量

　　不管是誰，只依靠自己是不能獲得成功的，成功者都善於藉助他人的力量。沒有他人的幫助，你很難達到目標。可是別人會助你成功麼？當你皺眉時，回報也一定是蹙額；當你憤怒地大喊時，憤怒之聲回應著你；當你詛咒時，憎恨的目光必定回視著你。你使自己生活在一個沒有微笑的世界上，你一直責怪別人與你為難，事實上，問題出在你自己身上。微笑，無論是對朋友還是敵人，並努力發現他們身上值得讚美的地方。人類出於天性深深地嚮往著讚美。你讚美敵人，敵人於是成為朋友，你鼓勵朋友，朋友於是成為手足。你要常想理由讚美別人，絕不搬弄是非。想要批評人時，咬住舌頭，想要讚美人時，高聲表達。你要愛每個人的言談舉止，因為每人都有值得欽佩的性格，雖然有時不易發現。從今以後，你要愛所有的人，仇恨將從你的血管裡流走。你沒有時間去恨，你只有時間去愛。讚美與愛心能使你成功。同時，你要能體察別人的情緒波動，學會寬容。

八、一定要堅持不懈

你不是為失敗才來到這個世界上的，你的血管裡也沒有失敗的血液在流動。你是猛獅，不要聽失意者的哭泣、抱怨者的牢騷，這是羊群中的瘟疫，你不能被它傳染。

堅持不懈，直到成功。你要牢牢記住這個古老的平衡法則，鼓勵自己堅持下去，因為每一次的失敗都會增加下一次成功的機會。這一次的拒絕就是下一次的贊同，這一次皺起的眉頭就是下一次舒展的笑容。今天的不幸，往往預示著明天的好運。你要嘗試、嘗試、再嘗試，像水手一樣，乘風破浪。

堅持不懈，直到成功，你要借鑑這個別人成功的祕訣，抵制生活中的各種誘惑，只要一息尚存，就要堅持到底，因為這就是成功的祕訣，堅持不懈，最後成功。

九、學會反省

如果你每天都找出所犯的錯誤和壞習慣，那麼你身上最糟糕的缺點就會慢慢減少，這種自省後的睡眠將是多麼愜意。

你應該常常地問自己：

今天發現了什麼弱點？

對抗了什麼感情？

抵禦了什麼誘導？

獲得了什麼美德？

晚上在熄燈之前，回想這一天每時每刻的言行，你不要允許任何東西逃過你的反省。也許你在某一次的爭論中措詞過於尖刻，也許因為你的觀點刺耳，所以不被接受。雖說有理，可是要知道真理也不是隨時發言的。你應該管住自己的舌頭，不與白癡爭論。

你應該每晚反省一天的行為：

你是否曾顧影自憐？

你是否對每一個人和藹可親？

你是否對機會保持警覺？

你是否在每個問題中尋找好的一面？

你集中精力於目標了嗎？

你以微笑面對憤怒和仇恨嗎？

你是否嘗試走得更遠一些？

明天的成就將超過今天的作為。改進永遠來自於檢查與反省。每個人都應該一天比一天更明智。

十、集大成者

最後的祕訣也是最重要的、最難做到的。那就是把前九個祕訣刻在腦海裡，永不忘記，並且按照其中所講的嚴格要求自己，時時反省自己，長期堅持，把它們融入你的個人習慣，化為你的內在性格，成功是屬於你的。

國家圖書館出版品預行編目資料

一本書讀懂性格：認識性格、優化性格、運用性格／牧人編著.
-- 修訂一版. -- 臺北市：菁品文化事業有限公司, 2023. 04
面；　公分. --（新知識；113）

ISBN 978-986-06029-5-1（平裝）

1. CST: 個性　2. CST: 性格

173.7　　　　　　　　　　　　　　　112001551

新知識系列 113
一本書讀懂性格：認識性格、優化性格、運用性格（暢銷修訂版）

編　　　著　牧　人
發 行 人　李木連
執 行 企 畫　林建成
封 面 設 計　上承工作室
設 計 編 排　菩薩蠻電腦科技有限公司
印　　　刷　博客斯彩藝有限公司
出 版 者　菁品文化事業有限公司
　　　　　　地址／114012 台北市內湖區環山路2段109巷8弄21號5樓
　　　　　　電話／02-22235029　傳真／02-87911367
E - m a i l　jingpinbook@yahoo.com.tw
郵 政 劃 撥　19957041　戶名：菁品文化事業有限公司
總 經 銷　創智文化有限公司
　　　　　　地址／236658新北市土城區忠承路89號6樓（永寧科技園區）
　　　　　　電話／02-22683489　傳真／02-22696560
版　　　次　2023年4月修訂一版
定　　　價　新台幣360元　（缺頁或破損的書，請寄回更換）

ISBN　978-986-06029-5-1

本書 CVS 通路由美璟文化有限公司提供　02-27239968

菁品出版・出版精品

菁品出版・出版精品

菁品出版・出版精品

菁品出版・出版精品